»Walter Trefz war ein besonderes Original, also einer der Menschen, die es wirklich nur einmal in Leben gibt, mit Leib und großer Seele Förster, Naturphilosoph, Menschenfreund, sanftknorriger Aktivist … mit einer Biographie, die keinen Lebenslauf braucht, in der sich der ganze Schwarzwald wiederspiegelt …«

WALLE SAYER

Annette Maria Rieger 1971 geboren, lebt im Waldachtal bei Freudenstadt. Sie ist Autorin, Journalistin und Kulturvermittlerin. Seit 2016, aus zahlreichen und intensiven Gesprächen, zeichnete sie Walter Trefz' Erinnerungen und Gedanken auf, sprach darüber mit WeggefährtInnen - und aber auch mit denen, die ihm eher kritisch gegenüberstanden, sich seiner Perspektive verweigerten. Als Walter Trefz, geboren am 8. Oktober 1938, im Juli 2021 unerwartet starb, begann sie, aus all den umfangreichen Aufzeichnungen und Gesprächsmitschnitten ihr bislang persönlichstes Buch zu schreiben.

ANNETTE
MARIA RIEGER

———

DER
WALDER
VOM
SCHWARZ-
WALD

*Erinnerungen an
den rebellischen Förster
Walter Trefz*

KRÖNER EDITION **KLÖPFER**

Annette Maria Rieger
Der Walder vom Schwarzwald
Erinnerungen an den rebellischen Förster Walter Trefz
1. Auflage
in der Edition Klöpfer
Stuttgart, Kröner 2023
ISBN: 978-3-520-76905-3

Umschlaggestaltung: Denis Krnjaić

unter Verwendung eines Fotos von Gottfried Stoppel

© 2023 Alfred Kröner Verlag Stuttgart · Alle Rechte vorbehalten · Printed in Germany
Gesamtherstellung: Friedrich Pustet Regensburg

Wird Abend
Sonne versinkt
Vögel zwitschern
Mond geht auf
Dunkle Wolken
Wind
Bäume

Die letzten Zeilen von Walter Trefz,
die er an seinem letzten Lebenstag, am 29. Juli 2021,
auf einem Briefumschlag notiert hat.

Mein Walder

Am Tag, an dessen Abend Walter Trefz im Alter von 82 Jahren starb,
habe ich An das Wilde glauben von Nastassja Martin gelesen und
ein Eselsohr an dieser Stelle gemacht:

> *Ich habe das Bedürfnis, zu denen zurückzukehren, die sich*
> *mit Bärenproblemen auskennen; die in ihren Träumen noch*
> *mit ihnen reden; die wissen, dass nichts zufällig geschieht und*
> *dass Lebensbahnen sich immer aus ganz bestimmten Gründen*
> *kreuzen.*

Ich sehe ihn noch vor mir, wie er während einer unserer letzten ge-
meinsamen Ausfahrten wenige Wochen zuvor schwerfällig aus dem
Wagen steigt und dann von einem Bein aufs andere balanciert. Wie er
möglichst unauffällig nach dem nächstmöglichen Halt sucht und mich
über seine Knie- und Rückenschmerzen hinwegzutäuschen versucht,
indem er auf einen Vogel am Himmel deutet. Walder, der Bär.

In meiner Erinnerung war Walter Trefz schon immer da. Der
Förster vom Kniebis, der immer wieder für Aufsehen sorgte. In meiner
Jugend dachte ich, Jahrgang 1971: Alle Förster sind so wie der, von
dem immer wieder in der Zeitung zu lesen ist. Ein Mahner, der dem
Schwarzwald eine Stimme gibt. Erst ging es um den Sauren Regen,
dann um Giftspritzereien, später auch um Ozon oder um den Kli-
mawandel. Immer war mir klar: Da kämpft einer um seinen Wald.
Gleichzeitig habe ich als Echo im Schwarzwald gehört: »Wenn der
Querulant mal nur von dem leben müsste, was er da verzapft, dann
wär' es schnell rum mit seinen grünen, nichtsnutzigen Ideen!«

Später erlebte ich den Kniebis-Förster, der inzwischen im Ruhe-
stand war, als Journalistin. Bei einer Führung durch den winterlichen
Teuchelwald in Freudenstadt zog er mich genauso in seinen Bann
wie meine fünfjährige Tochter. Mich, weil er so anschaulich erzählen

konnte, welcher Eiseskälte die Tannen unter der Schneelast beharrlich standhalten, Anna, weil er ihr mit seinem weißen Bart, dem langen Haar und seiner raunenden Stimme vorkam wie der wilde König des Waldes, einem Märchen entsprungen. Wenige Jahre später spielten Walter Trefz und Anna zusammen als Laien-Schauspieler im Schwarzwald-Märchen Das kalte Herz mit, Trefz in der Rolle des Holländermichel, Anna als Dorfmädchen.

Nach und nach verbanden uns immer mehr Begegnungen. Besonders gut erinnere ich mich an ein Treffen im Frühjahr 2013 vor der Schwarzwaldhalle in Baiersbronn, wo das Gutachten für den geplanten Nationalpark vorgestellt werden sollte. Aufgebrachte Waldbauern und andere Nationalparkgegner stellten sich dem Plan der grünen Landesregierung mit leibhaftigem Zorn entgegen, demonstrierten lautstark mit Trillerpfeifen, fuhren mit Traktoren Banner auf. Die Befürworter bekundeten ihre Sympathie für das Schutzgebiet mit Lebkuchenherzen, die Gegner hatten dürre Fichtenbäumchen mitgebracht (»Unser Wald im Jahre 2043«) und trugen mit Armbinden ihr Motto zur Schau: »Wir lassen uns nicht blenden«.

Ich war mit Freunden dort und freute mich, dass mich Walter im Tumult erkannte und als Einziger das Gänseblümchen bemerkte, das ich im Knopfloch trug. Zu jener Zeit galt der damals 74-Jährige mit dem von Wind und Wetter gegerbten Gesicht, der silbernen Haarmähne und dem goldenen Ring im Ohr vielen schon lange als Gewissen des Waldes, ein Waldweiser und echtes Urgestein. Für andere verkörperte er einen unbelehrbaren Weltverbesserer, renitenten Störenfried und grünen Chaoten.

Über den Forstrebellen und Nationalpark-Befürworter machten viele Geschichten die Runde. Dabei war er selbst ein großartiger Erzähler und Freund der Literatur. Den Tübinger Verleger Hubert Klöpfer, für den ich als Pressefrau arbeitete, begeisterte Walter Trefz im Winter 2016 während einer Veranstaltung so sehr, dass er mich losschickte: »Dieser Förster hat was zu erzählen. Klopf doch mal an, ob er ein Buch mit uns macht.« Noch an der Garderobe konnte ich Walters Einverständnis einholen. Von da an habe ich ihn und seine

Lebensgefährtin Helga Pfau regelmäßig auf dem Kniebis besucht. In den folgenden Jahren war ich immer wieder ihr Gast, habe ihn befragt und seine Erzählungen aufgenommen. Helga sah sich derweil Skispringen im Fernsehen an, brachte Kuchen, Kaffee oder gleich ein ganzes Essen auf den Tisch und holte uns zurück, wenn wir zu weit abgeschweift waren. Die Idee war: Diese Erinnerungen eines Schwarzwald-Försters tippe ich ins Reine, dann haben wir das Buch eines unermüdlichen Naturschützers, dessen Charisma seinesgleichen sucht.

So einfach war es dann doch nicht. Denn Walder, wie ich ihn inzwischen nannte, hat zwar von Anfang an kurzweilig und spannend und viel erzählt, doch das universelle Bewusstsein hinter seinen anekdotischen Erzählungen habe ich erst nach und nach entdeckt. Erst im Laufe unserer gemeinsam verbrachten Zeit konnte ich mehr und mehr ermessen, welche Kraft in ihm wohnte – und welche Verzweiflung er auszuhalten imstande war.

Es wird im zweiten Winter gewesen sein. Walder saß auf seinem Sofa im Wohnzimmer, vor dessen Fenster die Vögel von einem aufgehängten Brett ihr Futter pickten, und sagte: »Andere sehen ihr Leben oft erst in den letzten Sekunden wie einen Film vor sich ablaufen. Und ich hab' das Glück, dass zu Lebzeiten so eine wie du gekommen ist und ich in aller Ruhe nochmal selbst überlegen kann, wie das alles so war.« In diesem Moment, so empfand ich es, hat er mir sein Vertrauen und seine Freundschaft geschenkt.

Über sechs Jahre hinweg ist auf diese Weise nach und nach dieses Buch entstanden – und Walter Trefz für mich der Walder vom Schwarzwald geworden. Und je tiefer mich der Walder hineingenommen hat in seine Wälder, desto mehr konnte ich meinen eigenen Blick weiten. Sein Verständnis der Schöpfung hat mir geholfen, die eigenen Sinne zu schärfen für die Natur. Ich hör' ihn noch sagen: »Wer sich auf den Wald einlässt, der begibt sich auf einen Weg, der nie zu Ende ist, weil der uns immer Neues lehrt.«

Noch ist Walder so nahe. Vielleicht sogar zu nahe, um seinem Leben als Erzählerin gerecht zu werden. Es ist die Geschichte meines

Walders, die ich erzählen werde. Andere mögen einen anderen Walter Trefz kennengelernt haben. Wer ihn nicht kannte, mag sich mitnehmen lassen in eine Geschichte, die einen Blick hinter die Kulissen von Forstwirtschaft und Tourismus im Schwarzwald wirft, sich erinnern lassen an das frühe Umweltbewusstsein in den 1980er Jahren – oder sich durch diese beispielhafte Biografie schlicht dazu ermutigt fühlen, die inneren Wälder nie preiszugeben.

Am 25. Juli 2021, an meinem 50. Geburtstag, habe ich Walder zum letzten Mal gesehen. Drei Tage später fuhr ich in Schreibklausur nach Dresden. Dort erreichte mich am frühen Morgen des 30. Juli die Nachricht von seinem Tod. Jetzt war seine Geschichte zugleich ein Vermächtnis in Form einer geistigen Stiftung, das als wildnisgrüne Fackel in die Welt getragen werden wollte. Mit der Erzählung seines Lebens möchte ich deshalb mittendrin beginnen. An einem Ort, der Walders Ideal entsprochen hat. Mitten in der Wildnis, über deren pure Lebendigkeit alles zusammenhängt, seh' ich Walder, den Bär. Der brummelt, wenn ihm etwas missfällt. Kichert, wenn er jemanden bei einem Widerspruch ertappt. Der sich von seinem Gegenüber einen Satz greift, die Aussage auf den Kopf stellt und den Honig einer Geschichte fließen lässt: »Da guck amol!«

Die Bärenfalle

Es war einmal im wilden Osten. Dort, im Nationalpark Białowieża, begegnete Walter Trefz im Alter von 53 Jahren einem Bären, seinem anderen Selbst.

Das Tier ist ausgestopft. Auf einem Diorama im Museum ist zu sehen, wie der Bär Honigwaben ausräubert – bis er auf der Suche nach seiner Lieblingsspeise in die Falle geht. Und die funktioniert so: Der Bär ist einem Bienenschwarm gefolgt, der in einem hohlen Astloch seinen Stock angelegt hat. Um an den Honig zu gelangen, klettert er vier, fünf Meter am Baumstamm hoch. Vor dem Einflugloch der Bienen versperrt ihm ein großer, schwerer Stein den Griff zur süßen Beute. Dieser Stein hängt an einem langen Seil, das weit oben im Baumwipfel über eine Spindel läuft. Mit seiner Tatze schiebt der Bär den Stein kurzerhand zur Seite und will ins Astloch greifen. Doch da schwingt der Stein zurück und knallt ihm gegen den Kopf. Verärgert haut der Bär den Stein erneut zur Seite – worauf er noch kräftiger zurückschlägt. So schaukelt sich das hoch: Von Mal zu Mal haut der Bär stärker zu, und jedes Mal trifft ihn der Stein mit größerer Wucht. Jetzt wird der Bär richtig böse. Zornig haut er den Stein mit aller Kraft noch weiter weg – bis er sich damit letztlich selbst vom Baum schießt.

»Was für ein Jägerlatein!«, lachen Walters Reisebegleiter.

Walter selbst bleibt still. Er fühlt sich, als habe der Stein ihn selbst getroffen. Er sieht die Symbolik und weiß: »Wenn ich immer aggressiver reagiere, werde ich am Schluss erschlagen. So hau' ich mich durch meine eigene Aggression aus meiner Position, katapultiere mich selbst aus meiner Laufbahn. Wenn ich immer wütender auf das losgehe, was mir im Weg ist, bringe ich mich selbst zu Fall.«

Die Scherze seiner Begleiter über die bauernschlaue Fallenstellerei dreht er zum Sinnbild um: »Die Frage ist doch gar nicht, was für ein gescheiter Jäger sich das ausgedacht hat. Die

Frage ist: Verhalten wir uns gescheiter als die Bären in dieser Geschichte?«

Ich will die Geschichte von meinem Walder in der Form erzählen, die mir die nächste ist: eines journalistisch aufbereiteten Porträts, das jeder Leserin und jedem Leser die Möglichkeit bietet, selbst eigene Schlüsse zu ziehen und Bezüge herzustellen. Dabei behelfe ich mir mit Vermutungen, die ganz persönlicher Natur sind.

So stelle ich mir vor, wie Walder bei der Begegnung mit diesem Bären eine Art Déjà-vu hatte. Er kannte diesen Mechanismus der Bärenfalle, der ständig und überall greift: Blindlings wird drauflos gestürmt und alles aus dem Weg geräumt, um so schnell wie möglich Beute zu machen, an den süßen Honig zu gelangen, Gewinne zu erzielen. Ihn mahnte dieser Bär ganz direkt: »Wäre es nicht besser, zu überlegen, wie wir alle zusammen am geschicktesten an unser Ziel kommen? Ohne uns selbst zu schaden? Und dabei zu bedenken, dass die Bienen ihren Honig selber brauchen – zumindest einen Teil davon.«

Walder hat sein Leben lang oft selbst im übertragenen Sinne draufgehauen – und einen Schlag nach dem anderen abbekommen. Er hat berufliche Demütigungen erlebt und privates Scheitern. Als er den Nationalpark in Białowieża besuchte, war gerade erst seine Ehe mit Karin, der Mutter seiner beiden Söhne Florian und Hansjörg, geschieden worden. Und auch Rike, die sieben Jahre zuvor wie eine Springflut direkt aus dem Bhagwan-Ashram bei ihm auf dem Kniebis gelandet war, hatte er nicht halten können. Der Förster war heillos zerstritten mit seinen Vorgesetzten und bundesweit berühmt, teilweise berüchtigt für seinen Kampf für den Wald. Ein Chaot und Unruhestifter für die einen, ein Bewahrer der Schöpfung für viele andere.

Ich frage mich: Aus welchem Stoff war der Faden, mit dem er sich sein dickes Fell immer wieder zusammengeflickt hat, das im Ringen mit sich und der Welt ein ums andere Mal in Fetzen ging? Und lässt sich anhand seines Lebens eine Geschichte des Waldes erzählen, die uns alle angeht?

Białowieża

Vielleicht liegt eine Antwort darauf im Osten. Dort, wo der letzte Tiefland-Urwald Europas zu finden ist: in Białowieża. Einer Landschaft, in der Eichen heute noch so mächtig dastehen, wie dereinst die polnischen Könige, litauischen Fürsten und russischen Zaren gewirkt haben, und Fichten unberührt von holzwirtschaftlichen Begehrlichkeiten in den Himmel wachsen. Noch immer gibt dort der Weißrückenspecht den Takt der Zeit vor. In diesem Grenzland wurde seit dem 15. Jahrhundert kaum Holz geschlagen oder Vieh geweidet, sondern ein Reservat erhalten für die königliche Jagd auf Hirsch, Elch und Wisent.

Wind und Wetter, Sonne und Schnee, Tiere und Pflanzen bestimmen in dem abgeschiedenen Landstrich zwischen Polen und Weißrussland seit vielen Menschengenerationen das unberechenbare Spiel des Lebens. Im freien Lauf der Natur wachsen über Jahrhunderte die Laub- und Nadelbäume heran. Wölfe und Luchse streifen umher, Baummarder wechseln von Baumkrone zu Baumkrone, im Unterholz leben Haselhühner, in den Feuchtwiesen Wachtelkönige. Hier und da ragen gezackte Baumstümpfe wie vergessene Königskronen aus dem Boden, moosbewachsene Relikte, bevölkert von Pilzen, Asseln und Schnecken, ein Tummelplatz für Vögel und Insekten. Sämlinge überdauern im Schatten der Altbäume, üben sich über die Jahreszeiten hinweg in Geduld und wachsen in dichtgedrängten, hauchdünnen Jahresringen heran. Erst wenn ein uralter Riese durch seinen Niedergang eine Schneise ins Kronendach des Waldes reißt und Lichtstrahlen bis zu ihnen durchscheinen, ist ihre Zeit gekommen, selbst dem Sonnenlicht entgegenzuwachsen.

Der Schwarzwaldförster Walter Trefz ist mit seinen *BUND*-Freunden von Warschau aus in einem kleinen Bus in den polnischen Urwald gerumpelt. Sie haben aus ganz unterschiedlichen Fachrichtungen zusammengefunden: Förster und Biologen,

Ornithologen, Ökologen und Geologen – Naturschützer allesamt. Es ist noch kein Jahr vergangen seit jenen Dezembertagen von 1991, als der russische Präsident Boris Jelzin und sein ukrainischer Amtskollege Leonid Krawtschuk auf Einladung des belarussischen Parlamentschefs Stanislaw Schuschkewitsch auf der belarussischen Seite des Nationalparks zur Wildschweinjagd in einer Staatsdatscha zusammengekommen waren, in einem Staatsstreich das Ende der Sowjetunion besiegelten und Boris Jelzin seine Unterschrift unter die Gründungsurkunde der GUS-Staaten setzte.

Walter und seine Freunde kommen auf der polnischen Seite unter, in alten Bauernhäusern, die als Touristen-Unterkünfte vermietet werden. Noch immer steht das Klohäuschen auf einem Misthaufen – wie Walter es aus seiner Kindheit in Lombach kennt. Ihm ist fast schon ehrfürchtig zumute, als er durch das Holztor in den Nationalpark tritt. Hainbuchen spannen grüne Segel aus, Linden säuseln sachte im Wind, Eichen recken ihre knorrigen Äste in alle Himmelsrichtungen. Im mildgrünen Licht der Laubbäume fächern sich Farne auf, umrahmen Gräser in dichten Büscheln die Moore. Die Regeln sind streng, die Tage lang. Gehorsam folgen die *BUND*ler den Rangern dorthin, wo sie den streng geschützten Urwald betreten dürfen. Die Luft berauscht ganz sanft. Walter atmet tief durch. Alles ist so, das fühlt er, wie es ganz am Anfang gemeint war. Es ist ein Wiedererkennen, obwohl er so einen Wald und dessen Pilze noch nie gerochen hat. Das Unbekannte in diesem urwüchsigen Wald fordert seine Sinne heraus. Er möchte im Geheimnisvollen verweilen und zugleich laufen, alles erkunden und auf sich wirken lassen. Abends dreht und wendet der Förster aus dem Schwarzwald die Eindrücke mit seinen Reisegefährten bis tief in die Nacht.

Sie wollen auf jeden Fall noch einen Wisent-Bullen erleben, diesen an die 900 Kilogramm schweren Koloss. Im Schaugatter halten sie und die Ur-Ochsen Abstand voreinander. Doch

Helmut Klein, seines Zeichens Biologe und Vogelkundler, ein Schüler von Konrad Lorenz und waldpolitischer *BUND*-Sprecher, will näher ran. Der Wisent fasziniert ihn: martialisch, ohne sichtliche Regungen unter dem zotteligen Fell, ein massiger Körper mit monumentalem Schädel und Hörnern, von dem man nie weiß, wann er losstürmt. Jetzt, wo er schonmal da ist, möchte Klein von diesem Urvieh eine Aufnahme von Angesicht zu Angesicht machen. Seine Mitreisenden versuchen ihn zurückzuhalten: »Lass das! Komm zurück!« Doch Helmut Klein lässt sich nicht beirren. Wie ein Storch stakst der große Mann durch das hohe, sonnengebleichte Gras, rückt auf 20, auf 15 Meter vor – und bekommt sein Foto.

Walter muss lachen: »Der Kini!« So nennt er den Freund vom Ammersee aus Bayern. Wenn dieser Kini sich erstmal was in den Kopf gesetzt hat, lässt er sich durch nichts davon abbringen. Kinis Übermut ist ansteckend: Abends, beim Bier, schäumt in Walter der Gedanke auf: »So im Wisent-Gatter, das ist ja nicht die freie Wildbahn. Viel besser wäre es, dem Wisent wie zu Urzeiten draußen in der ursprünglichen Wildbahn zu begegnen!«

Die einheimischen Polen am Nachbartisch wissen, wo das möglich ist. Nur sei es zu weit für einen Fußmarsch. Ein Ranger organisiert in dem kleinen Dörfchen noch um Mitternacht zehn Fahrräder für die Besucher aus dem Westen. In finsterer Nacht radeln sie los. Als der Morgen dämmert, lassen sie die Räder liegen und machen sich auf die Pirsch. Immer gegen den Wind.

Moose leuchten im Morgenlicht grellgrün auf, an ausgebleichten Grashalmen fangen Tautropfen die ersten Sonnenstrahlen des neuen Tages ein. Immer wieder knackt ein Ast, raschelt jemand, durchbricht einer die Stille. Trotz des Radaus für Walters empfindliches Jagdgehör sehen sie Rehe, Rotwild, einen Fuchs – nur weit und breit kein Wisent. Als die Sonne schon hell am Himmel steht, beratschlagen sie am Rand einer Lichtung mit lautem Palaver: weitersuchen oder nicht? Da tritt etwa 15 Meter entfernt lautlos ein Wisent aus dem Wald hervor, als betrete er eine Bühne. Lässig und ganz ruhig sieht sich der Bulle um, schreitet mit seinem eleganten Hinterteil und dem eindrucksvollen Schädel auf seinen breiten Schultern weiter und verschwindet nach ein paar Metern wieder zwischen den Bäumen. Walter wird ganz andächtig: Was für eine kraftvolle Vorstellung.

Das Wissen um die Urkraft des Waldes ist für Walter Antrieb und Auftrag zugleich. Ihn hat es schon als Kind in den Urwald der Lombacher Hecken gezogen. Später, als Förster und Jäger, hat Jahreszeit um Jahreszeit sein Waldwissen vertieft – und die Sehnsucht nach Wildnis geschürt. Im Urwald von Białowieża sieht und ahnt er, was in der Schöpfung zwischen Himmel und Erde als Versprechen angelegt ist. Das Erleben dieses geschützten Eichen- und Hainbuchen-Waldes bestätigt seinen Sinnen: »Wenn ich bloß einen hohen wirtschaftlichen Ertrag haben will, dann geht vieles kaputt im Wald. Wenn es nur um das Betriebsergebnis geht, dann ist da kein Auerochse und kein Wisent mehr, der weidend die Wiesen erhält.«

Die Realität im tiefen, dunklen Schwarzwald, der die Römer einst noch als undurchdringliche Wildnis geschreckt hat, sieht für ihn im Forst-Alltag vielerorts ganz anders aus. Im Wirtschaftswald, in dem Fichte an Fichte möglichst schnell astfreies Holz für Balken und Latten liefern soll, balzt kein Auerhahn mehr, verdichten schwere Maschinen den Boden, bleibt für viele Arten kein Lebensraum: »Da beraubt der Mensch nicht nur seine Mitgeschöpfe, sondern auch sich selbst.« Wenn Walter so sprach, wurden seine hellen Augen ganz dunkel, und sein goldener Ohrring blitzte verwegener als sonst durch sein schwarzes Haar. Für Kini wurde dieser Forst-Amtsmann aus dem Schwarzwald dann ganz zum Walder, dem Bewahrer.

Walter war der Bodenständigere der beiden, mitunter recht derb und hemdsärmelig unterwegs. Der viel- und weitgereiste Helmut Klein ist waldpolitisch versiert vor allem wissenschaft-

lich unterwegs. Was sie verband, war der Wald – in möglichst ur-
wüchsiger Form als Garant für Leben in seiner ganzen Vielfalt.

Der Walder und die Forstverwaltung

Mag sein, dass Walter Trefz aus Sicht der Forstverwaltung erstmals eine ungeschriebene Regel gebrochen hat, als er 1975
beim *BUND* eintrat. »Der traut sich was«, raunten Kollegen.
Innerhalb der Forstbehörde war es ein rotes Tuch, wenn sich
ein Angehöriger ihres Standes so mit dem Naturschutz gemein
machte. Ausscheren war nicht vorgesehen im hehren Forstdienst. Von Anfang an wurde eiserne Disziplin gefordert und
die Pflege eines Korpsgeistes, der Wald, Wild und Forstleute in
feste Hierarchien einband. Wald und Natur waren das Revier
und Hoheitsgebiet der Forstverwaltung, so die gängige Auf-
fassung, in dem es keine Umwelt- und Naturschützer brauchte.

   Die Konflikte zwischen Walter und seinen Vorgesetzten, so
könnte man im Nachhinein sagen, waren damit vorprogram-
miert. Einer, der sie kommen sah und hautnah miterlebt hat,
ist Karl Günther. Der Förster, wie Walter Jahrgang 1938 und
gerade mal einen Monat älter als er, weiß ziemlich genau, wie
die rund 1000-seitige Personalakte von Walter Trefz zustande
kam, denn er stand dem Forstrebellen all die Jahre als Freund
und Gewerkschaftsvertreter bei den Auseinandersetzungen mit
seinen Vorgesetzten bei. Wobei es Momente gab – das gibt Karl
Günther unumwunden zu –, in denen der Förster-Kollege
mit seiner Renitenz selbst ihn an den Rand der Verzweiflung
brachte.

   Die beiden hatten im bitterkalten Februar 1956 die drei-
tägige Einstellungsprüfung für die Försterlehre gemeinsam ge-
meistert. Nur sieben der 70 Bewerber hatten es durch dieses
Nadelöhr geschafft. Karl Günther, der Sohn eines Försters aus

Nonnenmiß bei Enzklösterle, und Walter Trefz, dessen Vater nie aus dem Zweiten Weltkrieg zurückgekehrt ist, waren zwei davon. Das schweißte sie als Freunde fürs Leben zusammen.

In der Nacht vor ihrer praktischen Prüfung herrschten 28 Grad Celsius Kälte. Am Tag kletterte das Thermometer nicht höher als Minus 20 Grad Celsius. Die Aufgabe der großen Waldprüfung lautete: Unverzüglich einen Arbeitsunfall melden! Jeder Prüfling rannte, so schnell er konnte, durch den klirrendkalten Wald. Nur wohin?

Karl »Karle« Günther besaß wie Walter genügend Orientierungsgeschick, um ans Ziel zu gelangen: eine Hütte mitten im Wald, in der ein Ofen bollerte und glühte. Karle kam so durchgefroren bei der Prüfungskommission an, dass er minutenlang keinen Ton herausbrachte. Alle Fensterläden waren geschlossen, damit keine Wärme entweichen konnte. Ein anderer Prüfling zog aus den verrammelten Fensterläden die fatale Schlussfolgerung, er sei am falschen Ort. Bis zum Abend irrte er weiter durch den eiskalten Wald – und kam nie im Forstdienst mit dem gesicherten Einkommen an.

Walter und Karle wussten: Mit der bestandenen Prüfung in der Tasche mussten sie fortan schon goldene Löffel klauen, um noch aus der Beamtenlaufbahn zu fliegen. Dabei war den 17-Jährigen klar: Lehrjahre sind keine Herrenjahre. Die Förster galten was und waren den Reichen und Mächtigen, denen der Wald gehörte, ganz nah. Walter und Karle blickten auf zu diesen Förstern, die den Nimbus der hochherrschaftlichen Jagd pflegten und ihre privilegierte Stellung als Männer im grünen Rock zelebrierten.

Wenn die Nachwuchs-Förster morgens in Reih und Glied, den Spaten geschultert, zum Lehrgang in der Nagolder Samenklinge marschierten, schmetterten sie mit Inbrunst das Soldaten- und Fallschirmjägerlied *Auf Kreta im Sturm und im Regen* aus dem Zweiten Weltkrieg. Für den Dienst im Forst waren sie zu allem bereit. Doch nach und nach stieß ihnen der Drill von Vorgesetzten auf, die als Offiziere gedient und deshalb einen Posten als Revierleiter errungen hatten, ganz gleich, wie es um ihr Forstwissen bestellt war. »Die führen sich auf wie kleine Herrgöttle«, spottete Walter. Bitterernste Konsequenzen daraus musste ein Forstlehrling ertragen, dem der Revierleiter untersagte, sich im tiefsten Winter daheim wärmere Stiefel zu holen. Die Erfrierungen, die der junge Mann damals in seinen Gummistiefeln davontrug, plagten diesen sein Leben lang. Walter und Karle waren entsetzt und achteten fortan wachsamer darauf, wie mit ihnen umgesprungen wurde. Förster Kopp im Steinwald bei Freudenstadt, zu dem Walter als 15-Jähriger in die Lehre als Waldarbeiter gekommen war, hatte keine solchen Machtspielchen nötig gehabt, erinnerte sich Walter.

Der Balzruf des Auerhahns

Zuallererst hatte er Revierförster Kopp beweisen müssen, dass er stundenlang bewegungslos und ohne einen Mucks ansitzen konnte. Erst dann durfte er am Hang hinter dem Stumpenplatz seinen ersten Auerhahn beobachten.

Das ganze Jahr über ist vom Auerhahn weit und breit nichts zu sehen. Nur an diesen besonderen Tagen, an denen der Winter ins Frühjahr übergeht und die letzten Schneefetzen in der Sonne dahinschmelzen, vollführt er seinen Balztanz und vergisst seine Scheu. Ab Ende Februar horchte Förster Kopp abends in die Stille, ob ein Hahn einfiel und die ersten Laute probte. Als es soweit war, führte er Walter frühmorgens durch den Wald zum Balzplatz. Bei jedem Schritt mussten sie darauf achten, nicht auf eine alte, knirschende Schneeverwehung zu treten und einzubrechen. Im stockfinsteren Wald hielten sie schließlich inne und lauschten. Da – ein Knappen. Das war der Auftakt: ein hölzern klingendes Klack-Geräusch. Das wurde immer schneller, steigerte sich bis zum Hauptschlag: »Pflopp« – als ob ein Sektkorken knallt.

Mit einem Schleifen – »schhhhhhh« – ging es weiter. Im ersten Morgenlicht konnte Walter sehen, wie das Brustgefieder des Auerhahns metallisch schimmerte. Der Vogel schloss die Augen unter seinen imposanten Brauen, die in einem kräftigen Rot leuchteten. Den Schnabel weit geöffnet, fächerte er die schwarzen Schwanzfedern zu einem prächtigen Stoß auf. »Jetzt!«, bedeutete Förster Kopp dem jungen Walter: »Drei Takte lang hört der Auerhahn nichts außer seinem eigenen Gesang!« Die galt es zu nutzen. Förster Kopp sprang exakt drei Schritte näher zu dem balzenden Auerhahn hin, Walter hinterher. »Sobald er verstummt, musst du dastehen wie eine Eins. So lange, bis sich das Spiel wiederholt.« Beim nächsten Schleifen sprangen sie drei weitere Schritte vor. Walter gefiel dieses Spiel. Eine falsche Bewegung, und alles war vorbei.

Andere Waldvögel stimmten mit ein, das Morgenkonzert begann. Jetzt konnte Walter erkennen: Erst wenn sich die Hähne aufgestellt haben, nimmt die unscheinbare, mit dem braunen Gefieder viel besser getarnte Auerhenne ihren Platz ein und ist bereit, den besten Hahn zu erhören. Der Platzhahn richtet sich im Mittelpunkt der Balzfläche ein, die schwächeren und jüngeren Hähne positionieren sich wie ein Sicherungsring um ihn herum. »Kommt ein Dachs von außen, dann gibt es einen Junghahn weniger. Doch der Haupthahn in der Mitte bleibt geschützt. Bis zu ihm dringt erstmal keiner durch«, hatte ihm Förster Kopp erklärt.

Sobald sich an den Buchen aus den Knospen die ersten Blätter entfalten, ist die Zeit der Balz vorbei. Oder wie es Förster Kopp ausdrückte: »Buchenlaub raus, Hahnenbalz aus.«

Immer wollte ich mit Walder mal noch auf den Auerhahn ansitzen. »Komm, zeig mir den, lass uns mal frühmorgens rausgehen! Ich will den selbst sehen«, hab' ich gedrängt, als er mir das erste Mal von diesem seltenen Tier erzählt hat. Walder hat mich nachdenklich ange-

guckt, ist aber nicht gleich darauf angesprungen. Das wird im Winter 2017 gewesen sein, und ich meine, ich hätte kurz davor den Sissi-Film im Fernsehen gesehen, in dem es diese erfrischende Auerhahn-Szene mit ihrem Vater gibt. »Ja«, hat er schließlich gesagt, »das könnten wir schonmal machen.« Doch letztlich ist es nie dazu gekommen.

Mittlerweile gibt es kaum noch Auerwild im Nordschwarzwald. Meine Tonaufnahmen, in denen Walder stundenlang von ihm erzählt, sind mir fast die liebsten. Da ist er ganz in seinem Schwarzwald. Sieht vor sich, wie dieser Vogel balzt, brütet und höchst empfindlich auf jede Störung reagiert. Walder hat regelrecht studiert, was der Auerhahn braucht, wie er lebt, was ihn stört und was ihm schadet. Als Förster hat er sich gegen Zäune im Wald verwahrt, weil er aus solchen schon verhungerte Auerhühner ziehen musste, die sich darin verfangen hatten. Er ließ alte Kiefern mit bizarrer Wuchsform stehen, damit sich die Vögel auf deren Ästen niederlassen konnten. In seinem Revier Sandwald hat er die Kleine Rote Waldameise als eiweißreiche Nahrung für die Küken angesiedelt. Über die Jahre ist dadurch etwas viel Größeres entstanden, als er ursprünglich im Blick hatte: »Im Gefolge von dem, was für den Auerhahn gut ist, habe ich erlebt, was einen lebendigen Wald ausmacht.«

Ein Stolperer genügt, so hat es Walder schon bei seinem Lehrförster Kopp gelernt, und der Auerhahn ist weg. Wer ihn nicht kennt, wird ihn kaum sehen, wenn er sich zwischen Heidelbeersträuchern hinduckt. Meine Güte, denk ich mir, während ich seiner Erzählung nachsinne. Was stolpern wir im Wald und in der Welt herum und merken erst, wenn es zu spät ist: Nichts ist selbstverständlich.

In den Köpfen der Frauen

Nach dem Zweiten Weltkrieg ließen die Franzosen im Schwarzwald ganze Waldhänge kahlschlagen und als Bauholz über den Rhein transportieren. Die Kulturfrauen, auch Waldweiber genannt, bepflanzten als ›Trümmerfrauen des Waldes‹ den Schwarzwald hektarweise mit neuen Pflanzkulturen. Sie setzten eine junge, kniehohe Fichte neben die andere und mischten Reihen mit Buchen, Tannen, Bergahornen und Lärchen darunter, genau nach Anweisung des Försters. Letztlich durchgekommen, so zeigte sich 50 Jahre später, sind hauptsächlich die Fichten, zumindest im Freudenstädter Franzosenhieb.

Dieses Aufforsten war in der Nachkriegszeit bei den Frauen heiß begehrt, denn damit konnten sie etwas eigenes Geld verdienen. Der Waldarbeiter-Lehrling Walter fand sich damals in einer Schar von Frauen wieder, in der keine wie die andere war. Da gab es kichernde Mädchen, die gerade mit der Schule fertig waren, gestandene Bäuerinnen, Ledige und junge Mütter, Alteingesessene und Flüchtlings-Frauen. Frühmorgens versammelten sie sich alle mit ihren alten Fahrrädern am Ortsausgang. Bei Sonnenaufgang trat die ganze Schar in die Pedale, radelte auf den meist rostigen Zweirädern kilometerweit aus den Tälern hinauf in den Wald. Die Röcke flatterten im Wind, die Haare steckten unter Kopftüchern, das Vesper sowie der Regenschutz im Rucksack. Auf den Kahlflächen angekommen, wartete bereits der Kulturwart auf sie. Er war bei diesen Einsätzen neben Walter der einzige Mann vor Ort, fungierte als Kapo und Anleiter und stellte jeder Anfängerin eine erfahrene Kulturfrau zur Seite, die mit kundigen Handgriffen vormachte, wie die Pflänzlinge in die Pflanzlöcher gesetzt werden mussten.

Ganz nebenbei entspannen sich Frauengespräche, bei denen es Walter ganz anders wurde. Er erfuhr dabei Dinge, von denen er weder daheim noch in der Schule je gehört hatte. Da wurde über Männer getratscht und gelacht, wurden Sorgen und Ratschläge geteilt, Hochzeiten geplant und gemunkelt, wer schon vor der Eheschließung ein Kind erwartete. Jedes einzelne Haus im Dorf wurde ausgeleuchtet, alles besprochen, was in den Familien vor sich ging. Vor lauter Zuhören vergaß Walter manchmal beinahe das Vespern. Als dann eines Tages die Kulturfrau

Emilie in der Mittagspause einen *Quelle*-Katalog aus ihrem Rucksack zog, war das wie eine Zäsur. Mitten im abgeholzten Wald offenbarten sich angesichts der unzähligen bunten Bilder die vielfältigsten Wünsche und Träume der Frauen. Ab diesem Tag schauten die Frauen gleich nach und rechneten aus, was sie sich mit ihren hart erarbeiteten Kreuzern alles bestellen konnten. Und Walter konnte nur staunen, was sich in den Köpfen der Frauen abspielte und welche Sehnsüchte sie dabei offenbarten.

Auf dem Forstamt in Bad Liebenzell

Fröhlich ließ er zwei silberne 50-Pfennig-Stücke in seiner Hosentasche klimpern, als er zur Forstlehre ins Nagoldtal aufbrach. »Die Kulturfrauen sind für mich zu Lehrmeisterinnen fürs Leben geworden«, erzählte er mir. Und auch wenn die auf dem 50-Pfennig-Stück abgebildete Kulturfrau keine nadelige Fichte, sondern eine symbolträchtigere Eiche pflanzte, so vereinte sie für Walter doch das, was ihn mit 17, 18 Jahren am meisten interessierte: Bäume – und Frauen.

Dem Förstersohn Karle Günther, mit dem er in den gleichen Pflegetrupp kam, ging es ganz ähnlich. In Hirsau, wo die von Uhland bedichtete Ulme aus der Klosterruine ragte, sannen sie auf Abenteuer. Tag für Tag liefen sie zusammen mit Scheren durch das Schweinbachtal, schnitten wie vom Forstmeister geheißen an Bäumen, deren Stämme sich teilten, diese Zwiesel ab, und erzählten sich was.

Es war die Zeit der Geselligkeit und der Heimatabende. Das *Schwarzwaldmädel* hatte als Operette der ganzen Republik romantische Vorstellungen von wogenden Wäldern und klappernden Mühlen in malerisch blühenden Tälern eingesungen. Da konnte es vorkommen, dass Hausfrauen beim Wäscheauf-

Mit viel Schwung: Walter und Karle Günther beim Ausschneiden
von Zwieseln. *Bild: privat*

hängen im Garten von Sommerfrischlern gefragt wurden: »Haben Sie zufällig ein Zimmer frei?« Dann halfen die Schwarzwälder dem Zufall kurzerhand auf die Sprünge, übernachteten selbst unter den Dachsparren auf dem Speicher und überließen ihre Schlafzimmer mit den dicken Federbetten Urlaubern, die sich am einfachen Idyll ergötzten und daheim noch lange von der guten Luft, den frischen Eiern und dem warmen Holzofenbrot schwärmten.

Von Hirsau aus flussabwärts durch das Nagoldtal war es nicht weit bis nach Bad Liebenzell, ihrer nächsten Lehrstation. Dort gab es alle acht Tage einen Tanzabend, so hatten sie gehört. Entsprechend motiviert reisten Walter und Karle pünktlich zum Dienstantritt um halb elf mit dem Zug an. Revierförster Leutze, das Kursbuch der Bahn aufgeschlagen vor sich, herrschte sie ohne weitere Begrüßung an: »Ihr Kollege war schon vor einer Stunde da! Warum kommen Sie so spät?« Erklärungen wollte er gar nicht hören: »Sie beziehen jetzt Ihre Unterkunft und melden sich beim Hau-Meister. Der soll Ihnen Werkzeug geben. Um halb zwei sind Sie wieder hier!«

Ehe sie sich versahen, standen Walter und Karle wieder vor der Tür. Beide holten tief Luft und machten sich, getrieben von blanker Wut, auf den kilometerlangen Weg. So hatten sie sich ihren Einsatz in der noblen Kurstadt nicht vorgestellt. Noch bevor sie ihre Unterkunft erreicht hatten, stand ihr Entschluss fest: »Hier schaffen wir nix!« So einfach ließen sie sich nicht zu Waldknechten dressieren.

Nun wollte allerdings der Dritte in ihrem Liebenzeller Pflegetrupp keinesfalls unangenehm auffallen. Seine Mutter, so hieß es, sei ein echtes Wurzelweible: Sie war 1945 beim Luftangriff auf Bad Wildbad ausgebombt worden und lebte in ärmlichsten Verhältnissen, woran ihr Sohn unbedingt etwas ändern wollte. Dieser Klaus Dengler hatte bereits Gärtner gelernt und war ein begeisterter Musiker. Weil er jede Gelegenheit nutzte, um mit der Geige seinem großen Vorbild Niccolò Paganini nachzueifern, trug er selbst den Spitznamen Paganini.

Im Forst fürchtete er schon bald um sein gutes Zeugnis, denn Karle und Walter verdrückten sich gleich morgens in die Büsche statt zu arbeiten. Sie machten Feuerchen und lasen Bücher, zogen sich gegenseitig damit auf, wie wenig Eindruck sie auf der Tanzfläche mit ihren speckigen Hosen auf die feinen Fräuleins gemacht hatten, und verbrachten ganze Tage damit, kaum einen Handstreich zu tun. Je weniger sie arbeiteten, umso mehr legte sich Paganini ins Zeug. Im Schweiße seines Angesichts entastete er einen gefällten Baum nach dem anderen und arbeitete für drei. Ihm saß die Angst im Nacken, dass der Revierleiter das ganze Trio zum Teufel jagen würde.

Statt ihm zu helfen, versuchten Walter und Karle, den gelernten Gärtner mit botanischen Fragen aufzuhalten: »Paganini, was ist das für ein Moos?« »Kennst du den Namen dieser Blume?« Paganini wusste für alles, was da wuchs, einen Namen, und manchmal vergaß er vor lauter Erklären und Erzählen selbst die Zeit. Doch immer passte er auf wie ein Eichelhäher, ob sich jemand näherte, der seine Kollegen beim Nichtstun erwischen könnte.

Ein einziges Mal ließ sich der Revierförster tatsächlich im Forst blicken. Von der Straße unten rief er seine Anweisungen den Hang hinauf. Karle und Walter war längst klar: »Dieser Leutze hat ja keine Ahnung von irgendwas im Wald.« Auch später stellte sie mancher Vorgesetzte im höheren Dienst vor das Rätsel: »Wie kann jemand, der kaum etwas über Bäume weiß, ein solches Amt bekommen?« Obendrein waren sie mit Leutzes Personalführung nicht einverstanden: Von den 18 Tagen Urlaub, die ihnen zustanden, erhielt Walter gerade mal drei, anlässlich einer Beerdigung. Karle bekam keinen einzigen Tag frei – und wurde aus dieser Erfahrung heraus zum engagierten Gewerkschafter. Klaus »Paganini« Dengler machte sein Abitur nach. Er verschrieb sich der Erforschung von Spechten und wurde Professor an der späteren Hochschule für Forstwirtschaft in Rottenburg.

Von Freiheit und Mauern

Walter und Karle feierten ihre Volljährigkeit im Jahr 1959 mit einer Reise nach Korsika, das sie mit Sonne, Meer und Freiheit lockte. Zwei Wochen lang wanderten die beiden jungen Männer durch die Berge von Quelle zu Quelle, erklommen die Gipfel der wilden Landschaft und schliefen unter freiem Himmel. Hier gab es noch keine Autos, nur Esel, viel Sonne und eine sagenhafte Gastfreundschaft. Sobald sie einen Menschen trafen und nach dem Weg fragten, wurde ihnen ein Glas Wein angeboten. Das gefiel ihnen sehr. Als sie endlich das Meer erreichten, jagte Walter wie der Wassergott mit einer dreigezackten Harpune Fische und schuf sich am Strand eine Frau aus

Walter beim Wandern
auf Korsika. Zur glei-
chen Zeit wurde in
Deutschland die Mau-
er gebaut. *Bild: privat*

Sand. Dabei fing er sich den Namen ein, der ihm unter seinen
gleichaltrigen Forstkollegen zeitlebens geblieben ist: Neptun.

Zwei Jahre später, gleich nach dem Abschluss an der Forstschule in Rottenburg, wollten Karle und Walter ihr Korsika-
Abenteuer unbedingt fortsetzen. Am 13. August 1961, einem
warmen Samstagabend, stiegen sie in Straßburg in den Zug und
fuhren die Nacht durch bis nach Marseille, um sich dort nach
Korsika einzuschiffen. In dieser Nacht ließ Walter Ulbricht die
Sektorengrenze nach West-Berlin und den Berliner Außenring
abriegeln. Aus einer französischen Zeitung erfuhren die beiden
Freunde davon: In Deutschland wird eine Mauer gebaut.

Nach der Rückkehr ins nun zweigeteilte Vaterland trat Walter seinen Wehrdienst bei den Gebirgsjägern in Bad Reichenhall an. Er hatte sich freiwillig gemeldet, damit sein vier Jahre

jüngerer Bruder Günther seinen Abschluss als Bäckermeister fertigmachen konnte. Überhaupt stand für den 23-jährigen Walter fest, so erklärte er es damals seinem Bruder tief überzeugt: »Das liegt jetzt mit an mir, unser Heimatland im Kalten Krieg zu verteidigen und dieser bösen Macht im Osten Einhalt zu gebieten. Diesem verdammten Russland, aus dem Vater nie zurückgekommen ist.«

Der Vater, so hieß es daheim in Lombach immer nur, sei an der Front fürs Vaterland gefallen. Dass das nicht stimmte, sollte Walter erst Jahrzehnte später erfahren.

Eine Kindheit in Lombach

Walter und sein Bruder Günther wuchsen mit ihrer Mutter, der schönen, zarten Helene, die ihre Haare immer zum Dutt zusammengesteckt trug, bei der lebenstüchtigen Großmutter Bärbele Zürn in Lombach auf. Helene hatte nach Stuttgart geheiratet und war wieder daheim untergekommen, nachdem 1944 die Landeshauptstadt zerbombt worden war. Eine Frau, die nichts mitbrachte außer ihren zwei kleinen Buben: zweieinhalb Esser mehr. Sie waren nicht sonderlich willkommen, man konnte sie jedoch gut brauchen: im Stall, auf dem Feld, in der Backstube. Denn Arbeit gab es mehr als genug.

Der kleine Flecken bei Freudenstadt breitet sich auf einem Bergrücken aus, der wie der Schwanz eines Drachen von Loßburg her Richtung Glatttal verläuft. Die Großmutter war die ehemalige *Burg*-Wirtin und lebte im Leibgedinghaus. Was sie sagte, galt. Im Dorf wie daheim.

Onkel Karl Zürn betrieb die Wirtschaft *Burg*, die oben am Berg thronte. Dazu gehörten die Bäckerei und eine Landwirtschaft im Oberdorf. Erst wenn abends das Vieh von der Weide geholt worden war und gemolken im Stall stand und die

Schweine versorgt waren, durften die Jungs mit ihren drei Kusinen zum Spielen raus. Dann schwärmten sie aus in die unendliche Freiheit, liefen hinter den Feldscheunen die Wiesenhänge hinunter zu den Bächen, die beiderseits des Bergrückens durch die Täler flossen.

An seinen Vater erinnerte sich Walter kaum. Er wusste nur noch, dass ihn ein Mann in Uniform am Stuttgarter Rosenstein-Park auf den Löwen am Museums-Portal gesetzt und sich dann am Bahnhof verabschiedet hatte. Wenn Spielkameraden von ihren Vätern erzählten, versetzte ihm das jedes Mal einen kleinen Stich. In diesen Momenten merkte er, wie sehr er den seinen vermisste.

Abends beteten die Mutter und die Oma abwechselnd mit den Brüdern und deckten sie gut zu. Mit diesem Ritual, so wussten Walter und Günther, war alles vergeben und vergessen, wofür sie davor noch ausgeschimpft worden waren.

Im Winter, wenn es früher dunkel wurde, gab es in der Landwirtschaft weniger zu tun, und es blieb mehr Zeit für die Familie. Abends saßen alle eng beieinander in der Stube, bastelten oder sangen. Lichtstub nannte man das. Die Oma wusste Lieder, Bibelverse und Gedichte aus dem Kopf, sie musste nichts nachlesen. Das beeindruckte Walter. Das wollte er auch können. Genauso wie das Gaigel- und Binokel-Spiel, wegen dem die Großmutter oft schimpfte: »Gaigel-Karten sind des Teufels Gebetbuch!« Als Wirtin kannte sie die Kehrseite der Spielkarten, mit denen am Stammtisch um kleine Geldbeträge gespielt wurde, aber eigentlich hätte sie da ja gerne selbst mitgemischt. Zum großen Vergnügen der Jungs fiel ihr zu ihrer moralischen Rechtfertigung die Ausrede ein: »Wir machen das nur, damit ihr Rechnen lernt!« Richtig sündig und den Jungs ganz heiß wurde es, als Oma Bärbele mit gesenkter Stimme verriet: »Es gibt sogar Menschen, die schummeln und andere betrügen. Nur um zu gewinnen!« Eben diese Tricks zeigte sie ihnen und brachte ihnen, noch wichtiger, obendrein bei,

wie man sie abwehrte. Fortan wurde vor jedem Spiel neu entschieden: »Ehrlich bis auf die Knochen oder mit allen Kniffen
wie im richtigen Leben?« Meist fand die zweite Variante mehr
Anhänger.

In dem kleinen Schwarzwalddorf galt eine strikte Ordnung.
Alles, oder beinahe alles, hatte seinen Platz und seinen Wert.
Walter hatte das Werkzeug zu säubern und zu ölen, Holz zu
holen, die Stallhasen zu versorgen und sämtliche Schuhe zu
putzen. Als er einmal missmutig mit dem Schuhputzzeug in
der Hand maulte: »Warum muss ich jetzt für alle die Schuhe
putzen?«, antwortete die Mutter kurzerhand: »Weil die Oma
jeden Tag für alle kocht.«

Hinter den strengen Regeln lebte aber noch etwas anderes
fort in dem kleinen Schwarzwalddorf. Vor allem in den dunklen Winternächten machte sich in Sagen und Bräuchen ver-
wunschen, märchenhaft und unheimlich das bemerkbar, was
sich sonst im Verborgenen hielt.

Das Schönste, was sich Walter überhaupt nur vorstellen
konnte, war das Christkindle, das an Heiligabend in das kleine
Häuschen der Großmutter kam. In seinem weißen Kleidchen,
mit einem Schleier vor dem Gesicht und seinen pechschwar-
zen Haaren sah es für Walter und seinen kleinen Bruder Günther aus wie Schneewittchen. Im Schlepptau hatte es allerdings
die Schandesklos – die Schandkerle. In diesen »Klos« – von
Klaus, dem Heiligen Nikolaus – hatten die Schwarzwälder ale-
mannische Winterbräuche und christliche Überlieferungen
zusammengepackt, um kleinen Kindern Respekt einzuflößen.
Diese Schandesklos, drei, vier an der Zahl, waren richtig raue,
üble Gesellen, die in fleckigen, ruppigen Mänteln daherkamen
und derbe Stiefel trugen. Schon von Weitem verströmten sie
einen Geruch nach Gefahr, den Walter und Günther das ganze
Jahr über fürchteten. Nichts beeindruckte sie mehr, als wenn
die Großmutter drohte: »Wartet nur, bis Euch der Schandes in
die Finger bekommt!«

Die Ketten und Schellen, mit denen die Schandesklos läutend und lärmend durch die dunklen Straßen zogen, hörten die Buben schon von ferne. Mit Geschrei schlugen die wilden Kerle an die Tür und begehrten Einlass. Sie hatten geflochtene Ruten aus Birkenreisig in den Händen, einen dichten Bart im rußigen Gesicht und einen großen, kratzigen Jutesack über der Schulter. Walter blieb der Mund offenstehen: Sie waren so wild und wüst und das Christkindle so schön und lieb. Schon schrie ihn einer an: »Komm her!« Walter versuchte, inmitten des Aufruhrs in einer Ecke zu verschwinden. Er schrie und wehrte sich mit Händen und Füßen. Es half alles nichts. Schon hatte ihn einer gepackt und übers Knie gelegt.

Ein Weihnachten war besonders schaurig. Da schrien die Schandesklos, sobald sie ihn sahen: »Jetzt kommst du in den Sack!« Dieser grau-braune Sack war groß und grob und roch nach Kohlenfeuer, wie es in der Hölle lodert. Walter wehrte sich aus Leibeskräften, kam aber nicht gegen die Kerle an. Erbarmungslos band einer den Sack über ihm zu, und ein anderer warf sich das zappelnde Bündel über den Buckel. Walter überkam in der schwankenden Finsternis Todesangst: »Ich will raus! Lasst mich runter!« Er versprach alles: Der liebste und folgsamste Bub wollte er für den ganzen Rest seines Lebens sein.

Lange gehalten hat dieser Schwur nie, und so kam Walter Trefz als Junge mehr als einmal in den Sack. Als er sich auch daraufhin nicht besserte, fesselten ihn die Schandesklos draußen im Garten mit ihren Ketten an einen Baum. Da hing er frierend und vor Angst bibbernd, bis die Oma Gnade walten ließ: »Jetzt langt's!«

Nie kam Walter darauf, wer unter den Kutten steckte.

Kriegsende

Am 16. April 1945 kam der Tag, vor dem sich die Erwachsenen seit Jahren gefürchtet hatten. Bis dahin war der Zweite Weltkrieg weit weg gewesen und es hatte in Lombach genug Brot und Kartoffeln gegeben, um gut über die Runden zu kommen. Doch jetzt hörte man seit dem Nachmittag Schüsse in Freudenstadt, das etwa fünf Kilometer Luftlinie entfernt liegt.

In der Nacht brannte die Kreisstadt lichterloh. Die Lombacher liefen in der Dunkelheit vom Dorf auf die Bergäcker hoch und starrten gebannt auf den roten Feuerschein, der über Freudenstadt in den Himmel flackerte. Daheim kamen die Hühner auf die Dachböden und die jungen Mädchen wurden in den hintersten Stuben versteckt. Anderntags marschierten die Franzosen ein. Auf die Motorhaube des Jeeps, der vorwegfuhr, hatten sie die Leiche des Schütz gebunden, der im Ersten Weltkrieg einen Arm verloren und seither als Dorfbüttel Botendienste und Bekanntmachungen übernommen hatte. An diesem Tag, auf dem Weg Richtung Sulzbach zu einer Leichenschau, war ihm das Hakenkreuz auf seiner Kappe zum Verhängnis geworden: Die Franzosen hatten ihn mit einem Bauchschuss vom Fahrrad geholt. Gleich darauf nahmen sie den abgelegenen Wiesenhof unter Beschuss, hinter dem sich die Volksfront Freudenstadt zum letzten Gefecht formiert hatte. Der ganze Hof stand in Flammen, als die Franzosen in Lombach einrückten.

»Attention! Attention!«, hörte es Walter auf der Straße im Motorenlärm schreien. Er saß mit seiner Mutter, der Oma und dem kleinen Günther im dunklen Keller zwischen den Kartoffeln. Vor lauter Angst und Neugierde hielt er es dort kaum aus. Als er durch einen Spalt in der Kellertür lugte, sah er einen Panzer vorbeifahren. Er traute seinen Augen kaum: »Der Soldat ist ja rabenschwarz!« Nie zuvor hatte er einen dunkelhäutigen Menschen gesehen. »Das sind die allerübelsten«, fuhr ihm durch den Kopf, was er über die Kolonialsoldaten gehört hatte.

Doch warum lachte und winkte der? Walter wunderte sich: Sah so das Böse aus? So fröhlich?

Seine Mutter Helene fasste eine leise Hoffnung. Vielleicht kam jetzt ihr Mann zurück? Vielleicht war gar nichts dran an den Gerüchten, dass er im Donezk-Becken gefallen war?

Nachrichten waren nicht so schnell zu erwarten. Die Franzosen forderten außer den Waffen alle Radios ein. Walter mit seinen sechs Jahren stutzte: »Sind Radios und Waffen das Gleiche?« Alle Volksempfänger mussten drüben in der *Burg* abgegeben werden. Auch der kleine Günther sah sich das an. Aufgeregt zog er Walter ans Fenster: »Da!« Die Franzosen hatten eines der Radios unter einen Reifen geschoben, damit der Lastwagen nicht die abschüssige Straße hinunterrollte. Empört rannten die beiden Jungs zur Oma und zerrten an ihrer Schürze: »Wie gehen die mit unseren Sachen um? Die können uns doch nicht das Radio mit den ganzen Liedern und Geschichten wegnehmen und wie einen Bremsklotz benutzen!«

Oma Bärbele biss sich beim Blick aus dem Fenster auf die Unterlippe und streichelte den kleinen Buben schweigend über die Köpfe. Vielleicht krachte vor ihrem inneren Auge eine brennende Hauswand über verängstigten Menschen zusammen, die sich in Freudenstadt vor den Befreiern verschanzt hatten. Oder waren es doch Eroberer? Sie dachte sicher an die Toten und Verletzten in Freudenstadt. Die obdachlos Gewordenen, die sich im Wald versteckten und nicht wussten, wohin.

Offiziellen Angaben zufolge starben 64 Menschen, als französische Truppen Freudenstadt mit Brandgranaten und Artilleriefeuer in Schutt und Asche legten. Die Stadtkirche brannte als Erstes nieder, darauf mehr als 600 weitere Gebäude. Kaum ein Haus in der Innenstadt blieb unbeschädigt. Gleich nach dem Einmarsch, so hieß es, machten sich die französischen Soldaten über das Weindepot in der Nordstadt her, das die Wehrmacht requiriert hatte. Massenweise wurden in den ersten Tagen nach dem Einmarsch Mädchen und Frauen vergewaltigt. An die 600

Vergewaltigungen dokumentierte das Kreiskrankenhaus in der hauptsächlich von einer marokkanischen Division besetzten Stadt. Mütter bläuten ihren Töchtern zwei französische Sätze ein, um die Besatzer davon abzuhalten: »Avez-vous une soeur? Avez-vous une mère?« – »Haben Sie eine Schwester? Haben Sie eine Mutter?«

Ich sehe meine Oma Lina vor mir, die so einen unerklärlichen Hass auf Männer hatte und immer dazwischenging, wenn ich als Zehn-, Elfjährige mit Jungs spielte. Sie war Kriegswitwe, litt unter manisch-depressiven Schüben und hat mir als Kind viel vom Heiland, aber wenig von sich selbst erzählt. Wenn ich an sie denke, höre ich sie singen: »Gott ist die Liebe, wird dich erlösen …«

Im Jahrbuch 2006 des Landkreises Freudenstadt ist das Kriegsende aus französischer Sicht nachzulesen, recherchiert und aufgezeichnet von dem Historiker Karsten Dyba. Demnach wurde jedem französischen Soldaten ein Viertelliter Schnaps ausgegeben, als die Armee unter dem Oberkommando von Jean Joseph-Marie Gabriel de Lattre de Tassigny kurz vor Freudenstadt stand, das als strategisch wichtig galt und zugleich eine Lazarettstadt war, die, so nahmen die Franzosen an, nicht verteidigt wurde. Doch vor Igelsberg, etwa zwölf Kilometer vor Freudenstadt, kamen Schüsse aus dem Wald, ein französischer Soldat wurde verwundet. Die Franzosen witterten Verrat und einen Hinterhalt. Bis die ersten Soldaten nach einem weiteren Kilometer eine Panzersperre an der Bengelbruck überwunden hatten, war ihre Artillerie nachgerückt, die Freudenstadt mit einem Feuersturm aus Mörsern und Kanonen überzog. »Doch ich wusste, dass das Martyrium dieser unglücklichen Stadt nicht hier enden würde. Ich wusste, dass nach uns die Marokkaner kommen – und auf die Brände werden Vergewaltigungen folgen«, wird Jean Browaeys zitiert, der als 17-jähriger Soldat dabei war und mit dem Stadtarchivar Gerhard Hertel später seine Erinnerungen teilte. Rachedurst und mangelnde Disziplin, »die aber aus französischer Sicht verständlich war«, werden dafür als Begründung angeführt, zumal die Soldaten jede Unaufmerksamkeit der Offiziere ausgenutzt hätten, »um sich das zu holen, wozu sie glaubten, nach drei Jahren Kampf das Recht zu haben.« Ein »Kollateralschaden«, hieß es später über die grauenhaften Schicksale der Frauen, als keiner so recht zu sagen wusste, ob das Ganze nun eine Befreiung oder eine Niederlage war.

Für viele Frauen blieb zeitlebens unsagbar, was sie in den Tagen nach dem Einmarsch der Zweiten marokkanischen Infanteriedivision unter dem Kommando von General Monsabert erlitten hatten. Zehn Tage lang, so berichtete später Dr. Lutz-Lebsanft, die damalige Assistenzärztin am Freudenstädter Krankenhaus, waren Frauen Freiwild, darunter zwölfjährige Mädchen und über 70-jährige Großmütter. Bezeugt ist beispielsweise, wie mehrere Soldaten in einen Keller eindrangen, in dem sich Mädchen und Frauen versteckten, wahllos ein junges Mädchen herausgriffen und vor aller Augen mehrmals vergewaltigten. Die Frauengeschichtswerkstatt Freudenstadt konstatierte anlässlich des 60-jährigen Kriegsendes:»In der Regel wollten die betroffenen Mädchen und Frauen nicht, dass man (die eigene Familie eingeschlossen) davon erfuhr. Sie schämten sich für das, was ihnen geschehen war, und hatten wohl wenig Anlass, auf Mitgefühl und Unterstützung zu hoffen.« Die allermeisten entschieden sich für eine Abtreibung, bevor jemand ihre Schwangerschaft bemerken konnte.

In Lombach war der Krieg mit dem Einzug der Franzosen zu Ende. Walter und Günter gewöhnten sich bald an die zwei Soldaten, die bei ihnen in dem kleinen Leibgedinghaus Quartier bezogen hatten. Die Jungs schlichen zwischen den Panzern herum und beobachteten aufgeregt, was die Soldaten aßen, wie sie sprachen, sich benahmen. Der Lombacher NS-Ortsgruppenführer, ein Schuhmacher, blieb verschwunden. Erst Tage später fand man ihn, tot – und zwei weitere Leichen. Der überzeugte Nazi hatte erst seine Frau und den Sohn, dann sich selbst umgebracht. Walter konnte nie mehr an dem Haus am Ortseingang vorbeigehen, ohne sich an den süßlichen Geruch der Verwesung zu erinnern. »Gerade recht, dass der Menschenschinder sich selbst gerichtet hat«, hörte er einen Nachbar zur Großmutter sagen. Er hörte aber auch Leute, denen die

Familie leidtat: »Wie kann man nur so was machen!« Dabei waren viele im Dorf hauptsächlich mit sich und ihrer Trauer beschäftigt: Fast jede Familie hatte Ehemänner, Brüder, Söhne, Väter im Krieg verloren.

Die Männer, die überlebt hatten, kehrten nach und nach aus der Kriegsgefangenschaft zurück, ausgemergelte Figuren, die sich zurück in den Alltag schlichen. Walters Vater war nicht dabei.

Die Wünschelrute

Mit Josef Braun kam 1948 ein Pfarrer ins Dorf, der viel von sich reden machte. Der frühere Katholik war zu den Evangelischen konvertiert, um Martha aus Breitenwies bei Peterzell heiraten zu können. Die Pfarrersfrau war ihrem Mann sehr ergeben. Sobald sie ihn am Haus des Dorfschultes auf seinem Motorrad hupen hörte, sprang sie los, um ihm das zweiflügelige Tor am Pfarrhaus zu öffnen.

Für die Bauern war dieser Gottesmann ein wahrer Segen, denn Pfarrer Braun konnte Wünschelrutengehen und fand dabei immer wieder Quellen für das Vieh auf den Weiden. Walter konnte es als Konfirmand kaum glauben: Ausgerechnet ihm wollte der Pfarrer dieses Ritual erklären und ihn zu einer Begehung mitnehmen. Die begann an einem Haselnuss-Strauch. Aus diesem schnitt Pfarrer Braun einen Zweig mit einer handlichen, gleichmäßigen Gabel und erklärte: »Die nimmt man ganz locker zwischen Daumen und Zeigefinger.« Für Walter grenzte das, was folgte, an Hexerei: Die Gabel gerade ausgestreckt vor sich haltend, schritt der Pfarrer über die Wiese. Walter stolperte hinterher. Plötzlich begann die Wünschelrute, wie von Geisterhand bewegt, auf und ab zu wippen. Dass ausgerechnet der Pfarrer solche Dinge machte, versetzte Walter in eine sonderbare Spannung. Ihm war das alles nicht ganz geheuer. Dabei zeitigte die wundersame Prozedur ganz reale Ergebnisse: Dort, wo die Wünschelrute ausgeschlagen hatte, quoll tatsächlich Wasser aus dem Boden, sobald Walter diesen auf Geheiß des Pfarrers aufgegraben hatte. Für den damals Zehnjährigen mit seinem kindlichen Forscherdrang blieb das Ganze rätselhaft. Und doch sickerte in seine Kinderseele eine Ahnung davon, dass noch mehr möglich war, als er sich selbst ausdenken konnte.

Im Frühjahr brach alles neu auf. Diese Zeit erschien ihm jedes Jahr wie ein neues Leben. Am Bach entlang stromerte er durch den Wald und das offene Tal heimwärts. Er hielt nach Froschlaich Ausschau, pflückte die erste Bachkresse, mied die winterseitigen Plätze und suchte auf den sommerseitigen nach Trollblumen, die sich mit ihrem hellen Gelb verschwenderisch anpriesen und seiner Mutter so gefielen. Ganz besonders stark zog es ihn zum Bach, dorthin, wo am Ufer unter den Steinen die gedrungenen Groppen mit ihren dicken, stacheligen Köpfen im Wasser lauerten.

Die Groppen waren so hässlich. Diese unansehnlichen Fische mussten böse sein, das stand für ihn außer Frage. Die Forelle hingegen, die so elegant durchs Wasser flitzte, zählte Walter als Kind wegen ihrer Schönheit zu den Guten. Diese Einteilung zog sich durchs ganze Jahr: Im Sommer gab es die guten, leckeren Erdbeeren und die gemeinen, blutsaugenden Bremsen. Da war jeder Kirschbaum ein Königreich und die Brennnesseln beim Misthaufen eindeutig Feindesland.

Wann hatte er damit aufgehört, so sinnierte Walder im Alter von bald 80 Jahren, die Welt in gut oder böse einzuteilen? Ohne nachzudenken die gängigen Kategorien anzuwenden, wie sie in allen Bereichen galten: die sympathischen Amerikaner, die fürchterlichen Russen? Der angesehene Jäger, der verdammte Wilderer? Vielleicht zu der Zeit, in der er selbst zu polarisieren begann: der angesehene Förster für die einen, der lästige Störenfried für andere. Auf jeden Fall, resümierte Walder, musste er selbst erst lernen, »dass nur Akzeptanz und Toleranz für alle Lebewesen die Grundlage des Zusammenlebens sein können.«

Auch als zwischen 2011 und 2014 die Idee eines National-parks im Nordschwarzwald von den einen als natürliches Ideal gepriesen und von anderen als grüne Ideologie verdammt wurde, dachte Walder über die Wirkung der eingesetzten Begriffe nach: »Ideal und Ideologie, diese beiden Wörter liegen nahe beieinander. Das eine ist positiv besetzt. Und das andere negativ. Da ist die Frage: Wenn man mir vorwirft, ich sei Ideologe – darf ich dann sagen: Ich habe noch Ideale? Ist das dann damit erledigt?«

Als Schuljunge wäre Walter am liebsten gleich wieder auf der anderen Seite hinunter ins Tal und wieder in den Wald hinaufgelaufen, sowie er von seinen Erkundungen auf dem Nachhauseweg von der Schule hoch auf die *Burg* kam, auf zur nächsten Expedition. Obwohl dort, so fürchtete er, der Hebsacker sein Unwesen trieb.

Eine unheimliche Begegnung

Dieser Hebsacker, so wurde an den langen Winterabenden in den Lombacher Stuben erzählt, war zeitlebens unmenschlich mit dem Wild umgesprungen und noch brutaler mit seinen Hunden. Selbst am heiligen Sonntag hatte er gejagt, statt Gott zu ehren. Wegen dieser gottlosen Taten war der Jäger dazu verdammt, so erzählten es die Alten, im »Hebsack« als Geist umzugehen und keine Ruhe zu finden. Dieses Waldstück verläuft steil den Hang hinauf von Lombach Richtung Schnaitertal. Da, so hieß es, suche der Hebsacker immer noch laut schreiend seine Hunde: »Hui, däch, däch – habt ihr nicht meine sieben Hunde gesehen?«, versetze die Leute damit in Angst und Schrecken und bringe sie fast um den Verstand.

Und ausgerechnet hierher – mitten durch den Hebsack ins Schnaitertal – wurde Walter eines Tages geschickt, auf einen Botengang zum Einödhof von Tante und Onkel. Am Hebsack angekommen, schaute er den Wald hoch. Um sich die Furcht zu vertreiben, fing er selbst an zu rufen: »Habt ihr meine sieben Hunde nicht gesehen? Hui – däch, däch!«

Das folgende Bild sollte Walter sein Leben lang nicht mehr loslassen: Der Weg ging steil bergan, als führe er in den Himmel hinein. Plötzlich erschien oben wie aus dem Nichts ein großer Mann. Er trug eine grüne Jacke und einen grünen Hut, das konnte Walter trotz der Entfernung ganz genau sehen. Ihm blieb die Spucke weg: Neben dem Mann tauchte ein Hund auf. Dann ein zweiter. Noch bevor ein dritter Hund hätte dazukommen können, rannte Walter wie der Blitz davon, stürmte den ganzen Weg bergab laut schreiend zurück, als ginge es um sein Leben. Er rannte und rannte, immer schneller, dem Waldrand entgegen und weiter, hinaus auf die sonnenbeschienene Wiese, wo er sich völlig außer Atem ins Gras warf und nur noch schnaufte, um überhaupt wieder Luft zu bekommen. Immer wieder schaute er zum Wald hinüber, ob ihn der Hebsacker holen käme. Doch da kam kein wilder Jäger. Der Wald stand ganz still, am Trauf geschlossen wie ein dichter Vorhang.

Walter erzählte keiner Menschenseele von dieser unheimlichen Begegnung. Lange Zeit blieb die Geschichte sein großes Geheimnis. Er konnte einfach niemandem sagen, was für eine erbärmliche Angst er gehabt hatte. Selbst später, als er schon die Anwärterprüfung zum Förster bestanden hatte, behielt er die Begebenheit für sich. »Wenn die Forstverwaltung erfährt, dass ich als Kind vor lauter Angst aus dem Wald gerannt bin«, so dachte er, »dann nehmen die mich nie als Förster!«

Noch lange beschäftigte ihn der Hebsacker und die Frage: Gibt es Geister oder nicht? Irgendwann kam Walter zu dem Schluss: Wäre es wirklich der Hebsacker gewesen, so hätte er ihn zweifelsohne erwischt und am Genick gepackt: »Du äffst mich nicht noch einmal nach!« Doch der Mann, den er gesehen hatte, war einfach weitergelaufen. Samt seiner Hunde, wie viele das nun auch gewesen sein mochten. Für Walter war damit klar: Da war er einem echten Aberglauben aufgesessen und hatte sich seine Angst selbst gemacht. Und er merkte sich: »Wenn man sich seiner Angst nicht stellt, muss man weite Umwege laufen.« Vor lauter Furcht war er an jenem Tag um den ganzen Wald herumgelaufen, um doch noch zur Verwandtschaft ins Schnaitertal zu gelangen.

Pfarrer Braun macht das Wetter

Schier vom Glauben abgefallen ist Walter, als Pfarrer Braun schließlich auch noch das Wetter machte. Für seine Wettervorhersagen war der Pfarrer bald schon bekannter als für seine Predigten. Das Wetter war ganz entscheidend, das lernten die Kinder in Lombach von klein auf. Nur wenn man wusste, wie das wurde, ließ sich der richtige Zeitpunkt zum Säen und Ernten bestimmen. Von ihm hing also alles ab. Viele Bauern verließen sich dabei ganz auf die Vorhersagen des Pfarrers. Weit über das Dorf hinaus glaubten sie fest daran: »Der weiß das besser als der Wetterdienst!«

Pfarrer Braun errechnete das Wetter anhand der Konstellation der Planeten. Das erklärte er den Konfirmanden im Pfarrhaus ganz genau. Walter erschien dieses Braun'sche Wetterperiodensystem trotzdem äußerst zweifelhaft. Als einer der zwei Buben aus Lombach, die auf die Oberschule in Freudenstadt durften, hatte er gelernt: »Die Stellung der Planeten zueinander ist ja für einen sehr großen Raum immer gleich.« Das Wetter aber, so wusste er es von den paar wenigen Bahnreisen zu den Großeltern nach Unterweissach hinter Stuttgart, konnte zwei, drei Täler weiter schon wechseln. Doch so, wie der Pfarrer seine Planeten-Theorie erklärte, hätte zumindest auf einem Viertel der Erdkugel das gleiche Wetter herrschen müssen.

Walter begann zu zweifeln.

Die Vorhersage von Pfarrer Braun war immer eine Zeitungsspalte lang. Die Rückschau hingegen war wesentlich länger und nahm mindestens zwei Spalten ein. Tatsächlich war das Wetter immer so, wie es der Pfarrer vorhergesagt hatte – wenn man seiner Rückschau folgte, wo etwa zu lesen war: »Das Wetter ist wieder genau so eingetreten, wie ich es vorhergesagt habe. Nur ist halt der Regen drei Tage früher gekommen, dafür hat sich die Schönwetterphase um vier Tage verlängert.«

Konfirmand: Walter (rechts) bei seiner Konfirmation in Lombach.
Bild: privat

»So kann man natürlich alles rechtfertigen«, überlegte Walter: »Wenn der Regen heute nicht kommt, dann kommt er morgen.« Diese Erkenntnis stürzte ihn in seine erste Glaubenskrise. Verwundert beobachtete er, was für eine Überzeugungskraft dieser Mann hatte, obwohl er sachlich immer wieder danebenlag. Gleichzeitig predigte der Konfirmandenpfarrer vom Christsein, vom Katechismus und dem Wort Gottes in der Bibel. Walter kam ins Grübeln: »Ist das nicht der gleiche Humbug wie bei der Wettervorhersage? Führt der Pfarrer uns beim Predigen in der Kirche von der Kanzel herab genauso an der Nase herum wie mit seinen Wetterprognosen, die er immer erst im Nachhinein passend macht?« Misstrauen keimte in ihm auf: »Ist alles, was der predigt, so verdreht wie sein Wetter?« Von da an passte Walter ganz genau auf im Religionsunterricht und fragte immer wieder nach. Er wollte herausfinden: Was kann ich glauben? Was ist wirklich wahr für mich?

Wetterpfarrer Braun hatte ihm damit eine Lektion erteilt, die er erst viel später richtig begriff und verinnerlichte: »In der Sache immer misstrauisch sein und immer kritisch nachfragen, egal, welche Person oder Institution dahintersteht.«

Bei den Gebirgsjägern

Der Einberufung zum Wehrdienst folgte Walter aus tiefster Überzeugung. Er wollte dabei sein, wenn es galt, die Heimat gegen die Übermacht aus dem Osten zu verteidigen. Ihn zog es zu den Gebirgsjägern, raus aus dem Wald, weg von daheim, hoch in die Berge. Er rückte in die Bundeswehr-Kaserne in Bad Reichenhall ein und dachte kaum noch an Lombach. Wenn der Schnee im Gebirge funkelte, als sei er mit Diamanten besetzt, sich der Himmel wie ein blauer Baldachin der Glückseligkeit über die Bayerischen Alpen spannte, überkam den

25-Jährigen ein Gefühl der Unsterblichkeit und die pure Lust am Leben.

Zur Winterkampfausbildung ging es hinauf auf die Reiteralm. Im Schneegestöber auf 2000 Metern Höhe bauten Walter und seine Kameraden ein Iglu, in dem sie zehn Tage lang biwakierten. Nur ein Teelicht spendete nachts etwas Licht unter den verkeilten Schneeblöcken, die sie zur Kuppel aufgesetzt hatten. Allein durch ihre Körperwärme hielten sich die sieben Männer in den eisigen Nächten gegenseitig warm.

Zurück in der Kaserne, erhielt er an einem klaren Januarmorgen den Befehl: »Um 9 Uhr antreten beim Kommandeur!« Walter fragte erschrocken nach: »Was ist denn los?« Doch der Spieß verriet nur: »Er hat eine Spezialaufgabe für dich.«

Der Kommandeur wusste es schon: »Sie lernen doch Förster.« Ihn habe ein Notruf erreicht: »Das Wild aus den Bergen kommt wegen des hohen Schnees nicht mehr zur Hauptfütterung im Tal durch. Jetzt steht es auf halber Höhe am Berghang

Als junger Gebirgsjäger in Bad Reichenhall war Walter Trefz erstmals für längere Zeit weg von daheim. *Bild: privat*

und muss dort jeden Tag gefüttert werden.« Er nickte mit dem Kopf Richtung Tür – das Heu und nähere Informationen solle sich Walter beim Förster holen.

Der Förster musterte den durchtrainierten Gebirgsjäger mit scharfem Blick und zeigte Walter auf der Karte den Standort der acht Hirsche. Zu ihnen sollte er auf Skiern hoch. Zackig!

In der Küche klaubte man ihm Gemüseabfälle zusammen und füllte Karotten und Krautblätter in einen Sack. Ein Fahrer chauffierte ihn und einen Freund im Jeep auf die Queralpenstraße. Auf halber Strecke zwischen Bad Reichenhall und Ruhpolding stiegen die jungen Rekruten aus, schulterten die Futtersäcke und kämpften sich zwei Stunden lang durch Tiefschnee den Berg hinauf. Nassgeschwitzt richteten sie oben die Futterstelle ein – und jagten auf ihren Skiern laut jauchzend zurück ins Tal. Statt in die Kaserne liefen sie direkt weiter auf die Skipiste. Drei Wochen lang war Walter der König der Bergwelt und wurde zum krönenden Abschluss auch noch in der Lokalzeitung als Retter des Bergwildes gefeiert.

In Salzburg, dieser weltläufigen Stadt, holte ihn dann beinahe der Aberglaube wieder ein. Den hatte er eigentlich bei den Dörflern im Schwarzwald gelassen, so dachte er. Doch dann sah er im *Haus der Natur* die weiße Gams, die den Ersten Weltkrieg ausgelöst haben sollte. Da stand er vor dem Albino-Mythos, der sich trotz aller Aufklärung bis in höchste Regierungskreise gehalten hatte.

Albinismus kommt auch bei Wildtieren vor. Allerdings überleben Albinos meist nicht lange, weil sie auffällig und damit leichte Beute sind. Wer so ein seltenes weißes Tier schießt, das galt unter Jägern als gewiss, der stirbt noch im gleichen Jahr.

Nun war in Österreich, im Salzburger Land, eine große Treibjagd angesetzt worden. Das ganze Kaiserhaus hatte mitgemacht, an der Spitze der Thronfolger Erzherzog Franz Ferdinand. Plötzlich riefen Treiber: »Eine weiße Gams, eine weiße Gams – nicht schießen!« Die weiße Gams kam immer näher und gelangte schließlich bis zu Erzherzog Franz Ferdinand. Sein Hofjäger warnte ihn eindringlich: »Nicht schießen, nicht schießen!« Trotzdem legte der Erzherzog an, schoss, traf und erlegte die weiße Gams. Die Jagdgesellschaft war hell entsetzt und begann zu tuscheln: »Der wird das nächste Jahr nicht erleben.« Und so war es dann auch: Erzherzog Franz Ferdinand wurde im Juni 1914 in Sarajevo durch Kugeln aus der Pistole des bosnisch-serbischen Nationalisten Gavrilo Princip getötet. Der Beginn des Ersten Weltkriegs.

Walter besah sich die präparierte weiße Gams und kam schließlich, in ihre Glasaugen schauend, zu dem Schluss: »Das ist doch wieder so eine arg schlichte Erklärung für eine viel kompliziertere Welt, wie es auch Pfarrer Braun daheim in Lombach mit seinen Wetterphänomenen versucht hat.«

In der Hügelburg

Im Wald wusste Walter, woran er war. Nach den Alpenerfahrungen bei den Gebirgsjägern verschrieb er sich endgültig dem Förster-Dasein. Nach dem letzten Ausbildungsjahr an der Forstschule in Rottenburg kam er als Forstanwärter auf die Schwäbische Alb. Kaum in Kleinengstingen angekommen, guckte er sich eine Waldhütte als Domizil aus. Diese Hügelburg, wie die Hütte hieß, lag abgelegen im Lonsinger Täle, und dort wollte er mit seinen 27 Jahren das ungebundene Einsiedlerleben noch einmal in vollen Zügen auskosten – und übers Heiraten nachdenken.

Walder hat viel gelesen. Er kannte seinen Rulaman, hat Die Höhlenkinder im Heimlichen Grund geliebt, die kanadischen Trapper-Abenteuer von Jack London verschlungen und ein Karl May-Buch nach dem anderen gelesen. Ich weiß nicht, ob ihm bereits während seiner Lehr- und Wanderjahre der amerikanische Schriftsteller Henry

David Thoreau begegnet ist. Vermutlich hat er ihn erst später entdeckt – und sich dabei an seine Zeit in der Hügelburg erinnert.

Walder war zu seiner Zeit in der Hügelburg etwa im selben Alter wie 120 Jahre vor ihm der amerikanische Waldgänger und Naturapostel aus Concord, als sich dieser 1845 als 28-Jähriger in ein selbstgebautes Blockhaus am Waldensee zurückzog. Dort wollte er herausfinden, was es wirklich zum Leben brauchte, und hat dies in Walden oder Ein Leben in den Wäldern (1854) festgehalten. Walter Trefz hat sich auf seine Art dem »Leben in den Wäldern« verschrieben und für mich ein Ideal verkörpert, wie es Thoreau in »Walden« gefunden hat. Auch deshalb habe ich ihn »Walder« genannt.

Die Natur, so stellte Thoreau in seinen Schriften fest, steht über allem. Der Autor grenzte Mensch und Natur nicht voneinander ab, begriff den Menschen als Teil der Natur. In seinen Vorträgen trat der oft als recht sperrig und wenig charmant beschriebene Thoreau dafür ein, staatliche Einflüsse so gering wie möglich zu halten. Von der Natur lernend, so sein Standpunkt, lasse sich die fehlgeleitete Zivilisation überwinden. Thoreau, als rebellischer Freigeist verehrt und als überheblicher Besserwisser kritisiert, lieferte mit seinem Essay Von der Pflicht zum Ungehorsam gegenüber dem Staat (1849) konsequente Handlungsanweisungen im Umgang mit staatlichen Vorgaben: »Wenn aber das Gesetz so beschaffen ist, dass es dich zwingt, einem anderen Unrecht anzutun, dann, sage ich, brich das Gesetz. Mach dein Leben zu einem Gegengewicht, um die Maschine aufzuhalten.«

Der Walder, den ich kennenlernte, hat aber vor allem draußen im Wald gelesen, der für ihn ein offenes Buch war. »Schau dir die Verzweigung der Schwarzwälder Höhenkiefer an«, erklärte er mir, »die eine ganz schmale und schlanke Krone wie ein geschlossener Regenschirm hat, auf der kaum Schnee auflastet. Das hat sich über die Jahrtausende so herausgebildet. Die großen, breitastigen Kiefern sind dem Schneebruch zum Opfer gefallen und haben sich nicht mehr so stark vermehrt. Doch nach den Kahlschlägen seit dem Mittelalter hat man vermehrt Fichten und Kiefern in den Schwarzwald geholt. Dafür hat man die Zapfen der Kiefern in der rheinischen Tiefebene geerntet, *weil man an die leichter herangekommen ist.* Die hat starke Äste wie ein ausgebreiteter Regenschirm und ist deshalb viel empfindlicher für Schneedruck. Man hat also nicht nur zu viele Fichten und zu viele Kiefern geholt, sondern auch die falsche Art.« Immer wieder hat er darüber gestaunt, dass Pflanzen ganz unterschiedliche Strategien entwickelt haben, um mit den Gegebenheiten der Landschaft zurechtzukommen. »Da gibt es viele Dinge, die der Mensch vom Baum oder der Pflanze lernen kann«, sagte er. »Und dazu gehört auch: eine schöne Winterpause!«

Walters Lehrförster auf der Schwäbischen Alb wohnte neben dem Forstamt. Im Forstamt selbst residierte der Forstmeister. Diese beiden verstanden sich nicht so gut, das merkte Walter bald. Ihm entging auch nicht, dass sich der Förster und die Frau des Forstmeisters deutlich besser verstanden. Und die Hunde der beiden Männer, die Terrierhündin des Försters und der Wachtelrüde des Forstmeisters, wiederum vertrugen sich so gut, dass die Terrierhündin Junge bekam. Der Lehrförster tobte: »Das hab' ich mir doch gleich gedacht! Die ist gedeckt worden von dem Sauhund da drüben, von der Wachtel. Die jungen Bastarde bring ich alle um!«

Das wollte Walter auf keinen Fall: »Das kannst du der Hündin nicht antun! Die braucht doch ein paar Junge. Die kleinen Hunde kriegen wir bestimmt los.« – »Nein, ohne Zuchtnachweis kriegen wir keinen von denen los!« – »Doch«, beharrte Walter, »doch. Und einen davon nehme schon mal ich!«

So kam Walter zu seinem ersten Hund, den er Dorko nannte. Dorko behagte das Leben mit Walter in der urigen, aus Rundstämmen gezimmerten Hügelburg auf der Albhochfläche sehr. Er hatte die Schärfe eines Terriers, war schneidig und leicht größenwahnsinnig, wie sich noch zeigen sollte.

Kaum war er ein Jahr alt, nahm Walter ihn mit zur Jagd. Er hatte eine Wildsau im Visier, konnte sie aber nicht tödlich treffen. Die Sau raste davon, und Dorko musste zum Nachsuchen hinterher, obwohl er noch nicht fertig ausgebildet war. In einem

Gebüsch spürte er die große, schwere, verletzte Wildsau auf und ließ nicht mehr von ihr ab, griff sie immer wieder an. Die Sau quiekte und wehrte sich lautstark. In dem Gebüsch ging es so eng daher, dass Walter nicht schießen konnte. Er kämpfte sich durch die Weißdornäste, wollte seinen Hund im Kampf nicht allein lassen. Plötzlich ließ die Sau von Dorko ab. Sie hatte den Jäger als eigentlichen Feind erkannt und ging auf ihn los. Walter griff, was er greifen konnte, und hängte sich an die dünnen Äste eines kleinen Baumes. Er konnte gerade noch die Füße hochziehen, da rauschte die Sau unter ihm durch. Walters Herz schlug bis zum Hals. Das nächste Mal würde er vorsichtiger sein.

Wenn Walter bei Sonnenaufgang wach wurde und auf die Weidekoppeln in dem Tal schaute, durch das schon die Kelten gezogen waren, sah er des Öfteren Wild über die Magerwiesen laufen. Eines Tages schnürte ein Fuchs frühmorgens durchs taunasse Gras. Dorko drängte zur Tür und durch den schmalen Spalt hinaus, als Walter sie öffnete. Geschmeidig bewegte sich der Fuchs auf seinem vertrauten Terrain und duckte sich geschickt unter den Zaundrähten hinweg. Dorko raste voller Jagdeifer hinterher, direkt in den Stacheldraht hinein. Laut aufjaulend schlug er einen Purzelbaum, kam wieder auf die Füße und jagte weiter hinter dem Fuchs her.

Nach einer Stunde kehrte der Hund in die Hügelburg zurück. Erschöpft und müde, ein Bild des Jammers. Quer über seiner Brust war die Oberhaut aufgerissen und zerfetzt. Walter erschrak. Warum nur hatte er den Hund rausgelassen? Fürs Bedauern blieb keine Zeit, ein Tierarzt war nicht erreichbar. Irgendwo mussten Nadel und Faden sein. Er durchwühlte seinen dürftigen Hausstand, wurde fündig, klemmte sich Dorko zwischen die Knie und nähte ihn, ohne jede Betäubung. Als er sich danach seine Zigarette anzündete, zitterten ihm die Hände.

Am Stammtisch in Kleinengstingen schlossen die Bauern derweil bereits Wetten ab: »Der Jungförster kommt schon wieder raus aus seiner Hütte und zurück ins Dorf, sobald es Winter wird.« Walter lachte: »Glaubt, was ihr wollt. Aber ich bleibe draußen.« Da wusste er allerdings noch nicht, wie schnell das Holz in seinem Ofen herunterbrannte, sobald die Schlehenhecken und der Wacholder ringsum von einer Eisschicht bedeckt erstarrten. Als der erste Schnee kam und es immer kälter wurde, rückte er sein Bett direkt an die Ofentür. Wachte er nachts von der Kälte auf, musste er sie nur aufmachen, um Holzscheite nachzulegen.

Diesen warmen Platz hatte er nicht für sich alleine. Kehrte er abends heim in die klamme Holzhütte und schlug die Bettdecke zurück, kam ihm öfters mal ein Mäuschen entgegen. Dann musste Walter jedes Mal lachen. Ihn störte das wenig. Er war mit allem einig. Denn er war verliebt.

»Ein Hirsch ist genauso wichtig wie ein Baum – und andersrum.«

Karin Flick hatte ein Lachen, das sich über ihr ganzes Gesicht ausbreitete, als ginge die Sonne auf. Ihre braunen Haare trug sie kurz und frech als Bubi-Schnitt. Ihre Mutter, eine aufgeschlossene und modebewusste Frau, war Sekretärin des Geschäftsführers in der Loßburger Textil-Fabrik, ihr Mann war Prokurist des Unternehmens. Karin lernte Bauzeichnerin bei einem Architekten, und wenn im Sommer die heißen Tage kamen, durften sie mit den anderen Büro-Fräuleins über Mittag zur Abkühlung ins Loßburger Waldbad. Meist saß ihre unternehmungslustige Freundin Helga am Steuer des Baustellen-Busses, den ihnen der Chef für diese Spritztouren überließ.

Helga, etwas älter als Karin, war eine Zeitlang mit Walter verbandelt, entschied sich dann aber für einen anderen Mann, den *Linden*-Wirt Karl Pfau aus Wälde.

Wenn Walter mit seinen hellen, blitzenden Augen und den schwarzen, dichten Haaren im Schwimmbad auftauchte, ging Karin das Herz auf. Als der junge Förster eines Tages seinen Dorko mitbrachte, spürte sie eine leise Eifersucht. Am liebsten hätte sie mit dem Hund getauscht. Ja, sie konnte sich das vorstellen: ein Leben an der Seite dieses Mannes, der immer so frisch und froh daherkam. Ein Kerl wie ein aufstrebender Baum, immer zum Lachen aufgelegt, unerschrocken und mit den größten Händen, die sie je gesehen hatte. Einer mit dem Herzen am rechten Fleck, das spürte sie genau.

Als die beiden im Februar 1966 heirateten, war Karin gerade einmal 19 Jahre alt. Walter, acht Jahre älter als sie, bekam zu der Zeit seine erste Forststelle in Singen am Hohentwiel und eine kleine Zwei-Zimmer-Wohnung für sie beide allein. Fern von daheim. Fast war es Karin ein bisschen viel auf einmal: die Liebe, der Haushalt, das Warten, bis abends ihr Mann heimkam. Zwar gab es Freunde, mit denen sie sich häufig trafen; Walter teilte sich die Forststelle in der Enklave von Tuttlingen mit Karle Günther, der ihn zum Traualtar geführt hatte. Doch Karin war froh, als es vom Bodensee zurück in den Nordschwarzwald ging. Ein bisschen Heimweh hatte sie schon gehabt nach der Freudenstädter Gegend, wo ihre Familie und alles vertrauter war. Walter nahm seinen Beruf doch arg ernst und konnte gar nicht genug kriegen vom Wald und der Jagd da draußen.

Am 1. August 1966 trat Walter Trefz seine Stelle im Staatlichen Forstamt Freudenstadt an. Er übernahm sein Revier Christophstal/Finkenberg, stellte sich den Waldarbeitern vor und ließ jeden, den es anging, wissen, dass er sich fortan um den Forst kümmern würde. Karin räumte in der Schillerstraße der Kurstadt ihre Aussteuer in den Schrank, richtete den Förster-Haushalt ein und legte den Garten des Forsthauses an. Manchmal begleitete sie ihren Mann zum Ansitzen und saß dann während der Jagd einen Hochsitz entfernt in der Dämmerung. Hinterher wollte Walter ganz genau wissen, was Karin gesehen und beobachtet hatte. Wenn sie ihre Beobachtungen teilten, entstanden jedes Mal kleine Tiergeschichten. Manche von ihnen endeten mit einem Schuss von Walter. Dann half ihm Karin, das Tier abzuziehen und auszunehmen, und briet die noch warme Leber in der Pfanne.

Mitunter belächelten ihn die Forstkollegen, mit denen er wöchentlich bei den Jagdhornbläsern zusammenkam: »Neptun, was hast du da wieder geschossen?« Wieder hatte er ein Tier erlegt, das schon recht alt, etwas angeschlagen oder gar verkrüppelt war. »Eben genau so eines«, brauste Walter dann auf, »das zur Pflege des Bestands als Erstes geschossen werden muss.« Obgleich es ihm nicht nur um die Trophäe ging, wussten seine Kollegen doch auch, dass Walter einen gestandenen Hirsch sehr zu schätzen wusste. Bei der Jagd im Forst aber galt: »Wald vor Wild«. Das Rotwild, die Rehe und Hirsche mussten in Schach gehalten werden, damit sie nicht allen Jungtannen die Triebe abknabberten. »Wir kriegen den Wald nur hoch, wenn wir das Wild kurzhalten«, lautete die gängige Formel. Walter war dabei der Zusatz wichtig: »Ein Hirsch ist genauso wichtig wie ein Baum – und andersrum.«

Von Erdbeerräubern und Giftspritzern

Nun gab es in direkter Nachbarschaft der jungen Eheleute Trefz ein Reh, das seiner Vorliebe für Erdbeeren bis in den Garten von Familie Dorka nachging. Vater Dorka war spät aus dem Krieg heimgekehrt und predigte in einer Freikirche. Seine drei Söhne suchten ihr Heil in der freien Natur, doch angesichts des Rehs, das sie um ihre Erdbeeren brachte, wussten sie sich keinen besseren Rat, als Förster Trefz um Hilfe zu bitten. Der kam – und erlegte den Erdbeer-Räuber.

Dabei lernte Walter Trefz die drei Dorka-Brüder näher kennen. Olfert Dorka, hochgewachsen und schlau wie ein Fuchs, hatte Gärtnergehilfe gelernt und dann Landschaftsarchitektur studiert. Volker Dorka hatte sich der Biologie verschrieben. Der dritte Bruder, Ulrich, brachte vom Ornithologie-Studium in Tübingen immer wieder Freunde nach Hause mit. Einer von ihnen war Helmut »Kini« Klein – der dann auf der Suche nach einer Leiter, um Nistkästen im Kaltenbronner Moor anzubringen, bei Walter landete. Für Walter, der sich zu der Zeit gerade mit Karin auf sein erstes Kind freute, war das eine bereichernde Bekanntschaft. Ihn interessierte alles, was in der Natur vor sich ging, nicht nur im Forst.

Auf dem Forstamt ging es hauptsächlich um Kalkulationen und Termine. Der Wald, nach dem Ersten wie auch nach dem Zweiten Weltkrieg im Zuge von Reparationshieben abgeholzt, sollte schleunigst wieder wachsen, die Häuslebauer möglichst rasch mit dem wichtigen Rohstoff Holz versorgen. Am schnellsten ließ sich das mit der Fichte bewerkstelligen. Die Jungbäume wurden sorgsam freigeschnitten, damit Brombeeren und Farn sie nicht überwucherten und diese ›Brotbäume‹ möglichst rasch zu Nutzholz heranwuchsen.

»Das war die Denkweise, in der der junge Förster Trefz voller Überzeugung tätig war. So habe ich ihn kennengelernt«, erinnert sich Frieder Kurtz, der Sohn des damaligen Forstamtsleiters Gerhard Kurtz bei einem Telefonat 2022. Er weiß auch noch, wie Walter Trefz Ende der 1960er, Anfang der 70er Jahre pures Gift einsetzte: »Ich habe unter seiner Anleitung Wanderhütten mit Xylamon ausgespritzt. Wir Buben haben uns sogar gegenseitig damit abgespritzt und mussten abends von unseren Müttern mit Benzin gereinigt werden. Und da hat sich Walter Trefz nichts dabei gedacht, wie jeder andere auch.«

Frieder Kurz ist mittlerweile Ministerialrat und Referatsleiter für Aufsicht, Bildung und Waldpädagogik im Ministerium für Ernährung, Ländlichen Raum und Verbraucherschutz

Baden-Württemberg. Seine Wege und die des Försters Walter Trefz haben sich immer wieder gekreuzt: im Freudenstädter Forstamt, später, als der Forststudent Kurtz um 1982 eine Freudenstädter Veranstaltung zum Waldsterben besuchte, und schließlich in der Karlsruher Forstdirektion, wo Frieder Kurtz 1998 Personalleiter wurde und als solcher Walter Trefz in einer von dessen dunkelsten Stunden mitzuteilen hatte, dass er sein geliebtes Revier auf dem Kniebis abgeben musste. Bei der Trauerfeier in der Freudenstädter Stadtkirche hat Frieder Kurtz im Namen des Ministeriums dem Bundesverdienstkreuzträger Trefz die letzte Ehre erwiesen und ihn in einem persönlichen Nachruf als »einen der profiliertesten Förster Baden-Württembergs« gewürdigt, einen passionierten Waidmann, Jagdhornbläser, Hundeführer und, kurzum, einen »herzensguten Kerle«.

Für die Hinterbliebenen war das fast schon ein Affront: kein Wort darüber, wie die endlosen Auseinandersetzungen mit der Forstbehörde Walter mürbe zu machen drohten. Doch auch Frieder Kurtz, so schilderte er es in dem Telefonat, für das er sich an einem Samstagmorgen Anfang März 2022 viel Zeit genommen hat, haben nicht zuletzt prägende Erinnerungen mit Walter Trefz verbunden – auch an seinen Vater.

Väterliche Autorität

Forstamtsleiter Gerhard Kurtz, 1908 als Pfarrersohn geboren, war noch in Holzpantinen von Wittlensweiler zur Schule nach Freudenstadt gelaufen und hatte als Kind im Schwarzwald die Armut kennengelernt. Er war als ausgezeichneter Offizier vom Frankreich-Feldzug zurückgekehrt, während der Besatzungszeit Forstamtsleiter geworden und hatte eine Krankenschwester geheiratet. Diese Frau, so erzählt Frieder Kurtz über die erste Frau seines Vaters, hatte während des Zweiten Weltkriegs

Mitleid mit den Zwangsarbeitern aus dem nationalsozialistischen Lager Schirmeck im besetzen Elsass. Sie konnte kaum mitansehen, welch harte körperliche Arbeit die Gefangenen in ihrem elenden Zustand als Waldarbeiter verrichten mussten. Gemeinsam mit anderen Forstfrauen trat sie vehement für sie ein: »Das geht doch nicht, dass wir halbverhungerte Leute im Wald schaffen lassen. Ihr jagt so viel. Lasst uns eine Feldküche organisieren, damit die einmal am Tag etwas Warmes zu essen haben!« Die gute Tat hatte böse Folgen: Gerhard Kurtz wurde wegen der täglichen Essensausgabe für die Zwangsarbeiter von seinem Dienstposten abgezogen und sollte mit seiner Stammeinheit von Ludwigsburg aus an die Ostfront. Doch der spätere Forstpräsident Max Maier sorgte dafür, dass die Förster nicht nach Russland geschickt wurden, sondern nach Italien. Maier war Vater eines behinderten Kindes, das von den Nazis in die Tötungsanstalt Grafeneck auf der Schwäbischen Alb verbracht und dort ermordet worden war. Er tat, was er konnte, um zu verhindern, dass weitere Menschen in den sicheren Tod geschickt wurden.

Gerhard Kurtz kam 1945 aus dem Zweiten Weltkrieg zurück. Ihm wurde zugutegehalten, dass er sich beizeiten für Zwangsarbeiter eingesetzt und damit in Opposition zum Nazi-Regime gewagt hatte. Zudem war sein Bruder in Betzweiler-Wälde einer jener Schwarzwälder Pfarrer, die während des Dritten Reichs Juden und anderen Menschen, die verfolgt wurden, Unterschlupf in ihren Pfarrhäusern gewährten und ihnen bei der Flucht über die grüne Grenze in die Schweiz halfen.

Die Franzosen setzten Kurtz aufgrund seines guten Leumunds in Freudenstadt als Kreisforstamtsleiter ein. Damit war er für den gesamten Kreis zuständig, bis die bisherigen Forstamtsleiter die Entnazifizierung durchlaufen hatten und ihre Ämter zurückerhielten.

Kurtz, nach dem Tod seiner ersten Frau ein kinderloser Witwer, heiratete in den 1950er Jahren eine Kriegerwitwe aus Stuttgart, die mit ihren drei kleinen Kindern ausgebombt worden war. Im Dezember 1957 kam ihr gemeinsamer Sohn Frieder zur Welt. Dessen Jugendzimmer lag direkt neben dem Amtszimmer seines Vaters. Von daher weiß Frieder Kurtz: Sein Vater hielt Walter Trefz für einen ganz hervorragenden Förster. Als einer der ersten Jahrgänge, die eine Forstschulausbildung durchlaufen hatten, galt Trefz als gebildeter Vertreter des Försterstandes. Damit war er ein Gesprächspartner, mit dem sich Gerhard Kurtz, wohl auch mit väterlicher Autorität, immer wieder auf Diskussionen einließ. Und die, so erinnert sich Frieder Kurtz, wurden mitunter recht lautstark geführt.

»Ein Nationalpark – wozu?«

Im Sommer 1967 brachte Karin ihren ersten Sohn zur Welt, Florian. In den Städten besetzten Studenten ihre Universitäten, aus Amerika hörte man von Woodstock, freier Liebe und Blumenkindern. Im April 1971, als der Vietnam-Krieg für die Amerikaner bereits als verloren galt, wurde Karins und Walters zweiter Sohn geboren, Hansjörg, den schon bald alle nur Hajo nannten. Mit ihren zwei Buben war Karin nun mehr denn ja ans Haus gebunden.

Walter zog es immer mehr in die Wälder. Im Holzerlös sah er schon damals nur einen Teil ihres eigentlichen Werts. Da hatte seine Forstverwaltung, so fiel Walter im Gespräch mit den Dorka-Brüdern oder Kini auf, an manchen Stellen einen blinden Fleck. Das wollte er ändern. Denn gerade das, was nicht in den Listen und Tabellen auftauchte, war so erstaunlich und faszinierend und machte diesen Wald zu einem mit Geld nicht aufzuwiegenden, lebendigen Wesen, das ihn jeden Tag aufs Neue überraschte. Nie war er gleich, bei jedem Wetter nochmal anders. Mal ruhig und still, dann dunkel und tief. Und jeden

Morgen war Walter richtig gespannt auf das, was er draußen im Wald erleben würde.

Sein Freund Karl »Samson« Stehle, mit dem er auf der Forstschule gewesen war, hatte beim Fürsten von Hohenzollern am Arber im Bayerischen Wald eine Anstellung gefunden. Unweit seines Reviers, zwischen den Bergen Lusen und Rachel, wurde 1970 der erste deutsche Nationalpark gegründet. Walter besuchte ihn so oft wie möglich, um sich das anzusehen. Samson nahm sich viel Zeit, um den Kollegen aus dem Schwarzwald herumzuführen. Sie streiften durch den Wald und besprachen das Für und Wider eines Schutzgebiets. Walters Fragen zur Diskussion um den Nationalpark brachten auch Samson weiter.

Als Walter, randvoll mit neuen Eindrücken, an einem Montagmorgen auf einen Waldbauern aus der Streusiedlung 24-Höfe bei Loßburg traf und diesem von seinem Ausflug an den Arber erzählte, konnte der allerdings nur den Kopf schütteln: »Ein Nationalpark – wozu?« Auch auf dem Forstamt ließ man ihn mit seiner schwärmerischen Erzählung auflaufen, wollte nichts davon wissen. Die Bayern halt. Und überhaupt: »Wie soll das gehen?« Die Waldarbeiter reagierten ähnlich: »Des kannsch ja glei älles den Hasen geben!« So achtsam und ordentlich, wie sie mit den Wäldern umgingen, nach jedem Holz-Einschlag die Holzbengel und das Reisig aufräumten, immer darauf bedacht, dass die jungen Fichten und Tannen gut durchkamen – für nix? »A wa!«, winkten sie ab. Was sollte so ein Nationalpark überhaupt bringen? Dass Chaos ausbrach im Wald? Die Stämme kreuz und quer liegenblieben? Kein Geld mehr zu verdienen war mit dem, was da wuchs?

Ratlos schauten sie ihm hinterher. Manchmal hatte er schon komische Ideen, der Förster Trefz.

Gleichzeitig legte er sich mächtig ins Zeug, das sahen sie wohl. Er war immer an allem interessiert, ging voll und ganz auf in seinem Försterdasein. Alle sollten ihre Freude am Wald haben, der ihn selbst so begeisterte, auch die Kurgäste und Urlauber in dem heilklimatischen Kurort. Hoch auf dem Kienberg konnten einem Herz und Sinne aufgehen wie kaum sonstwo auf der Welt.

Förster Trefz fühlte sich genau am richtigen Fleck.

Der Kniebis-Förster

Sobald sich im Winter eine dicke Schneedecke über den Wald ausgebreitet hatte und die glasklare Luft nach Eisen roch, schnallte er sich frühmorgens die Langlaufski unter und spurte Loipen für Urlauber. Walter fühlte sich dabei ganz in seinem Element. In die dampfende Wolke seines eigenen Atems gehüllt, zog er mit den Skiern Schritt für Schritt durch den knirschenden Firnis. Er genoss es, im bläulichen Licht des erwachenden Tages durch die tiefe Stille zu gleiten. Ihm gefiel es, erholungsbedürftige Stadtmenschen auf die richtige Spur zu bringen, um ganz in dieses friedvolle Wintermärchen einzutauchen.

Walter hatte im Stadtwald zwar sein Auskommen gefunden, doch ihn zog es auf den Kniebis hinauf, in den Staatswald. Er wollte neben der Holzernte auch noch andere Konzepte verwirklichen. Und auf dem abgelegenen Kniebis, so meinte er, war das Interesse am Wald nicht ganz so stark ans Stadtkässle gebunden. Im Juni 1975 trat er seinen Dienst als Kniebis-Förster an.

Auf der Hochlage des Bergkamms, der windig und zugig auf bis zu 990 Meter Höhe ansteigt, verteilen sich die Häuser wie verzettelt um das kleine Kniebisdorf, das halb in Baden, halb in Württemberg liegt. Langnadlige Latschenkiefern halten sich am Waldrand und stemmen sich gegen die rauen Winde, die viel Regen bringen. Die Landschaft ist herb, durch Moore stellenweise versumpft, und fällt nach Westen hin ins Badische ab. Im Norden liegt dem Bergrücken ein Karsee zu Füßen, der Ellbachsee. Ringsum, noch weiter, als das Auge reicht, steht

Hochwald. In einer kleinen Senke ruht die vergessene Kloster-ruine, wo Mitte des 13. Jahrhunderts eine Kapelle die Passhöhe des Handelswegs zwischen Ulm und Straßburg markierte.

Hier oben, fernab der großen Städte, leben noch Geschich-ten aus der alten Zeit fort. Wenn die Holzmacher ins Erzählen kamen, hörte Walter genau zu. Ihre Geschichten verrieten, wie es sich in den verregneten, dunklen Wäldern leben ließ.

Bäume und Pflanzen machten vor, dass es möglich war, Wind und Wetter standzuhalten. Vom Wild konnte Walter lernen, wie sich in ausweisloser Situation doch noch ein Fluchtweg finden, ein Haken schlagen, etwas antäuschen ließ. Die Forstwirtschaft brachte den technischen Fortschritt in den Wald, der mit lär-menden Maschinen viele Neuerungen im Gepäck hatte. Statt mit Beilschlägen wurden die Bäume inzwischen mit Motor-sägen gefällt, die Stämme nicht mehr mit Pferden gerückt, son-dern per Unimog aus dem Wald gezogen. Das sparte Zeit. Und hatte, so befand Walter, einen hohen Preis: Aus der dynami-schen Waldarbeit wurde zusehends eine statische Beschäftigung. Jetzt wurde nicht mehr dann Pause gemacht, wenn die Wald-arbeiter von der körperlichen Arbeit erschöpft waren, sondern dann, wenn in der Motorsäge der Sprit zur Neige ging.

Von Wipfel zu Wipfel

An bestimmten November- oder Dezembertagen stiegen aber immer noch die Zapfenpflücker mit Steigeisen mehr als 30 Me-ter hoch in die Baumwipfel, junge Männer in ihrer Sturm- und Drangzeit, die sich wie Eichhörnchen in den Bäumen beweg-ten. Dabei war es eine richtige Plackerei, durch die immer dich-ter werdenden Äste bis ganz nach oben in die Tannenwipfel zu gelangen, wo die begehrten Zapfen hingen. Besonders verwe-gene und mutige Zapfenpflücker sparten sich den mühsamen, gut einstündigen Ab- und Aufstieg, indem sie in großer Höhe so lange mit dem abgeernteten Baum hin- und herschaukelten, bis dieser an die drei Meter weit zum nächsten Baum hinüberschwenkte. Waghalsig schwangen sich die Tollkühnsten von einer Tanne zur nächsten, sprangen in schwindelerregender Höhe von einem Baum zum anderen. Mancher junge Zapfenpflücker ließ dabei sein Leben. Jedes Mal, wenn Walter im Holzwald Richtung Bad Rippoldsau unterwegs war, dachte er an einen 20-Jährigen, der dabei tödlich verunglückt war.

Bei trockenem Wetter lief die Zapfenernte gut. Doch gerade im November schlug das Wetter häufig um. Wenn es von jetzt auf nachher nass und neblig wurde, konnten selbst die wildesten Zapfenpflücker nichts anderes tun als sich in Geduld zu üben und auf besseres Wetter zu warten.

Die Natur lässt sich nicht in Zeitpläne pressen. Es bleibt immer etwas Unvorhersehbares – und in sich Stimmiges. Walter sah in jedem Zapfen ein Behältnis von ausgesprochener Schönheit, in dem der Samen wuchs und reifte. Sobald der Zapfen im Januar, Februar reif ist, spannt er seine Schuppen auf, und die Samen fliegen im Wind, der durch die Wipfel braust, davon. Werden die Zapfen bereits im November oder Dezember geerntet, sind die Schuppen noch geschlossen. Sie kamen in der Nagolder Staatsklinge in die Trockenkammer, die sogenannte Darre, und lagerten dort bei gleichmäßiger Temperatur, bis sie mit einem kleinen, feinen Ton aufsprangen. Walter mochte dieses besondere Klingen sehr, das der Staatsklinge ihren Namen gegeben hat.

Sobald die Zapfenpflücker den Lohn für die Ernte in der Tasche hatten, füllten sich die Wirtshäuser. Pfeifchen und Zigarette rauchend, saßen die Männer zusammen. Meist erst zögerlich, dann immer offenherziger kamen sie miteinander ins Gespräch, und die Alten ließen für die Jungen ihre Erinnerungen lebendig werden. Das waren die Abende, an denen die Geschichten von früher zu Legenden wurden.

Wie der Tourismus in den Schwarzwald kam

Anfang des 20. Jahrhunderts, so erzählte der *Lamm*-Wirt Karl Gaiser bei solchen Zusammenkünften, kam Jahr für Jahr der letzte württembergische König zur Auerhahnjagd auf den Kniebis. Von 1900 bis 1912 bezog Wilhelm II. jedes Frühjahr sein Stammquartier in der Posthalterei. Das *Lamm* hielt traditionell Pferde und Zimmer für Reisende vor, die anderntags, frisch gestärkt, ihren Weg nach Frankreich fortsetzten. Nur der König blieb länger.

Eines Sommers wollten neugierige Stuttgarter es genau wissen: Ob der König im *Lamm* übernachtet habe? »Ja, der war da.« – »Ja, wo genau?« – »Da oben, in dem Zimmer!« Ob sie das Zimmer sehen könnten? »Ja, natürlich!« Offenherzig, wie er war, zeigte der *Lamm*-Wirt ihnen das Zimmer des Königs. Ob sie da übernachten könnten? Ja, auch sie könnten da übernachten. Ja, und ob sie im gleichen Bett liegen könnten, in dem der König geschlafen habe? »Ja, schon«, gab sich der Wirt etwas unentschlossen, »das ist schon möglich – aber da muss ich halt einen Aufpreis verlangen!« Am Ende hatte der geschäftstüchtige *Lamm*-Wirt alle seine Betten vermietet – mit ›königlichem‹ Aufpreis.

»Und du, Förster, weißt jetzt also, wie der König, die Jagd und der Auerhahn den Tourismus auf den Kniebis gebracht haben«, fasste Karl Gaiser zusammen, der als Nachfahre dieses *Lamm*-Wirts längst ein gutgehendes Hotel führte, und hob sein Viertele: »Prost!«

Die Kurgäste und Urlauber, die im Gefolge des Königs über die Jahrzehnte hinweg den Kniebis eroberten, waren hier gerne gesehen. Und die wollten ihrerseits etwas erleben. Walter führte sie stolz durch die Wälder, zeigte ihnen Heidelbeer-Plätze und gab ihnen Grundsätzliches mit auf den Weg durch den Schwarzwald: »Fichte sticht, Tanne nicht.«

Die Leute sollten kommen, gerne zuhauf. Nur das Wild

sollten sie nicht aufscheuchen, schon gar nicht im Winter, wenn es den Rehen und Hirschen im meterhohen Schnee an die Kraftreserven ging. »Wenn jetzt im Winter sechsmal am Tag Skiläufer vorbeikommen, dann hat der Auerhahn kaum mehr eine Chance, etwas zu fressen.« Deshalb spurte er mit seinen Kollegen die Loipen mit viel Bedacht so, dass sie um die Rückzugsgebiete der Tiere herum verliefen.

Das Langlauf-Konzept kam so gut an, dass die Wintersportler am Wochenende bald schon im Stau standen, um auf die Loipen und Pisten zu gelangen. Walter war begeistert, als er Karin berichten konnte: »Stell dir vor, demnächst fährt ein Skizügle vom Stuttgarter Bahnhof bis nach Lauterbad, und die Stuttgarter können ihr Auto daheim stehen lassen!« Walter gehörte zum Empfangskomitee, das die Sportsfreunde am Bahnhof in Lauterbad begrüßte. Er freute sich wie ein Schneekönig, als die Städter abends erschöpft und zufrieden mit roten Wangen und blitzenden Augen wieder in den Zug einstiegen.

Drei warme Winter in Folge machten dem Skizügle ein Ende.

Die Sache mit den Wühlmaus-Schwänzen

Mit den Gastjägern, die Walter als Jagd-Förster zu führen hatte, lernte er eine illustre Gesellschaft kennen, in der jeder seine eigenen Jagdmotive hatte. Da kamen die Herrschaftsjäger, die auf die Jagd gingen, weil es ihrem gesellschaftlichen Stand entsprach: Industriemagnaten, Geschäftsleute, Politiker und Sprösslinge alter Adels-Familien. Unter den Jägern galt es als offenes Geheimnis, so sah es Walter immer wieder bestätigt: »Sie handhaben Jagdeinladungen wie große Geschenke und erhalten dafür mitunter Geschäftskonditionen, die außerhalb der üblichen

Norm liegen.« Nach einer Jagd werden seit der Feudalzeit mitunter die besten Geschäfte gemacht.

Zugleich gab es die Jäger, die noch den uralten menschlichen Jagdtrieb in sich trugen und ausleben wollten. »Besser, sie machen das in Wald und Flur, anstatt im Geschäftsleben oder auf der Straße«, sagte Walter zu seinem Freund Karle.

Die beiden traten im Jahr 1995 gemeinsam in den frisch gegründeten Ökologischen Jagdverband ein, in dem Förster und Waldbauern zusammenfanden, die hauptsächlich deshalb Wild schossen, um Baumschösslinge vor Verbiss zu schützen.

Der Kniebis-Förster hielt nie viel vom körperlichen Nachweis von erlegtem Rotwild. »Das bringt uns da nicht weiter«, wiederholte er beharrlich beim wöchentlichen Treffen der Jagdhornbläser. Die Kollegen blieben skeptisch – bis er ihnen von den Wühlmaus-Schwänzen erzählte, mit denen er und sein Bruder schon als kleine Rotzlöffel gehörig getrickst hatten. Eines schönen Tages, als sie gerade auf dem Rathaus ihre Kreuzer für die abgelieferten Schwänze ihrer erlegten Wühlmäuse abkassiert hatten, hatte sich plötzlich hinter ihnen das Fenster geöffnet und ihr Bündel mit den Schwänzen war in hohem Bogen auf den Misthaufen geflogen. Günther und Walter hatten sich nur angeschaut, waren still und leise von dannen geschlichen, um hinter der nächsten Hausecke auszulosen, wer die Schwänze aus dem Mist klauben und dem Bürgermeister ein zweites Mal zur Abrechnung vorlegen sollte. Die Jagdhornbläser lachten: Der Walter! So gesehen konnte man es ihm gerne glauben, wenn er sagte: »Der oft geforderte körperliche Nachweis zum Abschuss von Rehwild bringt rein gar nichts.«

Und übermäßige Habgier, das hatte Walter die Episode mit den Wühlmaus-Schwänzen ebenfalls gelehrt, tat nie gut. Denn letztlich hatten er und sein kleiner Bruder diesen Streich einmal zu oft wiederholt. Als die alten Schwänze zu stinken begannen, kam ihnen der Bürgermeister auf die Schliche – und forderte das Fanggeld zurück.

Die Jagd hatte für Walter zwei Seiten: die ungeheure Freude und Befriedigung einerseits, weil sie zu seinem Beruf als Förster gehörte und er die Fähigkeit hatte, sie auf gute waidmännische Art zu erledigen. Andererseits war da das Mitgefühl mit dem Tier und der Respekt vor der Tatsache, dass man so einem schönen, wilden Lebewesen den Tod brachte.

Eine Krähe hackt der anderen kein Auge aus

Walters Sohn Hajo konnte sich nie für die Jagd begeistern. Als Grundschüler fand er es »einfach nur eklig«, wenn sein Vater im Winter sonntags einen Eimer mit angefaulten Rüben in den Kofferraum hievte, wenn es zur Großmutter nach Lombach ging. Dann sollten er und sein großer Bruder Florian die Rüben an der Fütterungsstelle mitten im Wald im Schnee verteilen, damit das Wild gut durch den Winter käme. Doch Hajo wollte Rehe weder mit müffelnden Rüben füttern noch tot in der Garage von der Decke hängen sehen, während ihnen sein Vater das Fell abzog. Der Geruch des Blutes widerte ihn genauso an wie der Gestank der Rüben.

Dabei hatten die Rüben durchaus ihr Gutes, das sah auch Hajo ein: In der Nähe von Fütterungen war es verboten, Wild zu schießen. Und doch, so erzählte Walter eines Abends ganz aufgebracht, hatte der Obertaler Forstkollege Alois Schäfer beobachtet, wie sein Chef an einer ebensolchen Stelle einen Hirsch erlegt hatte. Alois Schäfer hatte den Forstmeister direkt darauf angesprochen: »Waren Sie das?« – »Ja!« – »Dann zeige ich Sie an.«

Für diese Gerichtsverhandlung nahm sich Walter extra frei. Der Forstmeister hatte einen Sachverständigen aus Freiburg mitgebracht, einen Studienkollegen, der ihm bescheinigte, dass er zwar in der Nähe der Fütterung den Hirsch geschossen habe

– doch zu der Zeit sei keine Notzeit gewesen. Da stand der aus Bukowina stammende Förster Alois Schäfer auf und sagte mit seinem unverkennbaren Akzent: »Hab' ich mir doch gleich gedacht: Eine Krähe hackt der anderen kein Auge aus.« Der Richter wies ihn umgehend zurecht: »Wenn Sie sich jetzt nicht gleich hinsetzen und ruhig sind, dann kriegen Sie die Strafe!«

Walter hörte sich das alles an und strich sich auf der Heimfahrt ein ums andere Mal durch seinen schwarzen Bart.

»So läuft ein deutscher Beamter nicht herum!«

Den dichten schwarzen Bart hatte sich Walter Trefz ursprünglich im Urlaub mit seinem Freund Karle stehen lassen, weil er keine Zeit zum Rasieren gefunden hatte. Als er sich danach wieder auf dem Forstamt gemeldet hatte, genügte dem Forstmeister ein Blick: »Der Bart kommt weg!« Walter war mit keinem Wort darauf eingegangen, aber im Stillen hatte er sich geärgert, dass der Vorgesetzte selbst noch über seinen Haarwuchs bestimmen wollte, und bei sich gedacht: »Das ist mein Bart, und der bleibt jetzt erst recht dran.« Seither trug er den Bart länger als allgemein üblich.

Ganz ähnlich war es mit seinem Ohrring.

Das war Anfang, Mitte der 1970er Jahre. Walter und Karin campten mit ihren Jungs in der Normandie. Florian und Hajo tollten wie junge Hunde durch die Sanddünen und waren kaum vom Strand wegzubewegen. Doch eines Tages lockte sie ein Radrennen in ein kleines Dörfchen, wo es richtig viel Trubel gab. Dort war ein französisches Dorffest mit allerhand Verkaufsbuden im Gange, fast ging es zu wie bei Asterix und Obelix. »Papa, Papa!«, riefen seine Jungs, »da ist ein Mann, der Löcher sticht und den Mädchen Ohrringe reinmacht!« Florian und Hajo waren ganz fasziniert von der Idee: »Kannst du dir das auch machen lassen?« – »Nein, das geht nicht!« Die Jungs ließen nicht locker und lachten ihn aus: »Du hast doch nur Angst davor!«

So kam Walter zu seinem Ohrring. Er musste seinen Söhnen schließlich beweisen, dass ihr Vater vor nichts und niemandem Angst hatte.

Im Forstamt war zwar zwischenzeitlich nicht mehr der Forstmeister da, der ihn zu seinem Bart gebracht hatte. Die Reaktion des Neuen war jedoch haargenau die gleiche: Missbilligend fixierte Forstamtsleiter Ulrich John den Knopf in Walters Ohr, als der sich gut erholt aus dem Urlaub zurückmeldete: »Der Ohrring kommt raus!« Den Bart hatte Walter durch Stillschweigen durchgesetzt. Doch beim Ohrring gab er Widerworte: »Nein, der bleibt drin.« Der Forstmeister schnaubte unwirsch und erklärte Walter sehr deutlich, dass sich das für einen Förster nicht gehöre: »Ohrringe tragen nur Zigeuner und Schäfer. Und wir gehören nun mal nicht zu den Zigeunern. Wir sind ebbes rechts! So läuft ein deutscher Beamter nicht herum!«

Da wusste Walter, was er zu tun hatte. Er ging schnurstracks zum Goldschmied am Marktplatz und legte ihm eine Grandel auf die feine Glasplatte.

Eine Grandel ist ein oberer Eckzahn eines Rotwilds, an dessen dunklen Einlagerungen sich das Alter des Tiers erkennen lässt. Eine gelbliche Grandel mit braunem bis schwarzem Mittelzentrum deutet daraufhin, dass es sich um ein sehr altes Tier gehandelt hat. Solche Grandeln wurden zu begehrtem Jagdschmuck verarbeitet.

»Ah, Sie wollen die Grandel fassen lassen für die Uhrkette am Jagdwams?«, fragte der Goldschmiedemeister mit Kennerblick. »Nein«, antwortete Walter, »ich möchte die Grandel als Ohrring tragen.« Der Goldschmid stutzte kurz – und fertigte für ihn ein Schmuckstück an, wie es bis dahin wohl noch keiner im Schwarzwald getragen hatte.

Fortan trug Walter diesen Ohrschmuck bei Jagdveranstaltungen. Der Provokation, die er damit in diesen Kreisen darstellte, war er sich bewusst. Walter konnte förmlich in den Gesichtern lesen, wie diese hin- und hergerissen waren zwischen Missachtung und Wertschätzung. Wertschätzung, weil die Jäger erkannten: Diese Grandel ist richtig alt, mit so einer können sich nur wenige schmücken. Und Missbilligung, weil man eben keinen Ohrring trug – als Mann nicht und als Jäger schon gar nicht. Walter beobachtete aber auch noch eine andere Reaktion. Da waren auch immer welche, die verschämt zur Seite und auf den Boden schauten, wenn er mit seinem Grandelschmuck im Ohr aufkreuzte. Das waren die, die sich für ihn schämten.

Der Tag, als Walter dem Aberglauben abschwor

Die Jagd ist mit vielen Unsicherheiten behaftet. Nie kann ein Jäger sicher sein, ob das Wild kommt oder nicht. Vor diesem Hintergrund haben sich aus abergläubischen Praktiken und jagdpraktischen Regeln ganz eigene Gesetze für die Jagd gebildet: Den Hund führt man immer links. Man trinkt sich immer mit der linken Hand zu. Walter Trefz hatte sich dazu noch seine ganz eigenen Gesetzmäßigkeiten gezimmert, die mit seinem Geburtstag zu tun hatten, an dem er seit Jahren besondere Jagderfolge erzielte.

Walters Geburtstag am 8. Oktober fällt in die Zeit der Hirschbrunft. An diesem 8. Oktober hatte Karin Gäste eingeladen. Wie so oft, wiegelte Walter ab: »Ich bin heute Abend erst daheim, wenn ich von der Jagd komme. Hockt ihr halt bis dahin alleine zusammen.« Karin versuchte es im Guten: »Du hockst das ganze Jahr draußen im Wald. Da muss das nicht auch noch an deinem Geburtstag sein!« Oh doch, befand Walter, genau an diesem Tag müsse das ganz besonders sein. Aus Karins

Bitte wurde eine Forderung und aus der Forderung ein: »Du bleibst daheim!« Doch Walter blieb dabei: »Nein, ich gehe!«

Seit Jahren hatte er im Freudenstädter Kohlwald an seinem Geburtstag immer ein Wild erlegt, auf das er schon lange angesessen war. In diesem Jahr nun hatte er einen Hirsch zum Abschuss frei bekommen, der allerdings keine Krone, ein Geweih mit drei oder mehr Enden, trug. Es gab also ein paar Einschränkungen – und Walters festen Glauben daran: »Jagdgöttin Diana lächelt dir am 8. Oktober im Kohlwald zu.«

Erwartungsvoll saß er an, und tatsächlich kam ein Hirsch mit einem kleinen Rudel in sein Sichtfeld. Auf den ersten Blick passte alles: Geweihstärke und Alter. Zur Sicherheit zählte Walter das Geweih hoch und runter, statt das Gewehr zu nehmen und abzudrücken. Aus den Augenwinkeln sah er gerade noch, wie zwei Rehe auf die Waldwiese kamen. Da schreckten die beiden – und alles Wild sprang davon. Walter zerriss es auf seinem Hochsitz fast vor Wut. Sauer auf sich selbst, blieb er sitzen. So konnte er nicht heimgehen. Die Gäste wären ja erschrocken, wenn er mit dieser Wut auf sich selbst zur Tür hereingekommen wäre. Da, ein Knacken. Das Rudel kam zurück. Erst das Kahlwild und hinterdrein der Hirsch. Da war er wieder. Genau der, keine Krone. Walter schoss. Der Hirsch bäumte sich nochmal auf und brach in 30, 40 Metern Entfernung zusammen. Walter lehnte sich auf dem Hochsitz zufrieden zurück. Seiner Sache gewiss, ging er stolz und glücklich heim. Karin, inmitten der Geburtstagsgäste, sah ihrem Mann das Jagdglück gleich an: »Du wirst ja wohl nicht behaupten wollen, dass du deinen Hirsch geschossen hast?« »Doch, das habe ich. Und jetzt gehe ich raus und hole ihn – und ihr bleibt hier und feiert!« Sein Schwiegervater begleitete ihn. Gemeinsam suchten und fanden sie den toten Hirsch. Im Licht von Walters Taschenlampe streckte der ihnen eine Geweihstange entgegen – mit einer Krone dran. »Das kann doch nicht sein!«, entfuhr es Walter. Er erblasste: Auch an der anderen Stange war eine Krone. Da hatte er glatt den falschen Hirsch geschossen. Zähneknirschend musste er sich und seinem Schwiegervater eingestehen: »Ich habe nur das gesehen, was ich sehen wollte.«

Dieser Geburtstag wurde für ihn zu dem Tag, an dem er jeglichem Aberglauben abschwor. Diesen Hirsch hat er nicht vergessen. Die Begegnung mit diesem Tier hat ihn fortan davon abgehalten, voreilige Schlüsse zu ziehen. Seit dieser Nacht stand für Walter fest: Geschichte wiederholt sich nicht. Weder im Wald noch im Privaten noch in der Politik. Immer kann sich das Ende ganz anders entwickeln als vorher.

»Nai hemmer gsait!« – aktiv in der Freuden-städter *Bürgeraktion*

»Nai hemmer gsait!« war Mitte der 1970er Jahre in Whyl zur alemannischen Kampfansage geworden. Landfrauen, Studenten, Winzer und Bauern stellten sich am Kaiserstuhl mit Vehemenz dem geplanten Bau eines Atomkraftwerks entgegen. Die Bürgerinitiative bekam Zulauf aus dem ganzen Land. Ihr Widerstand wurde zum Teil der aufkommenden Anti-Atomkraft-Bewegung. Bis Februar 1975 war der regionale Protest zu einer Demonstration mit 28.000 Menschen angewachsen, die nicht hinnehmen wollten, dass am Oberrhein ein zweites Ruhrgebiet entstehen und die Radioaktivität in zwei Reaktoren zur Dauerbedrohung werden sollte. Sie wollten sich und ihre Heimat nicht dem Wachstumsglauben opfern, der die Industrie immer weiter vorantrieb, zu Lasten der Umwelt. Das Bündnis aus Einheimischen und Auswärtigen brachte zivilen Ungehorsam in die Dörfer, wie ihn die Politiker dort kaum erwartet hatten.

CDU-Ministerpräsident Hans Filbinger sah dadurch die Fortschrittsfähigkeit des Landes gefährdet: »Ohne das Kernkraftwerk Wyhl werden zum Ende des Jahrzehnts in Baden-Württemberg die ersten Lichter ausgehen.« Doch Bauern und Fischer, Apotheker und Lehrer, Schüler und Handwerker sahen durch ein Atomkraftwerk ihre gesamte Lebensgrundlage in Frage gestellt. Ihre Sorge galt den Fischen im erwärmten Rhein und den Rebstöcken im Kühlturm-Nebel. Sie fürchteten den Super-Gau direkt vor der Haustür.

Walter verfolgte die Nachrichten aus dem Südbadischen aufmerksam. Da unten stieß vielen auf, dass sich gegen ihren Willen etwas tat, mit dem sie nicht einverstanden waren. Wild entschlossen setzten sich die Wyhler und ihre Unterstützer zur Wehr. Walter imponierte es, wie sie sich zum gemeinsamen Protest zusammenschlossen, ganz gleich, was sie sonst in ihren Ansichten und Lebensgewohnheiten voneinander trennte: alte Konservative und junge Kriegsdienstverweigerer, Handwerker und Studenten. Es war, so empfand er es, als breche etwas auf. Das Wirtschaftswunder hatte manches verschoben. Die dadurch entstandenen Risse im gesellschaftlichen Gefüge wurden im Umgang mit der Umwelt sichtbar. Dieser Umgang musste seiner Ansicht nach auch in Freudenstadt neu verhandelt werden.

Einer, in dem er dabei mehr und mehr einen Verbündeten erkannte, war Olfert Dorka. Walters früherer Nachbar aus der Schillerstraße war nach zehn Jahren nach Freudenstadt zurückgekehrt, hatte sich als Landschaftsingenieur selbstständig gemacht und seinen eigenen Betrieb aufgebaut. Ihm fiel mit dem Blick von außen auf, wie sich eine gesichtslose Moderne schleichend im Stadtbild ausbreitete und Beliebigkeit das Besondere verdrängte. Mit jedem Schindelhaus, das abgerissen wurde, mit jedem Sprossenfenster, das verschwand, und mit jedem Neubau ohne Sandsteinsockel verlor die Kurstadt etwas mehr von ihrem Charme, den man durch den Wiederaufbau nach Kriegsende so mühsam wiederhergestellt hatte. Dieser Charme stammte noch aus der Zeit des Bürgermeisters Alfred Hartranft, der bald 100 Jahre zuvor angetreten war, um aus Freudenstadt einen Luft-Kurort zu machen, der den Ansprüchen des internationalen Jet-Sets gerecht wurde. Luxuriöse Hotels hatten um die Jahrhundertwende europäische Königshäuser und amerikanische Filmstars in das Schwarzwald-Idyll gelockt. Am liebsten, so wurde ihm nachgesagt, hätte der weltoffene und zugleich penible Hartranft jeden Hühnermist persönlich aus der Stadt gefegt. »Eine Waldfrische, ein Waldleben und eine Waldluft, in der der Mensch mehr gesunden mag als in einer Universalheilstätte für Lungen und Nerven«, warb er voller Enthusiasmus für sein Freudenstadt. Der Nadelwald als riesiges Sauerstoffreservoir und Garant für prickelnde Frischluft sollte für alle Zeit erhalten bleiben. 1909 erging deshalb die Verfügung, dass im Stadtwald fortan nur geplentert werden durfte. Das bedeutet: Es dürfen höchstens einzelne Stämme entnommen werden wie in den Bauernwäldern, die nach diesem Prinzip ringsum seit Jahrhunderten heranwuchsen.

Nun, bald 70 Jahre später, stand die Hartranftallee mit ihren prächtigen Kastanien einer dritten Autospur Richtung Straßburg im Weg. Olfert Dorka, der Lehrer Martin Lischik, das Apotheker-Paar Fritz und Sibylle Riege und Förster Trefz waren alarmiert. Für sie waren die Bäume ein lebendiges Erbe der Stadt, das nicht leichtfertig gefällt werden durfte. Zusammen mit Gleichgesinnten gründeten sie 1977 die *Bürgeraktion* und schrieben sich den Erhalt des Stadtbilds wie den Schutz der Landschaft in die Vereinssatzung.

Die *Bürgeraktion* machte sich in Sachen Kommunalpolitik schlau. Je mehr Einblick sie erhielten, desto mehr Gründe kamen hinzu, um sich einzumischen. Mit der Zeit wurde die *Bürgeraktion* dadurch zu einer Art Anlauf- und Beschwerdestelle für alle, die sich nicht gehört und gesehen fühlten von der Verwaltung. In allen Ortsteilen begann sich ein neues Heimatbewusstsein zu regen.

Die Mitglieder der *Bürgeraktion* besuchten immer häufiger Sitzungen des Stadtrats, formulierten Einwürfe und diskutierten sich in Dorkas Büro in den Hindenachstraße oder im *Café am Kienberg*, das Olferts Frau Irma gemeinsam mit seiner Mutter führte, die Köpfe heiß, wobei die grundsätzliche Forderung lautete: »Global denken, regional handeln«. Sie wollten raus aus der pietistisch-protestantischen Enge, die das Denken der Freudenstädter beherrschte. Etwas bewegen in ihrer Stadt. Alternativen schaffen und zugleich Bewährtes bewahren. Dabei landeten sie immer wieder bei einem Thema, das eine klare Positionierung erforderte: der Nato-Doppelbeschluss, die Pershing-Stationierung, die Atomkraft. Bei alldem, was sich da tat in der Welt, konnten und wollten sie nicht nur zusehen.

1981 bastelte auch Hajo, Walters zehnjähriger Sohn, eifrig an einer Rakete, um gegen diese Pershings zu protestieren. Walter musste lachen, als er das fertige Werk sah. Hajo war gekränkt und heulte los. Da half es auch nicht, dass sich Walter mit ihm und seinem Bruder Florian zur gemeinsamen Bastelaktion an den Tisch setzte – Hajo war die Lust am Raketenbauen gründlich vergangen und der Familienfrieden zumindest für diesen Tag gestört.

Walter fand in der *Bürgeraktion Freudenstadt*, diesem Bündnis aus der Mitte der Gesellschaft heraus, eine geistige Heimat. Zugleich schlug sein Herz für Außenseiter wie den Holzmacher Björn, der den Wald ganz buchstäblich zu seiner Heimat gemacht hatte.

»Das bin nur ich, der Björn!«

Björn war Mitte 20, sehr groß und stark, und sah mit seiner nur selten gekämmten Haarmähne und dem dichten Bart zum Fürchten aus. Hinzu kam ein intensiver Geruch, eine Mischung aus Bier, Schweiß und dem Mief von acht Tagen nicht gewaschen. Während Studenten zu jener Zeit in Tübingen, Hamburg und Berlin Häuser besetzten, hatte Björn das Gleiche draußen am Hüttenteich gemacht: Er hatte eine schlichte Waldhütte besetzt und sich darin eingerichtet. In der Zeit, als die Polizei immer massiver und aufgeregter nach den Mitgliedern der Roten Armee Fraktion fahndete, wachte er eines Morgens auf und sah in der Morgendämmerung Beamte eines Sonderkommandos um seine Hütte schleichen. Björn schnappte sich einen Besenstiel, hängte ein früher mal weißes Unterhemd daran und rief, diese nicht ganz weiße Flagge aus der Hütte haltend: »Das bin nur ich, der Björn!« Unter größten Sicherheitsvorkehrungen stellten die Beamten fest: Das war tatsächlich nur der Waldbewohner, und der war bei Weitem nicht so gefährlich, wie er aussah – und mitnichten ein RAF-Terrorist.

Bald darauf verdächtigte ihn die Polizei – erneut fälschlicherweise – des Einbruchs in Waldhütten und beschlagnahmte seine drei Motorsägen, die er dann nach der Überprüfung wieder bei ihnen abholen könne. Nach drei, vier Tagen tauchte Björn ratlos bei Walter auf: »Ich kann jetzt nur noch mit der Axt schaffen, weil meine Motorsägen bei der Polizei sind.« Empört wählte Walter die Nummer des Polizeireviers und forderte die Rückgabe der Sägen.

Die Polizisten brachten sie zurück, behielten Björn jedoch im Auge.

Mit dem Geldverdienen tat sich Björn schwer. Im Winter verzichtete er darauf, sich witterungsbedingt arbeitslos zu melden. Alles Zureden von Walter half da nicht, er blieb dabei: »Ich will lieber auf den Staat schimpfen als von dem etwas annehmen.« Immer wieder nutzten Holzhändler seine Gutmütigkeit aus und versuchten, ihn im Preis zu drücken. Auch hier schritt Förster Trefz ein: »Kurz bevor du verkaufst, kommst du zu mir und ich sag dir, wie hoch der aktuelle Preis ist. Und unter einem bestimmten Preis gibst du gar nichts her!« Hatte Björn dann mal Geld in der Tasche, war er äußerst spendabel und hielt drei Tage lang jeden aus, der ihm auf dem Marktplatz über den Weg lief. Walter versuchte erfolglos, ihm das auszureden; Björn beharrte darauf: »Mit meinem Geld kann ich machen, was ich will.«

Die Begegnungen mit diesem radikalen Waldmenschen gaben Walter jedes Mal zu denken. Er bewunderte den freien, wilden Geist und die Konsequenz, mit der Björn sein Leben als Einzelgänger lebte. Für ihn war die freie Meinungsäußerung mehr wert als Geld.

Etwas Unheimliches geht um im Wald

Derweil griff im Wald etwas Unbekanntes immer sichtbarer um sich. Eine mysteriöse Tannen-Krankheit machte sich breit. Der Alpirsbacher Forstamtsleiter Karl Scheffold in Walters Nachbarrevier hatte bereits 1968 in Slowenien und 1970 im tschechoslowakischen Riesengebirge stark entnadelte Tannen gesehen, für die es keine Erklärung gab. Die kamen Scheffold nun wieder in den Sinn, als er Mitte der 1970er Jahre in seinem eigenen Revier auf einzelne Tannen stieß, die ganz schütter im Plenterwald standen. Er informierte die Forstdirektion, bat um Aufklärung. Doch die Ursache blieb rätselhaft. »Das wird sich schon wieder verwachsen«, winkte die Forstverwaltung ab. Womöglich die Trockenheit, man wisse es nicht.

In Scheffolds Revier stand der Schömberger Bauernwald, ein Paradebeispiel für einen gesunden Mischwald mit Fichten, Buchen, Tannen. Vorbildliche Plenterwälder, die seit Generationen nur einzelstammweise genutzt werden. Ausgerechnet diese vorbildlichen Wälder, so stellte Scheffold fest, wurden scheinbar aus dem Nichts angegriffen. Er erntete viel Achselzucken und wenig konkretes Interesse. Scheffold blieb hartnäckig, wies immer wieder darauf hin, dass mit den Tannen etwas nicht in Ordnung sei. In seinem Forstschutzbericht 1975 verschriftlichte er die Schäden, um die Bedrohung zu dokumentieren und Abhilfe einzufordern. Bislang, so vermerkte er, seien zwar nur kleine Flächen betroffen, doch mit solchen gravierenden Schäden, dass zu befürchten sei: »Die Plenterwälder gehen kaputt, wenn das so weitergeht.«

Scheffold wurde weiter vertröstet. Ja gut, die Tanne. Die spielte in der bundesweiten Holzwirtschaft eine eher untergeordnete Rolle, und dementsprechend hatte sie in der Forstpolitik einen eher schweren Stand. So richtig für sie starkmachen wollte sich erstmal keiner. Experten rieten stattdessen, womöglich andere Baumarten zu pflanzen, um Abhilfe zu schaffen. Diese Experten kannten offenbar die Schwarzwälder und ihren Sinn für die Weißtanne nicht.

Die Weißtanne gilt den Schwarzwäldern als Königin der Nadelbäume. Sie wächst bis zu 40 Meter hoch und bildet mit ihrer abgerundeten Krone sozusagen ein oberes Stockwerk im Wald. Wenn sie denn so hoch wachsen kann: Das Rotwild liebt es, die Triebe junger Tannen abzuknabbern, während es Fichten verschmäht. Die Tanne ist also extrem anfällig für Wildverbiss und dementsprechend rar im Wald. Auf den bundesweiten Waldbestand gerechnet liegt ihr Anteil bei zwei Prozent. Gute Wuchsbedingungen findet sie im Schwarzwald und im Bayerischen Wald, wo die tiefwurzelnde Tanne im Vergleich zur flachwurzelnden Fichte besseren Halt findet. Ihr Wurzelwerk kann sich bis zu 1,60 Meter tief im Boden ausbreiten und wirkt sich positiv auf die Wasserspeicherfähigkeit der Erde aus. Tannennadeln verströmen ihren feinen, typischen Duft über winzige Poren an der Unterseite, auf der zwei hellgraue Bänder zu sehen sind. Ihr Holz ist hell und gilt als ›luftig‹. Tannen, die bis zu 600 Jahre alt werden können, haben keine Harzkanäle im Holz und lassen ihre Zapfen nicht fallen. Es sind die Zapfen der Fichte, die auf dem Waldboden liegen.

Im Jahr 1977 meldete Scheffold der Forstdirektion: »Die Fichte ist ebenfalls betroffen.« Noch im gleichen Jahr stellte der

Förster fest: Selbst die Buchen verloren ihre Kraft. Hier ging es nicht um ein paar kranke Bäume – sondern um den ganzen Wald.

Nun untermauerten auch Untersuchungen der forstwissenschaftlichen Fakultäten der Universitäten Freiburg und München die Beobachtungen des Praktikers. Der Münchner Forstbotaniker Peter Schütt führte Abgase als Ursache der Tannenkrankheit an.

»Wie ist das einzuschätzen?«, rätselte Walter zusammen mit Karle, der sein Revier inzwischen in Naislach zwischen Calw und Bad Liebenzell hatte: War dieses Waldsterben, von dem Scheffold da sprach, wirklich so schlimm, wie es die Berichte aus der Tschechoslowakei in der *Allgemeinen Forstzeitschrift* nahelegten? Dort waren innerhalb von drei Jahren riesige Kahlflächen entstanden. Und das komme, so hieß es weiter, vom sauren Niederschlag und dem Schwefeleintrag aus dem tschechoslowakischen Kohlerevier.

1979 erbrachte der Göttinger Forstprofessor Bernhard Ulrich anhand einer über Jahre angelegten Studie zum Bodenkreislauf im Solling, dem Mittelgebirge in Niedersachsen, den Nachweis, welche ungeheuren Säuremengen in den Wald eingetragen wurden, den Boden versauerten und damit Nadelabwürfe und das Absterben der Bäume verursachten. Walter und Karl kamen ins Grübeln: »Die eigentlichen, wichtigen Vorgänge geschehen also im Boden, wo man sie nicht sieht.« Sie wollten der Sache auf den Grund gehen. Nur wie?

Umzug auf den Kniebis

Zu der Zeit rief alles gleichzeitig nach Walter: Karin, seine Buben, der Wald. Manche Rufe konnte er zeitweise ignorieren, doch nie den des Waldes. Der war seine Berufung. Dabei war er immer mit Hund unterwegs, zu jener Zeit mit der Bayerischen Gebirgsschweißhündin Fee, ein Nachsuch-Ass bei der Jagd, ansonsten aber alles andere als folgsam, sondern ein überaus eigenwilliges Tier. Walter hatte nie einen Hund, der ihm zu Füßen lag. Ihm widerstand es, Tieren Befehle zu erteilen wie einem Untergebenen. Wenn seine Hunde noch auf eigene Streifzüge wollten statt zusammen mit ihm nach Hause, ließ Walter seinen Kittel auf dem Waldboden liegen, ging heim – und holte seinen Hund genau dort am anderen Morgen wieder ab. Immer konnte er sich darauf verlassen, dass sein Hund da war – wenn es für ihn an der Zeit war.

Fee nun hatte eine ausgesprochene Schwäche für Schokolade. Immer wieder gelangte sie an die Vorräte von Florian und Hajo und ließ ihnen nur das Papier übrig. Bis die Jungs dahinterkamen: Das war gar nicht immer Fee, sondern mitunter ihr Vater, der eine falsche Fährte legte. Der allergrößte Schokoladen-Räuber im Haus war er.

Dieter Huber war als Junglehrer in den Nordschwarzwald gekommen. »Freudenstadt? Da ist doch Sommer, wenn die Leute den Mantel offen tragen«, hatten seine Freunde im Badischen geunkt. Den 28-Jährigen hatte das nicht abgeschreckt. Im Gegenteil: Die Berge, die auf andere erdrückend wirkten, empfand er als beschützend. Ihn lockten Wald, Wildnis, unberührte Natur. Die Ökologie gehörte als Biologie-Lehrer in seinen Fachbereich, und bald wusste jeder im Lehrerzimmer: Sein besonderes Interesse galt der Kleinen Roten Waldameise. Ein Kollege riet ihm, da müsse er mal den Förster Trefz kennenlernen, der engagiere sich wirklich sehr für alles, was da draußen im Wald kreuche und fleuche.

So kam es, dass Dieter an einem schönen Herbsttag 1980 bei Familie Trefz am Mittagstisch saß und Heidelbeer-Pfannkuchen aß. Gäste hatten einen festen Platz am Familientisch. Dann deckte Karin mit ihrem guten Rosenthal-Geschirr ein, wie es ihr in einem gut geführten Förster-Haushalt angebracht schien.

Dieter Huber wollte ganz genau wissen, was Walter da draußen im Wald beobachtete. Der Wald, so erklärte der Förster, erzähle ganz von selbst seine Geschichte, die voller großer und kleiner Abenteuer stecke. Man müsse nur die Spuren der Tiere zu lesen wissen, dann könne man am Flügeleinschlag eines Greifvogels im Schnee erkennen, wo gerade noch ein Mäuschen gewesen sei. Und so wie am Boden liegende Zweigspitzen den Fichtenkreuzschnabel verrieten, sobald ein starker Wind in die Zweige gefahren sei, an denen er die Knospen abgerissen habe, so sei jetzt immer deutlicher zu sehen: Da draußen lauere eine unsichtbare Gefahr, die dem Wald zusetze.

Ausgerechnet in Walters Revier kamen viele Faktoren für das Waldsterben zusammen: Das hochgelegene Revier Kniebis liegt an der Baumgrenze. Die Fichten, Tannen und Kiefern auf dem oft nebligen Bergkamm sind heftigen und eisigen Winden ausgesetzt. Sie sind deshalb nicht so vital und kraftvoll wie die in tieferen Lagen und reagieren anfälliger auf zusätzliche Belastungen. Zudem regnet und schneit es in den Höhenlagen häufiger, wodurch schadstoffbelastete Niederschläge am stärksten eingetragen werden.

Die Veränderungen, die Walter im Wald beobachtete, bereiteten ihm echte Sorgen. War es so: Saurer Regen fraß die Nadeln und schädigte die Wurzeln der Bäume? Etwas wandelte sich in ihm. Bis dahin hatte er es wie seine Forstkollegen gehalten: Sah er Leute im Wald, so schlug er sich in die Büsche und ließ sie vorbeilaufen, bevor sie ihn sahen. Jetzt ging er direkt auf die Leute zu, sobald sich eine Gelegenheit bot. Er schwätzte mit jedem und suchte den Kontakt mit allen, die sich wie er um den Wald sorgten.

Walters Frau Karin kam es an manchen Tagen so vor, als wachse ihr Mann mehr und mehr in den Wald hinein. Vielleicht, so hoffte sie, ließ sich seine Berufung besser mit dem Familienleben vereinbaren, wenn er mitten in seinem Revier lebte. Ihr gefiel es in Freudenstadt, wo unter den Arkaden die Touristen und Kurgäste um den Marktplatz flanierten. Noch mehr hätte es ihr allerdings gefallen, wenn Walter mehr zu Hause gewesen wäre. Und so zog die Familie mit ihren beiden Hunden Fee und Biggi 1980 aus dem Forsthaus in der Freudenstädter Schillerstraße auf den Kniebis. Das Forsthaus stand zu der Zeit nicht zur Verfügung. Familie Trefz kam deshalb in ihrem eigenen Haus unter, das mit seinem Kupferdach flach hingeduckt unweit des Moorbads steht. Bald schon machte es sich Walter zur Gewohnheit, am frühen Morgen hinterm Haus als Erstes in das ehemalige Freibad des *Lamm*-Hotels zu steigen, das vom moorigen Wasser des Eichelbachs gespeist wird.

Der Kniebis, das bedeutete im Volksmund: acht Monate Winter und vier Monate kalt. Karin richtete sich dort oben ihr Büro ein. Sie war inzwischen Geschäftsführerin des Zentralverbands der Ärzte für Naturheilverfahren (ZAEN), zu dessen Kongressen zweimal jährlich rund 1000 Mediziner nach Freudenstadt kamen, ein hochkarätiges Forum, das sie ganz forderte. Ihr tat es gut, in dieser verantwortungsvollen Position beschäftigt zu sein und nicht nur warten zu müssen, bis Walter irgendwann nach Hause kam. Allzu oft fühlte sie sich trotzdem mit den Jungs auf dem kalten Kniebis sehr allein. Ihr tat es im Herzen weh, als sie Mecki, den Unimog-Fahrer der Waldarbeiter, einmal sagen hörte: »Der Förster lässt seine junge Frau aber oft allein.«

Derweil erhielt die *Bürgeraktion* als Opposition auf dem Lande immer mehr Zulauf und zog schließlich in den Freudenstädter Gemeinderat ein. Sibylle Riege und Olfert Dorka wurden über eine gemeinsame Liste zusammen mit dem als ›Kompost-Papst‹ bekannten FDP-Mann Helmut Brenner ins Gremium gewählt.

Von Ameisenbären, -päpsten und -gehirnen

Wenn stürmische Winde eine flachwurzelige Fichte zu Fall gebracht hatten, wies Trefz die Waldarbeiter im Sandwald an: »Den Wurzelteller braucht ihr nicht zurückzuziehen. Den lassen wir aufrecht stehen, dann wird das ganz von alleine zur Sandbadestelle. In der können die Auerhühner und andere Vögel blutsaugende Insekten aus ihrem Gefieder loswerden.« In diesen Sandstellen findet Auerwild auch die kleinen, weißen Steine aus Schwerspat, die es im Muskelmagen braucht, um die schwer verdauliche Nadel-Kost zu zermalmen. Denn Heidelbeeren, die Lieblingsspeise des Auerwilds, sind nur im Sommer reif. Der Auerhahn durfte zwar nicht mehr gejagt werden, doch offenbar störten ihn zu viele Menschen, denn Walter hörte ihn immer seltener anschlagen.

Über den Grund dafür hatte Walter schon mit Karle gegrübelt; vielleicht lag es mit daran, dass die Kleinen Roten Waldameisen verschwunden waren. An deren Straßen hatten sie immer wieder Auerwild-Küken beobachtet, die eine Ameise nach der anderen aufpickten. In dieser Phase, wo tierisches Eiweiß besonders wichtig ist, können schon ein paar Tage nasses Wetter die Küken dahinraffen, weil sie dann noch mehr Energie benötigen und weniger Insekten finden. Walter beriet sich immer wieder mit Kollegen von der Forstlichen Versuchsanstalt und aus der Schweiz. Nach und nach reifte darüber ein Konzept für die Schaffung von idealen Bedingungen für das Auerwild im Wald.

Sorgsam kartierte Walter zusammen mit dem engagierten Biologielehrer Huber die Ameisenhügel auf der Revierkarte. »Jeder, der mir einen neuen Ameisenhaufen meldet, bekommt eine Flasche Bier«, spornte Walter seine Waldarbeiter zum Mitsuchen an. Die nannten Dieter Huber bald nur noch den »Ameisenbär vom Kniebis«. Walter fuhr mit ihm zu Karl Gößwald, dem ›Ameisenpapst‹ von der Würzburger Hochschule, um sein Fachwissen zu vertiefen.

Wenn die Sonne im Frühjahr besonders warm scheint, kommen die Königinnen der Kleinen Roten Waldameise aus den Ameisenhügeln hoch. Diese Tage passten der Ameisenbär Huber und Walter ab und konnten im Revier eines Forstkollegen von einem Ameisenhaufen an die 200 Königinnen mit flügellosen Arbeiterinnen abschöpfen. Sie verschlossen den Haufen wieder und verfrachteten die abgeschöpften Ameisen in Fässer. »Zack, Deckel drauf«, freute sich der ›Ameisenbär‹ und wuchtete die Behälter mit Walter auf den Anhänger. Auf schnellstem Weg brachten sie ihre Fuhre in den Sandwald, wo sie mit Reisiggerüsten und Nadelstreu schon alles für die Neuansiedlung vorbereitet hatten.

Nachdem die ersten Ameisen in den Fichten eine Rindenlaus-Kolonie zum Melken gefunden hatten, fühlte sich Ameisenbär Huber für alle Mühe belohnt: »Schau dir das an, wie die Ameisen diese Läuse mit ihren Fühlern am Hinterleib betrillern, um an den abgezapften Fichtenzucker zu kommen!«

Forstanwärter Roland Möhrle fuchste sich richtig in das Ameisenprojekt ein. Bei der nächsten Umsiedelungsaktion sah er sich alles genau an und schlug vor: »Der Platz dort drüben wäre doch viel besser. Da kommt die Sonne im Frühjahr besser durch.« Doch Walter blieb dabei: »Die kommen dahin, wo ich sag'.« Zwei Tage später stellten sie fest: Die Ameisen waren genau dorthin umgezogen, wo Roland Möhrle hingedeutet hatte. Der Forstanwärter freute sich, als habe er sechs Richtige im Lotto getippt. Trocken meinte darauf Förster Trefz: »Ha guck amol da: Du bist halt g'scheiter als ich. Du hast ein Ameisengehirn.«

Gleichzeitig wurden die Umweltschäden zu einer reellen Bedrohung in Trefz' Revier, der sich, das wurde ihm klar, weder mit der Umsiedlung von Ameisen noch mit dem Fleiß seiner Waldarbeiter begegnen ließ. An die Sache mussten andere ran, um das ursächliche Übel abzustellen. Und seine hauptsächliche Aufgabe bestand darin, Bote zu spielen. Vor Ort Aufmerksamkeit zu erregen, damit sich überregional was tat. Doch der Aufschrei der Bäume, wie er ihn auf dem Kniebis wahrnahm, verhallte ungehört in den Büros seiner Forstbehörde.

Bei der Fahrt auf den verschneiten Kniebis im Januar 2022 schneidet der Wald dunkle Konturen in die Nebelmilch. Die Straße windet sich schwarz und feucht immer tiefer in den dunklen Wald hinein, die Welt wird immer schwarz-weißer. Die Parkplätze, auf denen an den Wochenenden kein freier Platz mehr zu finden ist, sind an diesem Montagmorgen leer. Ein Trampelpfad führt mich auf den Heimatpfad. Da ist die Heide, dort stehen einzelne Kiefern auf der offenen Fläche. Ein Auerhahn in Edelstahl markiert das Auerhahnköpfle.

Die Stille ist tiefer als der weiche, schwere Schnee. Sie füllt alles aus. Es ist anstrengend, Schritt für Schritt die Füße aus dem Schnee zu ziehen. Die Spitzen halbwüchsiger Tannen und Fichten ragen aus dem knietiefen Weiß. Ich sehe Tierspuren im Schnee, finde aber kaum Orientierungspunkte. Für mich sieht dieser dichte Wald im Winter überall gleich aus. Abendwiese, Kohlwald, Kniebiskapelle – fast hätte ich mich verlaufen.

Und so geht es mir auch in der Rückschau auf das Waldsterben in den 1980er Jahren mit dem Wissen von heute. Welche Befürchtungen waren wissenschaftlich haltbar, welche Erkenntnisse gelten bis heute?

Waldsterben – das ist in der Rückschau eine Umweltdebatte mit uneindeutigem Ergebnis, heißt es in der einschlägigen Literatur. Die apokalyptischen Prophezeiungen haben sich nicht erfüllt und erscheinen aus heutiger Sicht eindeutig überzogen. Doch sie waren auf jeden Fall politisch wirksam. Sie haben dazu geführt, dass Kraftwerke entschwefelt und für Autos Katalysatoren und bleifreies Benzin eingeführt wurden. Keiner weiß, wie der Wald aussehen würde, wenn all das nicht umgesetzt worden wäre.

In der Anthologie Das Waldsterben. Rückblick auf einen Ausnahmezustand, 2013 herausgegeben von dem Forstwissenschaftler Roderich von Detten, wird auf etwa 150 Seiten zusammengefasst, wie die Debatte zum Waldsterben das Land verändert hat. Die Wissenschaftlerin Birgit Metzger hat 2015 in ihrer Dissertation Erst stirbt der

Wald und dann du! Das Waldsterben als westdeutsches Politikum (1978–1986) auf mehr als 660 Seiten detailliert dargelegt, was damals alles zusammenkam. Walter Trefz und Olfert Dorka tauchen in beiden Publikationen als Zeitzeugen und damalige Aktivisten auf.

Fotos von Walder aus den 1980er Jahren, die ich auf den Biografieplan vor mir an die Wand geheftet habe, zeigen einen düster, ja deprimiert dreinblickenden Mann mittleren Alters von kräftiger Statur. Die Stirn ist sorgenvoll zerfurcht, der oberste Hemdknopf immer offen, als müsse er sich Luft verschaffen. In einem Film über das Waldsterben wird eine Schwarz-Weiß-Aufnahme von ihm eingeblendet, in der die pure Verzweiflung aus seinem grimmigen Blick spricht.

In der Rückschau stand für ihn fest, so sagte es Walder etwa 35 Jahre später: »Dass diese Ansätze zur Luftreinhaltung nicht radikal genug waren, sieht man daran, dass die Problematik heute noch andauert. Man kann nicht einfach so tun, als ob. Bei den Menschen mag das ja noch funktionieren, aber die Natur lässt sich nicht bescheißen. Wir haben immer noch nicht erkannt, was wichtiger für uns ist: die saubere Luft oder das viele Geld.«

Walder lebt nun nicht mehr auf dem Kniebis. Ist nicht mehr da, um meine Nachfragen zu beantworten. Ich schaue vom Schreibtisch in meinen Garten. Ein Eichhörnchen läuft die Birke hoch, wagt sich vor auf einen Ast, schwingt sich in die Eiche rüber und blickt mich von dort aus aufmerksam an. Ich schaue zurück und schwinge mich zurück in die Zeit, als der Saure Regen das Umweltbewusstsein der Deutschen grundlegend verändert hat – und sich Walter politisierte. Die enorme Dynamik jener Zeit lässt sich für mich nur abbilden, indem ich Gespräche mit Zeitzeugen und meine Recherche im Freudenstädter Stadtarchiv in den Worten wiedergebe, die mir angemessen erscheinen.

1981 – »Saurer Regen über Deutschland.
Der Wald stirbt.«

Wenn Walter frühmorgens aus dem Haus ging und prüfend zum Himmel blickte, sah er manchmal ein Kolkrabenpaar über dem Kniebis kreisen. Dann glimmte ein stilles Glücksgefühl in ihm auf. Wenn der Frühling nahte, führten die Kolkraben bei ihren Balzflügen spektakuläre Spiele und ihr ganzes fliegerisches Können vor. Walter weckte das ganze Haus, damit Karin, die Jungs und auch die Urlaubsgäste, an die Karin eine Ferienwohnung vermietete, die Flugkünste der Raben bewundern konnten. Am interessiertesten waren die Urlaubsgäste. Bis kurz vor der Genickstarre schauten sie zu, wie sich die Raben in den Morgenhimmel hochschraubten und spektakulär wieder hinabstürzten, um just in dem Moment, in dem sie am Boden

An den gelben Nadeln war selbst jungen **Bäumen anzusehen: Sie** leiden an der verschmutzten Luft.

zu zerschellen drohten, abzudrehen, ein kurzes Stück auf dem Rücken weiterzufliegen und hinter den Baumwipfeln zu verschwinden. Mit lauten »Ahs!« und »Ohs!« blickten ihnen die Urlauber nach, während Walter ihnen erzählte: »Die Kolkraben beobachten alles, auch wenn man sie selbst nur ganz selten sieht. Abends, bei Einbruch der Dunkelheit, setzt sich ein Kolkrabe dem germanischen Göttervater Odin auf die Schulter und berichtet ihm, was tagsüber auf der Erde los war.«

Gleichzeitig sah Walter nun überall nur noch graue, gelbe Nadeln, wie Lametta herunterhängende Äste, lichte Kronen. Den Waldbauern ging es bald genauso. Ihr Erbe drohte dahinzuschwinden. Jahrhundertealte Bestände zeigten innerhalb kürzester Zeit eine Schwäche, die so noch keiner jemals beobachtet hatte.

Helmut Klein, der in Bayern mit dem *BUND* intensiv in die Waldpolitik eingestiegen war, lieferte Walter permanent die neuesten Erkenntnisse. Die Forschungsergebnisse der Wissenschaftler wurden immer eindeutiger und zugleich alarmierender: Durch die menschengemachte Luftverschmutzung versauerte der Boden nachweislich, darin stimmten die Forscher überein. Damit, so die erschreckende Prognose, schwanden die Überlebenschancen der Bäume. Innerhalb kürzester Zeit drohte der Schwarzwald zu versteppen. Der Göttinger Bodenkundler Professor Bernhard Ulrich prognostizierte 1981 im *Hamburger Abendblatt*: »Die ersten Wälder werden in den nächsten fünf Jahren sterben, sie sind nicht mehr zu retten.« Mittlerweile war jedem im Forst klar, den Waldbesitzern ebenso wie den Forstbeamten: Von alleine wird sich der kranke Wald nicht mehr erholen.

Von seiner Verwaltung fühlte sich Walter mit dem, was er draußen im Wald selbst sah und erlebte, dennoch nicht ernstgenommen. Er hatte erwartet, dass drinnen in den Amtsstuben seine Beobachtungen aufgegriffen und vom Forst Strategien entwickelt werden würden, um politische Entscheidungen zu forcieren, am besten auf internationaler Ebene. Solange Politiker wie Ministerpräsident Hans Filbinger meinten: »Nur dumme Fische sterben in verschmutzten Flüssen«, brauchte es deutliche Gegenstimmen und aufsehenerregende Aktionen wie die des Künstlers Heinz H.R. Deckert, der mit einem Schriftzug auf dem Neckar sichtbar machte: »Der Feind sind wir.« Angesichts der zunehmenden Verschmutzung von Luft und Wasser lag es für Walter auf der Hand: Man konnte nicht einfach alles laufen lassen, was mit dem Wirtschaftswunder angekurbelt worden war und sich durch den Konsumrausch in der Leistungsgesellschaft immer rücksichtsloser verselbstständigte. Seine Schlussfolgerung: »Wenn ich daran etwas ändern möchte, brauche ich ein Umdenken bei den Menschen. Nicht noch mehr neue Techniken!« Es brauchte ein Umdenken auf breiter Basis und Umweltschutz war das Gebot der Stunde.

Die besorgniserregenden ›Storchennester‹ an mittelalten oder gar jungen Tannen, eine große, nestartige, abgeflachte Kronenspitze, die darauf hindeutet, dass der Baum nicht mehr in die Höhe wächst, und die sich sonst nur bei alten Tannen bildet, sah man nur, wenn man den Blick hob und zu den Wipfeln aufschaute. Die Mühe musste man sich schon machen. Walter deutete deshalb bei Begehungen immer wieder in die Höhe. Doch seine Vorgesetzten, so kam es ihm vor, blickten nur leicht mitleidig auf ihn herab und meinten, der Forst werde es schon wieder richten. Das müsse erst gar nicht an die große Glocke gehängt werden, lautete der Grundtenor in der Behörde: Jetzt bloß nicht die Leute schalu machen!

Walter verstand es einfach nicht: Wollten oder konnten sie nicht sehen, dass möglichst schnell alle Menschen davon erfahren und etwas unternehmen mussten? Dass es um den Wald ging – nicht um sie oder ihn? Immer deutlicher bekam er die Grenzen der Hierarchie zu spüren.

Der Freudenstädter Forstdirektor Ulrich John konnte selbst sehen, dass die Fichtenkronen im Wald immer dürrer wurden.

Das, so fertigte er Walter schroff ab, müsse der ihm nicht schon wieder sagen. Und es sei ja nicht zu übersehen: In den Stämmen vieler kranken Bäume bildete sich ein pathologischer Nasskern, der die Qualität minderte. Zudem blieb das Dickenwachstum der Bäume aus. Das wiederum hielt John für mehr als bedenklich: Wenn weniger zuwächst, lässt sich weniger Holz eingeschlagen. Die dünnen Jahresringe kündeten von wirtschaftlichen Einbußen in den folgenden Jahren. Im Oktober 1981 berichtete John dem Freudenstädter Stadtrat bei der jährlichen Waldbegehung: »Wenn das so weitergeht, wird der Stadtwald in den nächsten zehn Jahren fünf Millionen Mark weniger Einnahmen liefern als bisher.«

Für die Forstverwaltung war das Waldsterben so neu wie für ihn, bemerkte Walter. Mit so etwas Unbekanntem, Neuem wusste keiner so richtig umzugehen. Und schon gar nicht wusste die Forstverwaltung mit einem wie ihm umzugehen, der meinte, das Waldsterben betreffe mitnichten nur einen drohenden Wertverlust des Holzes, sondern die gesamte Lebenswelt Wald.

Forstdirektor John nahm Walter ins Gebet, redete ihm eindringlich ins Gewissen, er solle nicht alle ganz kirre machen mit seinem Waldsterben. »Mir ist schon klar, dass wir selbst wenig dagegen tun können«, lautete Walters direkte Antwort. Etwas beruhigt, lehnte sich John in seinem Stuhl zurück. Doch Walter legte nach: »Wir müssen an das Grundsätzliche. Wir müssen die Ursachen des Sauren Regens abstellen!«

Im Juli 1981 rief Bundesforstminister Josef Ertl zur Krisensitzung nach Bonn. »Wenn das so weitergeht, dann gnade uns Gott«, zitierte der *Spiegel* den Münchner Forstbotaniker Professor Peter Schütt. Die führenden Biologen, Botaniker, Meteorologen, Holzwirtschaftler, Bodenkundler, Chemiker und Forstbeamten stünden »vor einem Rätsel«, meinte Tagungsleiter Norbert Rehbock, Chef der Gruppe Forst- und Holzwirtschaft im Ministerium. Doch strengere Auflagen in der »Technischen Anleitung (TA) Luft« könnten »Arbeitsplätze und das Wachstum der Industrie gefährden«.

Walter brachte den druckfrischen *Spiegel* zur Dienstbesprechung mit und las laut daraus vor: »Der Göttinger Bodenkundler Professor Bernhard Ulrich, der seit Jahren die ›Deposition von Luftverunreinigungen‹ im Solling beobachtet, vertrat im Bonner Zirkel mit Verve seine These, dass die jährlich über drei Millionen Tonnen Schwefeldioxid aus den Schornsteinen der Industrie und Haushalten den Tod der Bäume verursachen.« Ein Kollege zog das Magazin, das er schon kannte, auf die andere Seite des Tisches: »Da steht aber auch: ›Dieser monokausale Erklärungsversuch wurde von Kollegen freilich als ›weitgehend spekulativ‹ abgetan und mit Beispielen aus der Forsthistorie zu falsifizieren versucht. Auch ohne Schwefeldioxid ist nämlich ein periodisch auftretendes – und von selber abklingendes – ›Tannensterben‹ aktenkundig.«

Die Meinungen im Freudenstädter Forstamt waren geteilt. Die einen hielten es mit Rehbock aus dem Forstministerium, der sich um Gelassenheit bemühte: »Etwas stirbt immer.« Die anderen mit Walter, für den feststand: Die Wissenschaftler haben recht, diese Krankheit ist menschengemacht. »Wenn der Mensch nichts macht, verreckt die Natur!«, rief er zornig.

Im November titelte der *Spiegel*: »Saurer Regen über Deutschland. Der Wald stirbt.« Damit war in der ganzen Republik bekannt: Es drohte »eine weltweite Umweltkatastrophe von unvorstellbarem Ausmaß«. Die Zeit der Mutmaßungen und Spekulationen sei vorbei, hieß es; mehr als alle anderen Belastungen zusammen – Wildverbiss, Rotfäule, Borkenkäfer – mache diese Fichtenkrankheit dem deutschen Wald zu schaffen. Die Hauptursache: Schwefeldioxid aus Ölheizungen, Auspuffrohren und den Schloten der Kraftwerke, Erzhütten und Raffinerien. Der »schwarze Atem« bedrohe die grünen Lungen des Landes. Schuld an der weit fortgeschrittenen Zerstörung, so brachten es die *Spiegel*-Journalisten auf den Punkt, sei der

Schwefel – der mit seinem fauligen Geruch schon im Mittelalter als Erkennungszeichen des Teufels galt. »Er wird freigesetzt, wann immer fossiler Brennstoff verfeuert, verflüssigt, vergast oder verstromt wird.« Schwefeldioxid wiederum werde durch Sonnenlicht und Luftfeuchtigkeit in Schwefelsäure und schweflige Säure umgewandelt. Saure Wolken trügen das farblose Gift weiter, bis es vor allem an Berghängen, wie eben im Schwarzwald, abregne. Dort sammle es sich im Boden und führe letztlich zur Entstehung von aggressiven Aluminium-Ionen, mit tödlicher Wirkung: Das Aluminium vernichte Bodenbakterien und wirke im Nadelbaum als Zellgift. Die Folgen sah Walter täglich an seinen Tannen und Fichten im Wald: Die Rinde bröckelte, die Zweige nadelten, die Wipfel wurden schütter und graubraun. Aber auch an Laubbäumen in ganz Deutschland waren Symptome zu erkennen, klärte der *Spiegel* auf: in Form von braunstichigen und bereits im Sommer abgestorbenen Blättern.

Dabei ging es nicht mehr um romantische Vorstellungen vom Wald als Seelenlandschaft der Deutschen, sondern mehr und mehr um alles: die Luft, den Boden, das Wasser, die Grundlage allen Lebens. Die Umwelt rückte ins Zentrum der politischen Debatten, befeuert von der neugegründeten Partei *Die Grünen*, die sich vor allem auch der Anti-Atomkraft-Bewegung verschrieben hatten. In Bayern wetterte der CSU-Ministerpräsident Franz-Josef Strauß, wo er nur konnte, gegen die Partei, die sich »aus purem Unverstand« dieser sauberen Energie in den Weg stelle. In bayerischen Amtsstuben hing ein Plakat in schlichter Typografie: »Wald- und Naturfreunde sind für die Kernenergie«.

Die Kohlekraftwerke, da herrschte große Einigkeit, waren ein Problem. Denn wie sich nun im Harz und im Schwarzwald zeigte, halfen die hohen Schornsteine, die in den 1970er Jahren im Ruhrgebiet zum Zweck der Luftreinhaltung gebaut worden waren, nichts. Zwar konnten die Ruhrpottlerinnen jetzt wieder ihre weiße Bettwäsche an der Sonne trocknen, ohne dass sie hinterher grau war, doch die Hochschornsteinpolitik hatte das Problem nur verlagert, indem die Schadstoffe nun in höheren Luftströmungen bis in die Reinluftgebiete fernab aller Industrieanlagen getragen wurden.

Der Wind kommt im Schwarzwald hauptsächlich aus Nordwesten, Westen und Südwesten, das wusste Walter von der Jagd. Der Nordwestwind war es, der das unsichtbare Gift in sein Revier trug. Helfen konnten da nur Filter. Gute Filter. Regelrechte Entschwefelungsanlagen. Oder ganz einfach und viel besser, so befand Walter: »Wir brauchen eine Reduzierung der Schadstoffe! Und zwar europaweit.«

Walter Trefz geriet als Beamter zunehmend in ein Dilemma: Wenn in der Forstverwaltung über den Wald als konstanten Lieferanten von Bauholz gesprochen und dabei gar nicht gesehen wurde, welcher lebendige Organismus da auf eine wirtschaftliche Verhandlungsmasse reduziert wurde, stieß ihm das immer übler auf. Wenn er abends beim Ansitzen in der Stille über das Schweigen auf dem Forstamt nachdachte, überlegte und haderte er: Lag er falsch oder wurde er vielleicht doch vielmehr seinem Beamtenstatus gerecht, indem er – gemäß seinem Eid auf die Verfassung – der irrigen Meinung von Vorgesetzten widersprach? Die Wälder, wie der Kniebis-Förster sie sah, warnten jeden, der es sehen wollte klar und deutlich: Die Luft ist nicht mehr gut. »Das alles ist ungesund – für Pflanzen, Tiere und die Menschen«, fasste Walter zusammen.

Wann immer es sich anbot, lud er zu Waldführungen ein und begrüßte die Besucher mit den Worten: »Wir in Freudenstadt wollen nicht heimliche Hauptstadt werden, sondern ›heimelige Kleinstadt im Grünen‹ bleiben.« Unbekümmert folgten ihm die Leute in den Wald. Wenn er dann dort von kränkelnden Tannen und angegriffenen Fichten sprach, konnten sie zunächst gar nicht nachvollziehen, was ihn so in Sorge versetzte. Solange sie geradeaus in den Wald schauten, sahen sie nur: »Hier ist doch alles grün!« Wenn Walter sie dann nach und nach aufklärte, das Augenmerk auf gelb verfärbte Nadeln lenkte, auf die lichten Zweige unterhalb der Wipfel zeigte, waren die Leute schließlich ganz beklommen, wenn sie den Wald wieder verließen.

Diese Art der Waldführung mit Urlaubern, die ihren Ausgangspunkt häufig in Irma Dorkas *Café am Kienberg* nahm, gefiel nicht allen. Gastwirte und Waldbesitzer beschwerten sich beim Forstamt: Wie konnte dieser Trefz den Schwarzwald nur so schlechtmachen? Die ganze Gegend lebte doch von Urlaubern, die sich fernab aller Alltagssorgen erholen wollten. Was glaubte dieser Förster, wer er war?

1982 – Es kracht gewaltig in Freudenstadt

Aus dem vorbildlichen Förster Trefz wurde ein Störenfried in der Verwaltung, der es nicht dabei beließ, intern Widerworte zu geben und renitent bis widerborstig seine Meinung zu vertreten. In einem Protokoll der Forstverwaltung ist vermerkt:

> *Bei einer öffentlichen Gemeinderatssitzung der Stadt Freudenstadt am 30. 04. 1982 (Beratung über die Forsteinrichtungserneuerung) verlangte Herr Trefz in Anwesenheit des Forstpräsidenten und des Forstamtsleiters, unverzüglich zu Wort zu kommen, ohne daß dies zuvor intern abgestimmt worden war (damals war er noch nicht Mitglied des Gemeinderats). Er verlangte in der wenige Tage später durchgeführten Dienstbesprechung auf dem Forstamt, sein Verhalten erläutern zu können. Es kam bei dieser Dienstbesprechung zu einer Auseinandersetzung, so daß dieses Verhalten von FDir. John schriftlich mißbilligt wurde.*

Walter mochte es nicht, wenn er von oben herab behandelt wurde. Da wurde er widerwillig. Genauso stieß es ihm auf, wenn andere kleingemacht wurden. Er wollte den Austausch auf Augenhöhe, den Wald hüten und sein Wissen weitergeben.

Mit Dieter Huber konnte er naturkundliche Fragen vertiefen, ohne dass daraus Grundsatzdiskussionen entstanden – wohl aber eine Öko-AG mit Schülern der Mittel- und Oberstufe. Diese Jugendlichen wollten selbst etwas tun. Sie meldeten sich zu Pflegeaktionen im Wald und stellten wissbegierig ihre eigenen Untersuchungen an. »Erst stirbt der Wald, dann Du!« Der Hinweis auf solche Szenarien, der auf Demo-Bannern oder im Fernsehen immer häufiger auftauchte, ging an den jungen Menschen nicht spurlos vorüber. Auf Plakaten malten sich die jungen Leute ihre Endzeit-Ängste von der Seele. Auf einem dieser Plakate war zu sehen, wie der kahle Schliffkopf ins Badische hinabrutschte – weil kein von Wurzeln zusammengehaltener Waldboden mehr die Erosion auf dem kahlen Buntsandstein-Schliff aufhielt.

Walter ging die Angst der jungen Menschen zu Herzen. Gleichzeitig bestärkte sie ihn. Wie sagte noch Konrad Lorenz, von dem der *BUND*-Aktivist Kini immer sprach? »Man liebt nur, was man kennt, und man schützt nur, was man liebt.« Der Apotheker Fritz Riege ließ in der *Bürgeraktion* ein Büchlein von Erich Fromm herumgehen. Eine der Stellen, die er mit Bleistift markiert hatte, lautete: »Während im Privatleben nur ein Wahnsinniger bei der Bedrohung seiner Existenz untätig bleiben würde, unternehmen die für das öffentliche Wohl Verantwortlichen praktisch nichts, und diejenigen, die sich ihnen anvertraut haben, lassen sie gewähren.«

Als im April 1982 im Freudenstädter Gemeinderat die Forsteinrichtung für die kommenden zehn Jahre beraten wurde, stellte die *Bürgeraktion* den Antrag, der Gemeinderat möge die Bundes- und Landesregierung auffordern, durch gesetzliche Regelungen sämtliche Schritte einzuleiten, die nötig seien, um einem weiteren Fortschreiten des »Tannensterbens« Einhalt zu gebieten. Andernfalls sähe man sich gezwungen, Schadenersatzansprüche zu stellen. Sowohl für die Schäden im Forst – als auch für jene, die der Stadt als heilklimatischem Kurort entstünden. Der Antrag versandete, wurde mit den Worten abgetan: »Legt ihr erst mal alle euer Auto still!« Dasselbe passierte mit einem Vorstoß der SPD im Kreistag. »Dummköpfe!«, schalt die CDU. Sie hielt es schlicht für unklug, noch weiter auf dieses ominöse Waldsterben hinzuweisen – das dem Fremdenverkehr gar nicht dienlich war.

Bundesweit leistete der ZDF-Film *Wer hat Dich Du schöner Wald* von Günther Friedler Aufklärungsarbeit. Wer den Film zu Ende geschaut hatte, der wusste hinterher, was der Berliner Smog mit dem siechen Wald im Schwarzwald zu tun hatte. Schwefeldioxid und Salpeter-Säure waren überall ein Problem.

»Das geht uns alle an!«, verkündete Walter bei jeder Gelegenheit und legte auf dem Zwieselberg zwischen Freudenstadt und Alpirsbach einen Waldlehrpfad an, auf dem Info-Tafeln aufzeigten, wie Schwefel und Salpeter den Bäumen den Tod brachten. Zigmal demonstrierte er den Zustand der Nadeln mit einer Sprühflasche: »Auf den Tannennadeln perlt kein Wasser mehr ab, da ist die Wachsschicht zerstört.« Dabei sind die feinen Wurzeln noch viel empfindlicher als die wachsbeschichteten Nadeln. Wenn Trefz bei einer Führung so vehement für seinen Wald eintrat, gab er das Idealbild eines kernigen Försters ab. Vor allem die Frauen waren ganz gebannt von der Hingabe und Leidenschaft, mit der dieser stattliche, bärtige Mahner von seinem Wald erzählte und jeden einzelnen Baum als einen Individualisten vorstellte. Hinter seinem Rücken nannte ihn aber auch manch einer den »Rübezahl vom Kniebis«. Und in der Forstverwaltung drehten sich immer mehr Kollegen weg, wenn er schon wieder vom Waldsterben anfing: »Als ob es keine anderen Themen mehr gäbe!« Zumal Walter, so hielten ihm selbst wohlgesonnene Kollegen vor, doch immer wieder arg überspitze und sich viel zu weit aus dem Fenster lehne. Vielen war er zu extrem. Walter seinerseits war es müde, dass die Gespräche der Kollegen hauptsächlich um wirtschaftliche Parameter kreisten: »Wie viele Festmeter hast du verkauft?« Dass einer wie er stattdessen über Schmetterlinge nachdachte und darüber sinnierte, wie es ihnen im zunehmend sauren Wald ergehen würde, war denen viel zu versponnen. Das konnten und wollten sie einfach nicht verstehen.

»Öko-Spinner!«, schimpften die Hoteliers und Wirte, die vom heilen Schwarzwald-Idyll lebten – und mit ihnen Handwerker, Bierbrauer und Stadtbedienstete: »Die grünen Chaoten machen uns den ganzen Schwarzwald kaputt!« Ausgerechnet jetzt, wo Urlauber sich ohnehin immer lieber in die Flieger setzten oder sonstwie in den sonnigen Süden zogen, redeten diese Nestbeschmutzer den Wald tot. In diesen Heimatzerstörern, die die Luft im Schwarzwald so schlechtmachten, fand man die Schuldigen für den zurückgehenden Tourismus. Und allen voran dieser Waldschrat Trefz, der ihretwegen ins Riesengebirge auswandern konnte, wo der Rübezahl herkam.

In ihrer Öko-AG kamen Schüler auf die Idee, Infrarotaufnahmen zu machen, da kranke Wälder keine Wärme mehr abstrahlen. Das Ergebnis war so erstaunlich wie erschütternd: Die Aufnahmen zeigten eindrücklich die Schäden an der Abendwiese auf dem Kniebis. Erst als sie auch in der *Allgemeinen Forstzeitschrift* veröffentlicht wurden, reagierte die Forstverwaltung, die ihren Revierförstern einen Maulkorb verpasst hatte: Um Unruhe zu vermeiden, hatten sie die strikte Anweisung erhalten, nicht öffentlich über das Waldsterben zu reden und dies ganz ihren Vorgesetzten zu überlassen. Das änderte sich nun.

Forstdirektor John selbst war höchst beunruhigt. Was sollte nur aus dem Freudenstädter Stadtwald werden, wenn das so weiterging? Kalkdüngung war seiner Ansicht nach das Mittel der Wahl, um zu retten, was noch zu retten war. In Igelsberg lag der pH-Wert im Boden bei 2,9 – und war damit in etwa so sauer wie Essig. Grundsätzlich gilt: Unter 6,5 wird der Boden als saurer Boden, mit einem pH-Wert von über 7,5 als alkalisch eingestuft. Der baden-württembergische Umweltminister Gerhard Weißer sah sich das Ganze vor Ort an und sagte: »Wir versprechen uns keine Wunderwirkung von der Kalkdüngung, aber wir wollen nichts unversucht lassen, um das Waldsterben hinauszuzögern.« In einem Pilotprojekt sollte der übersäuerte Wald vom Hubschrauber aus mit feinem Magnesium beregnet werden. »Wie wär's, wenn wir es mal mit sauberer Luft versuchen würden?«, hielten Umweltschützer dem Minister bei seinem nächsten Besuch auf Plakaten entgegen.

1983 – »Was habt ihr getan, um das zu verhindern?«

Nach dem Winter 1983 sah der Wald noch mitgenommener aus als im Vorjahr. Gleich im Januar verfassten Schwarzwälder Waldbauern eine Protestnote an die Landesregierung in Stuttgart. Im März legte Forstdirektor Ulrich John als Naturschutzwart des Schwarzwaldvereins seinen Vereinsmitgliedern Zweige vor, die als trauriges Abbild ihrer selbst nicht mehr viel Schwarzwald hermachten. Sorgenvoll musste er berichten: »In Mittelgebirgslagen wie dem Schwarzwald bewegt man sich bereits am Anfang einer ökologischen Katastrophe.«

Wenige Tage später waren die 50 Privatwaldbesitzer, mit denen John im Wald unterwegs war, regelrecht erschüttert: Nachdem der Schnee von den Wipfeln geschmolzen war, konnten sie es deutlich erkennen: Einst stolze Fichtenkronen hingen wie Fähnchen im Wind und das Lametta-Syndrom vieler Fichten stach regelrecht ins Auge. Walter, der ebenfalls dabei war, forderte die Waldbesitzer zum Handeln auf und mahnte: »Wie nach der Katastrophe des Zweiten Weltkriegs wird auch uns eines Tages die Frage gestellt werden: Was habt ihr getan, um das zu verhindern?«

Ende März lud der Kreisbauernverband den Tübinger Presseclub ein, um die existenzbedrohliche Lage publik zu machen. Einige Monate darauf folgten die Journalisten der Landespressekonferenz aus Stuttgart. Sie machten sich rund um das beschauliche Freudenstadt ein Bild vom Niedergang des Waldes und stellten fest: Hier lässt sich eine Ökokatastrophe ungeahnten Ausmaßes direkt vor Ort miterleben. Nun brachte auch die bayerische Staatsforstverwaltung eine Broschüre heraus mit dem Titel »Waldsterben durch Luftverschmutzung«. Walter verteilte sie, wo immer sich Gelegenheit bot: »Darin wird sehr klar aufgezeigt, was da draußen biologisch und im gesamten naturwissenschaftlichen Bereich abläuft. Wie der Saure Regen entsteht, welche Auswirkungen er in den Wäldern hat und welche Gegenmaßnahmen notwendig sind. Beispiele aus Nordamerika zeigen, wie dort in einer begrenzten Fläche das gleiche passiert ist.« Und das Wichtigste für ihn: »Diese Fachleute fordern deshalb ganz klar Luftreinhaltung!«

Mit Hilfe von Dieter Huber und Forstkollegen stellte Walter Trefz einen Diavortrag zusammen, der an Schulen gezeigt, an Vereine verliehen und auf Französisch übersetzt wurde, um »Le Waldsterben« zu erklären. Auch ihr Waldlehrpfad wurde vielerorts übernommen. Am 23. April 1983 rückten die Abteilungsleiter des Stuttgarter Ministeriums für Ernährung, Landwirtschaft und Forsten in Freudenstadt an und runzelten ernsthaft die Stirn. Sie versprachen Geld für Kalk, um die Waldböden zu düngen. Bundesinnenminister Friedrich Zimmermann von der CSU stellte die Entschwefelung der Industrieanlagen, Katalysatoren für Benziner und bleifreies Benzin an Tankstellen in Aussicht.

Etwa ein halbes Jahr nach der ersten kam in Bayern übrigens eine neue Broschüre heraus. Walter wunderte sich: Die war nur noch halb so deutlich, dafür aber doppelt so dick? Was fehlte, war die Forderung, die Braunkohlekraftwerke abzuschalten oder Filter einzubauen. Walter fragte nach und fand heraus: Die ursprüngliche Broschüre war eingestampft worden. Franz Josef Strauß hatte sie wegen »politischer Instinktlosigkeit« verdammt, da sie doch nur diesen *Grünen* in die Hände spiele.

Apokalypse im Erzgebirge: »So etwas darf bei uns nicht passieren!«

Im Mai 1983 machte sich Walter gemeinsam mit Karle Günther und zwei jungen Forstanwärtern, Roland Möhrle und Michael Hamm, auf den Weg in die Tschechoslowakei. Walters 15-jähriger Sohn Florian begleitete sie, das hatte sich Karin ausbedungen. Wenn ihr Mann schon die meiste Zeit im Wald verbringe, möge er doch diese Reise nutzen, um auch welche mit seinem ältesten Sohn zu verbringen.

Karlsbad, das berühmte Heilbad, empfing sie mit seinem grünen Wald und den schönen alten Prachtbauten. Doch oberhalb der Stadt sahen sie schon bald die ersten gelben Nadelbäume. Dass der Wald innerhalb weniger Kilometer so unterschiedlich betroffen war, überraschte sie. Der Frühling war gerade dabei, in den Frühsommer überzugehen. Demnach hätte alles grünen, hätten hellgrüne Spitzen an den Fichten sprießen müssen. Stattdessen ragten jedoch nur noch bleiche Baumgerippe aus dem Boden. Wenn überhaupt. Viele Wälder waren bereits komplett kahlgeschlagen.

Die Männer nahmen in einer bewirtschafteten Hütte Quartier. Anderntags machten sie sich auf in die absterbenden Wälder. Bedrückt wanderten sie los, erst langsam, dann immer schneller. Über dem nackten und bloßen Bergkamm mit seiner düsteren Stimmung hing der latente Gestank von Katzendreck. Was sie vor Ort sahen, war schlimmer als alles, was sie auf den Bildern in Fachzeitschriften gesehen hatten. »Ein Ausmaß in der Größenordnung hatte ich mir nicht vorgestellt«, sagte Karle kopfschüttelnd. Die Forstanwärter waren sichtlich entsetzt. Florian sprach aus, was alle dachten: »So etwas darf bei uns nicht passieren!«

Die Gegend ist dem Schwarzwald sehr ähnlich. Auch im Erzgebirge leben viele Menschen vom Tourismus. An abgestorbenen Bäumen hingen immer noch Wegweiser für Wanderer. Doch der Wald war weg. Und nicht nur die Bäume waren verschwunden, sondern ebenso die Heidelbeeren, das Moos, die Büsche. Da summte und brummte nichts mehr, da sang kein Vogel weit und breit, war aller Waldgeruch längst verflogen. Hier lebte nichts mehr. Alles war tot.

Karle reichte Walter das Fernglas. Über die Höhenrücken des Erzgebirges setzten sich die Kahlflächen scheinbar unendlich fort. Und ganz in der Ferne war die Ursache des Sauren Regens zu erkennen: die qualmenden Braunkohlekraftwerke im Böhmischen Becken.

Die abgestorbenen Wälder, das konnten sie mitansehen, wurden großflächig abgeräumt, das Holz ins Sägewerk gebracht. Der abgeholzte Staatswald war durchzogen von brachialen Spuren von schwerem Gerät. »Das sieht ja aus wie die reine Waldvernichtung!«, entsetzte sich Florian. Durchwühlte und aufgerissene Erde, aus der kreuz und quer Äste ragten, war alles, was nach dem brutalen Kahlschlag übrigblieb. Walter wurde ganz übel angesichts der offenen Wunden im Boden, mit dem so schlecht umgegangen wurde. Doch die Holzfäller kamen mit dem Einschlagen gar nicht hinterher, so schnell starb ihnen der Wald unter den Motorsägen weg. Die Masse an toten Bäumen hatte sie schlicht überwältigt, die konnten sie gar nicht schaffen. Andernfalls hätte es wohl kaum die unzähligen Fotos von Baumleichen gegeben, von denen die Rinde in Fetzen herunterhing.

Gleichzeitig war deutlich zu erkennen, welche Mühe aufgewandt wurde, um neue Wälder zu schaffen. Mit Planierraupen wurde der gesamte Oberboden samt der herausragenden Stöcke und Wurzelteller abgeschoben und seitlich zu hohen Wällen aufgetürmt. Dazwischen entstanden regelrechte Kleinklimakammern mit 60 Meter breiten Flächen, auf denen über 200 oder 300 Meter der blanke, katastrophal verwüstete Boden zu sehen war. Mit einem pH-Messer untersuchten Walter und seine Kollegen den zusammengeschobenen Oberboden. Wie sie schon in Berichten gelesen hatten, war die Erde völlig übersäuert. »Ja, und was passiert jetzt? Das Holz und der Humus verrotten da drüben in den Wällen. Aber die Säure ist da nach wie vor drin«, stellte Karle bestürzt fest.

Nach allem, was er und Walter gelernt hatten, hätten sie einfach neue Setzlinge in die Fläche gesetzt, doch das war den Kollegen hier zu riskant. Beeindruckt und erschrocken zugleich stellten die Schwarzwälder fest: Die Tschechoslowaken betrieben einen ungeheuren Aufwand, um sorgfältig und mühselig verschiedene Baumarten anzupflanzen. Teure Jungpflanzen aus der Pflanzschule, die eine Start- oder Kalkdüngung bekommen hatten, wurden zum Teil balliert, also nicht wurzelnackt, sondern mit kleinen Erdballen versehen, in die Erde gesetzt. Walter kniete sich mit den Praktikanten vor die jungen Bäume und zeigte es ihnen: »Sie sehen trotzdem schäbig und leidend aus, obwohl sie so qualitätsvoll gepflanzt werden. Das ist ja auch kein Wunder, wenn sie nach wie vor im Sauren Regen stehen. Wie sollen sie da gut wachsen?« Selbst an den jungen Pflanzen, feinsäuberlich in Reihe gepflanzt, waren schon wieder gelbe Nadeln zu sehen. Walter hatte einen bitteren Geschmack im Mund: »Das Gravierende sind die Umwelt-Bedingungen von außen. Die Bäume versuchen zwar zu leben, können es aber nicht.« Es war förmlich spürbar: In diesem feindlichen Lebensraum fühlten sich die Bäume nicht wohl.

Als sie anderntags weiterfuhren, fielen ihnen an jeder Kreuzung kleine, gelbe Autos auf. In jedem von ihnen saß ein Mann, der die Westler fotografierte. Die amüsierten sich: »Da vorne, schon wieder!« Einer der beiden Forstanwärter machte sich einen Spaß daraus, selbst jedes einzelne Auto zu fotografieren. Karle war nicht wohl dabei: »Lass das besser bleiben.« Kaum hatte er es ausgesprochen, kamen sie an eine Straßensperre. Miliz stand vor ihnen und stoppte sie mitten auf der Dorfstraße. Die Männer waren nicht uniformiert, trugen jedoch offiziell anmutende Armbinden und waren bewaffnet. Sie bedeuteten den West-Besuchern unmissverständlich, auszusteigen, verlangten die Pässe und sammelten alle ein. Dann hieß es warten. Erst lachten Florian und die Männer noch und machten Witze, die aber mit der Zeit immer spärlicher wurden. Nach drei Stunden saßen sie nur noch schweigend da und warteten darauf, endlich ihre Papiere zurückzubekommen. Aus Walters Erinnerungen tauchte das Schreckgespenst aus seiner Zeit bei den Gebirgsjägern auf: Jetzt saßen sie hinter dem Eisernen Vorhang bei den Kommunisten fest.

Walter guckte grimmig. Florian wurde ganz mulmig zumute. Karle ärgerte sich: Was musste der Jungspund von Forstanwärter auch Fotos machen, mitten im Feindesland! So nah an der Grenze, wo es vermutlich militärische Anlagen gab.

Nach mehr als vier Stunden, als von ihrer westdeutschen Überheblichkeit nichts mehr übriggeblieben war, kamen die Tschechen zurück und wollten die Fotoapparate sehen. »Da ist nur Landschaft drauf. Wald. Toter Wald«, versuchten die Förster zu erklären, worauf die Milizionäre noch energischer auf die Fotoapparate deuteten: Filme raus!

In diesem Moment war den Schwarzwäldern alles egal, Hauptsache, der Spuk würde ein Ende haben. Schweigend zog einer nach dem anderen den Film aus seiner Kamera. Erst als alle belichteten Filme auf dem Armaturenbrett lagen, erhielten sie ihre Pässe zurück und dazu die Anweisung: Wenn sie unbedingt weiterforschen wollten, dann in östlicher Richtung, im Landesinneren. Karle nickte, Walter auch. Alle bekräftigen ganz eifrig, wie einverstanden sie damit seien.

Der Frust über die verlorenen Bilder holte sie rasch ein. Schon ein paar Dörfer weiter begannen Möhrle und Hamm zu schimpfen: »Da waren die Aufnahmen von zwei, drei Tagen drauf. Die werden uns für die Vergleiche fehlen!« Und Karle ärgerte sich: »Heidaschdugart, jetzt haben wir aber schnell aufgegeben.« Walter brachte nur ein müdes Grinsen zustanden: »Gell, das, was verloren geht, ist ja alleweil das Beste.«

Wenige Tage später erfuhren sie im Gespräch mit tschechoslowakischen Forst-Kollegen, dass deren guter Wildbestand mit Hirschen und Rehen schon seit Jahren auf den Hochflächen weder Deckung noch Nahrung fand und deshalb in tiefere Lagen gezogen war, wo das Wild nun dichter zusammengedrängt lebe, was sich deutlich am Verbiss- und Schälschaden an den Bäumen ablesen lasse. Und seit auf den Kahlflächen die Insekten ganz verschwunden seien, so beklagten die Kollegen, fehlten Waldvögel wie Tannenmeisen, Kohlmeisen und Spechte.

Der Saure Regen hatte Einfluss auf den gesamten Lebensraum, daran hatten die Reisegefährten am Ende ihrer Nachforschungen keinen Zweifel mehr. Sie hatten es aus erster Hand erfahren: Der fehlende Wald wirkte sich aufs Kleinklima aus. Die Quellen im Wald, aus denen die Tschechoslowaken ihr Trinkwasser bezogen, förderten zunehmend saures Wasser zutage. Und einer, der die Waldschäden noch weiter verstärkte und beschleunigte, war der Borkenkäfer. Er findet in kranken Fichten ein ideales Brutgebiet und breitete sich daher in den schwächelnden Fichten, die keine Widerstandskraft mehr hatten, rasend schnell aus. Die Folge: »Die Fichte wird sehr schnell vom Brotbaum zum Katastrophenbaum, weil sich die Vielzahl ihrer Schädiger erhöht, sobald sie angeschlagen ist.« Das Waldsterben beschleunigte sich daher im Fichtenwald durch den Borkenkäfer viel stärker, als es in einem Mischwald möglich gewesen wäre. »Also ist die Fichte«, so musste Walter einsehen, »ein Grundproblem in Bergmischwäldern, in denen sie ursprünglich nur selten vorkommt. Sie gehört einfach nicht so großflächig als schnellwachsender Wirtschaftsbaum ins Mittelgebirge.«

Dabei war das Ganze doch paradox, fuhr es Walter durch den Sinn: Die Kumpels und Arbeiter im Böhmischen Becken, wo Braunkohle in rauen Mengen abgebaut und in riesigen Kraftwerken verbrannt wurde, fuhren in ihrer Freizeit als Urlauber ins Erzgebirge, um frische Luft zu atmen. Genau dorthin, wohin sie sie das ganze Jahr über die schwefeligen Schadstoffe schickten: »Sie machen sich also ihre eigene grüne Lunge und die frische Luft selber kaputt, ohne dass ihnen das bewusst ist.« Und hinterher war es wie mit den belichteten Fotos – einfach alles weg. Unwiederbringlich?

Im Forstamt Freudenstadt war die Stimmung nach Walters Rückkehr angespannt. Der Wald war sauer, daran gab es keinen Zweifel mehr. Und doch, so Forstamtsdirektor John, dürfe man zuversichtlich bleiben, denn die Landesforstverwaltung setze alles daran, den versauerten Waldboden durch Kalkdüngung wieder ins Lot zu bringen. Walter hielt dagegen: »Ach was. So eine Kalkdusche ist doch eine Vernebelung der Tatsachen, die reine Augenwischerei, ein reines Herumdoktern an den Symptomen – mit lebensbedrohlichen Nebenwirkungen für die Ameisen, Käfer und andere Kleinstlebewesen, denen der Kalk die Atmungsorgane verklebt!« Nein, das könne er nicht gutheißen.

Walter hatte seinen Status als Beamter nie in Frage gestellt. Doch jetzt wurde ihm seine Verantwortung als Bürger bewusst. Die Eindrücke vom Waldsterben im Erzgebirge hatten sich ihm tief eingebrannt. Dort versauerten die Quellen, blieben die Touristen aus, verließ die junge Generation die Dörfer. Walter entdeckte über diesen Eindrücken Seiten an sich, von denen er als Förster, Ehemann, Vater und Jagdfreund noch gar nichts gewusst hatte. Er trat noch gnaden-

loser für seine Überzeugungen ein. Wenn dabei etwas in Scherben ging, so erinnert sich sein Förster-Freund Karle, war ihm das egal. Eine ungeschickte, unbedachte Handbewegung an der Tastatur – und mein zehnseitiges Tagewerk ist verschwunden. Einfach gelöscht, mit einem Handstreich. Als ich zur Eiche am Waldrand rüberlaufe, um meine Nerven zu beruhigen, ist es mir, als hörte ich Walder kichern: »Siehsch, jetzt weißt du auch wieder, wie es ist, wenn man kreuznarret isch!« Ja, fast hätte ich vergessen, wie das ist. Wenn etwas gerade noch da war und dann nichts mehr davon übrig ist. So wie Walders jahrelange Gewissheit, dass der Wald immer weiterwachsen würde.

Nach dem Schock, den ihm die Erkenntnis des Waldsterbens versetzt hatte, müssen Verlustängste und Verzweiflung sich in ihm breitgemacht haben, bohrende Fragen – was passierte da gerade? – und eine ungeheure Spannung: Was, wenn der Wald wirklich unrettbar verloren war?

»Der Mai ist gekommen, die Bäume sterben aus.«

Bei der Jagd hielt Walter zu der Zeit immer öfter inne. Wenn er in Ruhe ansaß und in den kranken Wald hineinsah, wollte er nicht auch noch einem Tier das Leben nehmen. Auch Dieter Huber spürte eine wachsende Beklemmung in sich aufsteigen. Er konnte sich kaum noch überwinden, ins Auto zu steigen und loszufahren. »Jedes Mal denke ich dann an den Dreck, den ich dabei rausblase, und ertrage das kaum«, erzählte er Walter. Der verstand ihn. Dieter Huber zog sich auf seine Lehrtätigkeit zurück. Er wollte keiner Partei beitreten. Walter hingegen sah mehr und mehr Anlass, sich aktiv in die Politik einzumischen.

Das Waldsterben war das zentrale Thema im Wahlkampf des Jahres 1983. Im Herbst 1982 war die SPD-Koalition zerbrochen

In den Städten demonstrierten die Menschen für ihren Wald.

und Helmut Kohl Kanzler geworden. Nun wollten erstmals die *Grünen* mitregieren und weckten Hoffnungen, auch bei Walter. Die *Bürgeraktion* hatte in etwa die gleichen Leitbilder wie die Partei der *Grünen*, wobei ihnen eines wichtig war, so erklärte es Walter daheim am Familientisch: »Wir mischen uns in keine internen Flügelkämpfe und Parteistreitigkeiten ein. Wir bleiben bei Fachthemen und dabei auf Ebenen, die wir überblicken können – also die der Gemeinden und des Landkreises.«

Am 25. April 1983 entstand aus den Reihen der *Bürgerak-tion* und quer durch alle Parteien hindurch die *Freudenstädter Aktionseinheit gegen das Waldsterben*. Erstmals und einmalig taten sich 16 unterschiedliche Gruppierungen für ein gemeinsames Ziel zusammen, mit Olfert Dorka als Vorsitzendem. Dorka war sowohl der führende Kopf der Freudenstädter *Aktionseinheit* als auch der *Bürgeraktion*, ein meinungsstarker Wortführer, der als Landschaftsspezialist viel beizutragen hatte und sich obendrein um die Vernetzung kümmerte sowie die Zusammenkünfte organisierte. Unter den rund 60 Unterstützern der *Aktionseinheit* waren die Forstdirektoren von Alpirsbach und Freudenstadt und Vertreter fast aller Vereine der Stadt, des *Schwarzwaldvereins* ebenso wie des *Kurvereins*. Über den *BUND* entstanden sehr schnell Kontakte quer durch die Republik, bis nach Frankreich und Österreich.

In der Nacht auf den 1. Mai 1983 stellte die *Aktionseinheit* am Freudenstädter Promenadenplatz eine 25 Meter hohe, dürre, gelbnadelige Fichte als Maibaum auf. Olfert Dorka nagelte das Schild daran: »Der Mai ist gekommen, die Bäume sterben aus.« Am Morgen positionierte sich Walter in Forstuniform vor dem kläglich wirkenden Baum und verteilte Flugblätter: »Kämpft jetzt gegen das Waldsterben!« Die Polizei rückte an und überprüfte seine Personalien. Walter blieb gelassen: Nein, eine Genehmigung könne er nicht vorzeigen. Eine solche brauche er auch gar nicht, schließlich gelte seit jeher das Recht der Freinacht auf den 1. Mai, um einmal im Jahr der Obrigkeit einen Anstoß zu geben, über Missstände nachzudenken.

Die Stadtspitze beschwerte sich aufgebracht beim Forstamt: Auf wessen Kosten diese Aktion gelaufen sei? Der *BUND* bekannte sich freimütig dazu – und Walter outete sich als Organisator. Ein Forstbeamter, der so einen Aufruhr veranstaltete? Eine Unverschämtheit und Respektlosigkeit sondergleichen. Im Stadtrat monierte eine CDU-Stadträtin: »Das ist wohl kaum die richtige Werbung für die Kurstadt!«

Und doch gab es auch Freudenstädter, die sich voll und ganz mit diesem Maibaum identifizierten. Eine Zeitungsleserin dankte der *Aktionseinheit* in einem Leserbrief und fügte an: »Wenn ich durch unsere kranken Wälder gehe, verzweifle ich an meiner Machtlosigkeit, dem Sterben Einhalt zu gebieten.« Bis zum 16. Mai unterschrieben 13.000 Bürgerinnen und Bürger die Forderung, die Hauptursachen des Waldsterbens entschieden zu bekämpfen; beim EG-Gipfel am 17. Juni 1983 wurde sie zwei Beamten der Regierung von Bundeskanzler Kohl überreicht.

Walter stand voll und ganz hinter seiner Sache. Dabei war ihm wichtig, dass sich der Nachwuchs selbst eine Meinung zu all dem bildete. Als sein Forstpraktikant zum Jugendforum der Gewerkschaft Gartenbau, Land- und Forstwirtschaft (GGLF) in Rottenburg wollte, beantragte er deshalb eine Dienstbefreiung für den jungen Mann. Forstdirektor John lehnte ab. Walter wollte das nicht so einfach hinnehmen und forderte von der Forstdirektion Karlsruhe eine Überprüfung der Ablehnung, worauf ein Personalgespräch anberaumt wurde. – Forstamtsleiter John war am Ende seines Lateins. So konnte es nicht weitergehen mit dem Kniebis-Förster Trefz, meldete er nach Karlsruhe. Ein solcher Querschläger war ihm noch nicht untergekommen. Fachlich – nichts zu sagen gegen den Kollegen. Doch seine eigenwillige Art und diese Widerspenstigkeit, die waren kaum zu ertragen. Und so, wie ihm dieser Revierförster mitunter die Stirn bot, konnte er als Amtsleiter nicht mit sich umspringen lassen. Auch Trefz hatte sich an Vorschriften zu halten. Basta!

Ulrich John, Pfarrerssohn, hatte im Zweiten Weltkrieg in Russland, Italien, Belgien und Frankreich gekämpft und bei der Ardennenoffensive einen Arm verloren. Nach seiner Rückkehr hatte er im Wald gearbeitet und in Freiburg ein Forststudium absolviert. Seit 1973 leitete er das Staatliche Forstamt Freudenstadt und sorgte dafür, dass alles in strikt geordneten Bahnen verlief, kümmerte sich um den Ausbau der Langlaufloipen und führte Gäste und Forstexperten stolz durch den vorbildlichen Freudenstädter Parkwald. Mit ihm konnte man über alle Belange des Waldes sprechen, so beanspruchte er es für sich, denn die Natur und ihr Schutz waren ihm ein Herzensanliegen. John sang in der Kantorei, war ein ausgesprochener Vereins- und Familienmensch. Und da kam nun dieser wildgewordene Förster vom Kniebis mit seinen verdrehten Ansichten und sprengte im

Forstamt mit seinen überzogenen Vorstellungen davon, was für den Wald gut und für den Menschen wichtig sei und was nicht, nahezu jede Dienstbesprechung. Der war vorlaut – und fast schon unanständig.

Dass Trefz mit seinen Ansichten nicht hinterm Berg hielt, wurde auch im Personalgespräch in der Karlsruher Forstdirektion deutlich. John hielt die Luft an, als Trefz sich vorbeugte, seine Hemdsärmel hochkrempelte und das Wort ergriff. Nicht etwa, um Einsicht zu bekunden. Er sah einem nach dem anderem ins Gesicht und wollte dann wissen, wie das denn sei mit der Anordnung, den Lineatus, den gestreiften Nutzholzbohrer, mit Gift zu bekämpfen? Dagegen habe er größte Bedenken. Massive Bedenken – so massive, dass er die Anordnung rundweg ablehne: »Dieses Gift rottet den Käfer in gefällten Bäumen aus. Und alles, was drumrum wächst, dazu!« Den Teufel mit dem Beelzebub austreiben? Das Spritzen von gefällten Baumstämmen mit giftigen Substanzen komme für ihn genauso wenig in Frage wie der Einsatz von chemischen Giften im stehenden Bestand. Es sei denn, die Forstdirektion selbst bestätige ihm die Anordnung schriftlich – als Dienstanweisung von ganz oben. Denn selbst werde er dafür nicht die Verantwortung übernehmen.

Man ließ ihn reden – um ihn dann zu maßregeln: Als Forstbeamter habe er die Linie der Verwaltung stets mitzutragen. Punkt. Als Beamter habe Trefz neben vielen Rechten auch Pflichten. Punkt. Über die werde man ihn nochmals ausdrücklich belehren. Punkt. Insbesondere über die, dass er es tunlichst zu unterlassen habe, Maßnahmen der Dienststelle in der Öffentlichkeit in Frage zu stellen. Und was Auskünfte an die Presse angehe, so dürfe diese beamtengesetzlich ausschließlich der Leiter des Forstamtes erteilen. Punkt.

Walter fühlte sich wie ein abgekanzelter Schuljunge. Er hatte wohl gehört, was ihm da gesagt worden war. Doch begreifen konnte er diese Ignoranz gegenüber seinen fachlichen

Bedenken nicht, und in die Ecke stellen ließ er sich schon gar nicht: Sahen diese Forstleute denn nicht, was da draußen geschah? Wie der Wald litt, die Zeit lief? Walter fühlte sich wie in einem Dampfkochtopf kurz vor dem Siedepunkt. Alle warteten nur zu, so kam es ihm vor, während bereits ein Drittel der bundesweiten Waldfläche vom Waldsterben betroffen war. Das war doch überall nachzulesen, kam täglich in Funk und Fernsehen. Da konnte man doch nicht auch noch Gift in den Wald sprühen!

Schließlich ging es überraschend schnell. Innerhalb von acht Tagen erhielt Walter die Abbeorderung vom Gifteinsatz, den ein Kollege für ihn übernehmen sollte. Der wehrte sich nach einem halben Jahr jedoch ebenfalls dagegen: »Ich will das nicht mehr.« Für Walter war klar: »In dem Moment, wo ich von der Gefährlichkeit der Gifte weiß, mache ich mich schuldig.« Sein Einschreiten und die Vehemenz, mit der er den Gifteinsatz ver-

Sterbende Bäume und Wälder im Schwarzwald führten zu apokalyptischen Befürchtungen.   *Bild: Bernhard Wagner*

weigert hatte, führten immerhin dazu, dass im Forstamt Freudenstadt zwei Jahre lang kein Gift versprüht wurde.

Am 1. Juli 1983 trat die Großfeuerungsanlagen-Verordnung der neugewählten CDU-Bundesregierung unter Helmut Kohl in Kraft, mit einschneidenden Neuerungen, was die Vorschriften zur Rauchgas-Entschwefelung und -Entstickung bei Kraftwerken und großen Industriefeuerungsanlagen betraf – die bis 1988 greifen sollten, in fünf Jahren. Viel zu spät! Schon zwei Monate zuvor hatte Jürgen Stahf im Film *Zuerst starben nur die Tannen* gezeigt, dass schon jetzt die Baumwurzeln im vergifteten Boden keinen Halt mehr fanden. Wenn die Belastung durch Schadstoffe nicht zurückgehe, so auch die Aussage des Bodenkundlers Professor Bernhard Ulrich aus Sollingen, Experte für »neuartige Waldschäden«, werde es bald keine Bäume mehr geben, die älter als 30 Jahre würden. Die Auswirkungen der chemischen Reaktionen zwischen Schwefel, Salpeter und Ozon seien so verheerend, die Summe der Wirkungen so eindeutig, dass der Wald keine Chance mehr habe. Zu lange sei man zu achtlos mit Abgasen umgegangen.

Der Sommer im Jahr 1983 war heiß. Erstmals kletterte die Temperatur in Deutschland auf über 40 Grad Celsius. Tief im Wald war es kühl, roch es würzig wie eh und je. Und harziger als sonst. Die Fichten arbeiteten auf Hochtouren. Sie produzierten ihren klebrigen, dickflüssigen Saft, um sich gegen die Borkenkäfer zur Wehr zu setzen. Der Tropensommer begünstigte den ›Buchdrucker‹, der sich dank der Hitze mit drei statt der üblichen zwei Generationen vermehren konnte und sich über die älteren Fichten hermachte. Walter musste nur das Messer ansetzen, um zu zeigen, was da unter der trockenen Rinde im Verborgenen ablief: Ein Pionierkäfer bohrt sich in den Bast und legt eine sogenannte Rammelkammer an, wobei er mit dem Bohrmehl zugleich Pheromone als Lockstoff für die Weibchen aus dem Stamm befördert. Nach der Hochzeit – die jedes Männchen mit zwei, drei Weibchen feiert – fressen

die Weibchen längs der Stammachse die Muttergänge, die aussehen wie Textzeilen in einem aufgeschlagenen Buch – und
dem ›Buchdrucker‹ seinen Namen gegeben haben. Ein stern-
förmiges Fraßbild hingegen verrät den Kupferstecher und ist
meist in den Gipfeln der Bäume zu entdecken. Die Larven und
die Jungkäfer der beiden Borkenkäferarten fressen sich satt und
durchtrennen dabei die feinen Leitungen, die zu den Kraftwerken der Bäume in den Nadeln führen, wo durch Photosynthese
Glukose und Sauerstoff entsteht. Die Folge: Die Bäume sterben
und werfen ihre Rinde ab.

Walter Trefz demonstrierte: Unter der Rinde einer geschwächten
Fichte hatten sich Borkenkäfer in den Rammelkammern eingerichtet. *Bild: Bernhard Wagner*

Reihenweise wurden sie gefällt, so schnell es eben ging. War
der Borkenkäfer erstmal im Bestand, so die gängige Lehrmei-
nung im Forst, ließ er sich nur aufhalten, indem man ihm seine
Brutnester und Lebensgrundlage entzog. Gelang das nicht, war
das Holz für den Verkauf kaum mehr zu gebrauchen. Rinde

und Reisig wurden verbrannt. Kein Kurgast sollte sich am Anblick ausgetrockneter, ausgebleichter Bäume stören.

Und tatsächlich fiel den wenigsten auf, dass die Bäume immer weniger wurden. Das wiederum fuchste Walter: Sollten sie doch sehen, was hier los war! Wohin er auch blickte: Ein gelber Schleier hatte sich über die Fichten gelegt. Bald jeder Zweig, den er zwischen die Finger nahm, war trocken, ließ sich mühelos brechen. Und was den Borkenkäfer anging – war der letztlich nicht einfach ein weiterer Hinweis darauf, dass der Wald krank, anfällig und so schwach war, dass ihm ganz dringend geholfen werden musste? Nicht der Borkenkäfer war das Problem, sondern die Luftverschmutzung, die die Bäume schwächte. Die Borkenkäfer folgten lediglich den Signalen und zeigten noch vor Zunderschwämmen und Spechthöhlen an: Diese Bäume sind nicht mehr vital genug, um weiterzuleben.

In der Dienstbesprechung stellten sich Forstamtsleiter John die Nackenhaare auf, als Walter schon wieder mit dem Dreck in der Luft anfing und Lindan als Nervengift an den Pranger stellte. Wenn das so weiterging, würde bald alles aus den Fugen geraten. Allein wurde er dem nicht mehr Herr. Im Bericht an die Forstdirektion, datiert auf Juli 1983, teilte John mit: Seit 1982 gestalte sich die Zusammenarbeit zwischen ihm und Herrn Trefz, aber auch zwischen Herrn Trefz und seinen Kollegen, immer schwieriger. Dabei komme es häufig zu Spannungen, die sachlich vielfach überhaupt nicht gerechtfertigt seien. Dies lähme jedoch mehr und mehr »in unerträglicher Weise« die Arbeit im Forstamt. Immer wieder komme es zu Konfrontationen und Streitereien, »vor allem aber auch wegen Nebensächlichkeiten«. John warf Trefz »unverständliches Mißtrauen, Intoleranz und unnachgiebige Rechthaberei« vor.

Walter konnte schweigen, das hatte er schon als Lehrling Forstmeister Kopp bewiesen und seither als Jäger verinnerlicht. Doch wenn keiner sah, was im Wald passierte, musste er doch was sagen. Laut werden. Im Zweifelsfall wieder und wieder.

Und eben laut aussprechen, dass da etwas ganz gewaltig schief-
lief in der Bonner Republik, wenn man seine Meinung nicht
äußern durfte. Ihn machte das noch rebellischer.

Visite beim ›Patienten Wald‹:
die *Erste Freudenstädter Aktionskonferenz*

Zusammen mit dem Lehrer Martin Lischik organisierte Olfert
Dorka am letzten September-Wochenende 1983 die erste *Aktionskonferenz gegen das Waldsterben* und lud dazu nach Freudenstadt ein. Für die abgelegene Kleinstadt als Ort der Konferenz
sprach, so schrieb der *BUND*-Mitbegründer und Journalist
Horst Stern in der Zeitschrift *Natur*, dass sich rund um Freudenstadt kein gesunder Baum mehr finde: »Man sieht dort Forst-
männer, die auf Waldgängen ihrer Tränen nicht mehr Herr werden.« An die 600 Teilnehmer folgten dem bundesweiten Aufruf
»Rettet den Wald«, um zu konferieren und sich zu vernetzen:
Waldbesitzer und Naturschützer, Wissenschaftler und Forstleute.
Robin Wood hielt mit dem Slogan »Stoppt den Sauren Regen,
rettet den Wald« Einzug in die Stadt und traf auf *Greenpeace*, den
Deutschen Naturschutzring und das *Freiburger Öko-Institut*. Um-
weltverbände und Bürgerinitiativen aus der ganzen Republik
und aus dem benachbarten Ausland hatten mobil gemacht, um
die Politik zum Handeln zu zwingen. Nur die Politik selbst, die
war an diesem Wochenende kaum vertreten.

Gleich am Freitagabend machten sich Konferenzteilneh-
mer mit Walter und anderen Forstleuten auf nach Schömberg
und auf den Zwieselberg, zur Visite beim ›Patienten Wald‹. Am
Abend im Festzelt saßen adelige WaldbesitzerInnen im feinen
Zwirn, junge UmweltaktivistInnen mit Palästinensertüchern
und die grüngewandeten Forstvertreter einhellig beieinander.

Die Liste der Redner war prominent besetzt, das Medienaufkommen enorm: Das Fernsehen war ebenso da wie Journalistinnen und Journalisten der *Frankfurter Allgemeinen Zeitung* und der *tageszeitung* (taz), des Hörfunks und von Fachzeitschriften. Am Samstagmorgen sprach der Münchner Professor für Forstbotanik und -Pathologie Peter Schütt, der das Waldsterben drei Jahre zuvor überhaupt erst in die politische Diskussion eingebracht hatte, die eindringliche Warnung aus: Niemand könne sagen, wie lange der Wald den gegenwärtigen Stress noch aushalte. Das Waldsterben sei keine normale Krankheit, wie sie in den Lehrbüchern stehe – und betreffe die gesamte Lebenswelt. Bäume und Farne seien gleichermaßen erkrankt.

Das Waldsterben betraf nicht nur die Bäume wie am Katzenkopf bei der Hornisgrinde, sondern die gesamte Lebenswelt.

Bild: Bernhard Wagner

»Ich bin voller Zorn!«, ließ Hubert Weinzierl, der *BUND*-Vorsitzende, die Versammelten wissen und sagte der Tatenlosigkeit der Politiker den Kampf an. Friedemann Kälble, Präsident der Forstdirektion Karlsruhe, plädierte für mehr Zusammenarbeit: »Wir müssen objektiv informieren.« Und die Wahrheit sei: Im Herbst 1980 hätten noch 65 Prozent der Tannen in Baden-Württemberg als gesund gegolten, zwei Jahre später, im Herbst 1982, nur noch ein Prozent. Bei der Fichte schreite die Krankheit noch schneller voran. Und: Sämtliche Baumarten seien in ähnlicher Weise der Komplexkrankheit Waldsterben ausgesetzt. Da nütze es nichts, die Fichten und Tannen durch andere Baumarten zu ersetzen. Gleichzeitig aber riet er dazu, nicht in Panik zu verfallen. Nötiger sei es, dass der Gesetzgeber »Ausreichendes« tue.

Die Juristin und Umweltschützerin Bettina Krems aus Köln schnappte zornig nach Luft: Sie war bereits in Panik und deshalb als Referentin nach Freudenstadt gekommen. Mit ihrem Mann Burghardt Krems hatte sie (erfolglos) Beschwerde beim Verfassungsgericht eingereicht, damit Bund und Länder endlich Luftschutzmaßnahmen ergriffen.

Die Freudenstädter hatten außerdem einen Experten aus der *Bürgeraktion* parat: Dr. Manfred Ebert, einen beliebten Kinderarzt. Der war allerdings mit seinen technikaffinen Ideen seiner Zeit oftmals arg voraus. So hatte er etwa den Vorschlag ausgetüftelt, das verkehrsgeplagte Kleinstädtchen Horb mit einer kostengünstigen Neckarbrücke aus ausgebeinten Schlachtschiffen zu beglücken, deren Teile sowohl als Pfeiler als auch zur Überbrückung dienen könnten. Und das Beste, so Ebert: »In diese innen hohlen Pfeiler kann jeder von oben seinen Bioabfall reinschmeißen und sich unten wieder den fertigen Humus rausholen.« Dieser Freudenstädter Kinderarzt also sollte bei der *Aktionskonferenz* über Pseudokrupp und Husten bei Kindern aufklären und mögliche Zusammenhänge mit der Luftverschmutzung aufzeigen. Wohl wissend, dass Manfred Ebert viel lieber über Kolbenzylinder als über Kinderlungen sprach, bat Walter ihn eindringlich: »Aber fang bloß nicht mit deinen Motoren an!«

Vor Dr. Eberts Vortrag füllte sich die Aula mit jungen Müttern, die sich praktische Ratschläge erhofften: Wie ließen sich erkrankte Kinder am besten überwachen und vor dem plötzlichen Kindstod bewahren? Welche Schlaflage war die beste? Walter warf einen kurzen Blick in die anderen Foren und dachte sich: »Ich bleibe mal besser bei Manfred Ebert und gucke, dass er sich nicht vergaloppiert.«

Der Kinderarzt fing ganz manierlich an, erklärte mögliche Ursachen von Pseudokrupp und dozierte über Bronchial-Erkrankungen als Folge von zu hohen Schwefeldioxid-Anteilen in der Luft. Walter nickte ihm zu: Das klang doch alles ganz aufschlussreich, und die jungen Mütter hörten interessiert zu. Doch ehe Walter sich versah, hörte er Eberle plötzlich über den Schwefeldioxidgehalt von Flugzeug-Treibstoff sprechen, und dann erzählte er: »Aus der Not heraus mussten die Flieger der Wehrmacht Pflanzenöle anstatt synthetischer Öle verwenden. Das müssen Sie sich vorstellen: Diese Flieger hatten Rizinusöl in den Motoren!« Walter schüttelte den Kopf. Hatte er es also wieder geschafft, der fantastische Dr. Manfred Eberle. Die jungen Mütter schauten sich fragend an und begannen zu tuscheln: »Sind wir jetzt im falschen Vortrag?« Immer mehr Frauen begannen ganz aufgeregt im Programm zu blättern, während sich Dr. Ebert in immer mehr technischen Details der Flugzeug-Motoren erging. Walter versuchte verzweifelt, aber möglichst unauffällig, dem Redner ein Zeichen zu geben. Irgendwann bemerkte der Walters Gefuchtel – und kehrte zurück zum Thema Pseudokrupp.

Am Nachmittag ging es in Arbeitsgruppen ans Eingemachte: Da wurden Forderungen formuliert, Kontakte geknüpft, Regionalkonferenzen geplant. Es war ein konzentriertes Ringen um ein Miteinander – so sehr sich die Teilnehmer allein schon optisch voneinander unterschieden. Die Stimmung war gelöst, die Atmosphäre konstruktiv. Angst, so sagte die Referentin Bettina Krems der Lokalzeitung, gebe ihr die Kraft, für eine saubere Umwelt zu kämpfen. Eine junge Frau mit Lockenmähne war am Marktbrunnen mit einem älteren Waldbauern ins Gespräch gekommen. »Das ist keine Welt, in die ich Kinder setzen möchte! Und das Leben, wie ich es von meinen Eltern kenne, will ich auch nicht haben. Mich ätzt das nur noch an. Ich hab' da keinen Bock drauf«, hörte Walter sie sagen. Der Waldbauer sprach von Gottvertrauen. Dass es im Leben nicht nur ums reine Vergnügen gehe. Er erzählte von seinem Hof, den seine Vorfahren entbehrungsreich durchgebracht hätten, und dass es mit Fleiß und festem Gottvertrauen immer weitergehe. Die junge Frau schüttelte den Kopf, dass die Haare nur so flogen. Ja, ja, das sei es ja gerade: »Ihr wollt immer nur schaffen, schaffen. Macht euch die Erde untertan, das ist alles, was ihr im Kopf habt. Was ihr damit der Erde antut, ist euch doch völlig egal.« Der Mann richtete sich kerzengerade auf und musterte sie streng: »Du hast das Vorrecht der Jugend, da darf man so reden. Aber nur demonstrieren hilft dem Wald auch nicht weiter!« Ein bärtiger junger Mann mischte sich ein: »Stimmt. Aber ohne die Demos machen die doch alle gerade weiter so. Jeder denkt doch nur ans Geldverdienen: die Autoindustrie, die Energie-Konzerne. Wenn wir denen nicht aufs Dach steigen, dann ändert sich nie was!« Der Waldbauer konterte: »Junger Mann, Sie sind vielleicht schon mal auf einen Schornstein gestiegen. Aber lassen Sie sich sagen, unsere Zapfenpflücker sind auch nicht ohne, wenn sie in 30 Metern Höhe von einem Baumwipfel zum nächsten schwingen.« Das interessierte den kletterbegeisterten Studenten: Zapfenpflücken – das klang nach echtem Abenteuer. Wie hoch stiegen die Pflücker, wollte er wissen, bis sie bei den Zapfen waren? Die junge Frau hob resigniert ihre Tasche mit den »Null Bock«- und »Anti-Atomkraft«-Buttons auf, ließ die beiden Männer stehen und verzog sich in den Schatten der großen Mammutbäume auf dem Marktplatz.

Walter sah ihr nach. So eine Versammlung wie heute hatte er noch nicht erlebt. Überall redeten sich Arbeitsgruppen die Köpfe heiß, kritzelten Papiere voll, tauschten Adressen aus. Politische Differenzen ließ man möglichst stehen und suchte stattdessen nach Gemeinsamkeiten, war doch die Gemengelage längst so unübersichtlich, dass keiner mehr so genau zu sagen wusste, wo er in dieser verkehrten Welt noch eine Zukunft sah. Industrielle und Energie-Unternehmer wehrten sich gegen die strengeren Abgasvorschriften und forderten mehr Ökologie im Waldbau, da die profitorientierte Forstwirtschaft mit ihren Monokulturen die Waldschäden ja überhaupt erst verursache. Zugleich entstanden neue Allianzen: Forstleute forderten mehr Umweltschutz und argumentierten mit dem Wald als Wirtschaftsfaktor. Waldbesitzer und Forstleute verbündeten sich mit Umweltschützern, um ihren Wald zu retten.

Walter fasste in der Aufbruchstimmung an diesem Wochenende neuen Mut. So könnte es gehen. Am Sonntagmorgen wurden die Vorschläge im Plenum diskutiert und als Forderung an den Bundestag formuliert, endlich Gesetze zu erlassen, um das Waldsterben zu beenden. Schnellstmöglich. Der *Freudenstädter Appell zur Rettung des Waldes* forderte als Not- und Sofortprogramm die drastische Reduzierung des Schadstoffausstoßes auf Kosten der Verursacher, eine Verschärfung und Anwendung der Großfeuerungsanlagen-Verordnung, eine Schadstoffabgabe, die sofortige Einführung von bleifreiem Benzin und Katalysatoren und eine einheitliche europäische Regelung zur Reduzierung der Luftverschmutzung. Und das alles bis spätestens Ende 1984.

Während der vielen Reden hatte Wolfram Leinß, ein 27-jähriger Bildhauer aus Stuttgart, mit der Axt einen drei Meter hohen Fichtenzapfen aus einem abgestorbenen Baum gehauen, um ein bleibendes Zeichen zu setzen. Im wirtschaftlichen Wachstum der gegenwärtigen Zeit, so Leinß, sehe er Unkontrolliertes wie bei einem Krebsgeschwür. Und im Wald die Wunden, die er deshalb auch in sein Werk schlage. Ein Pferdewagen, begleitet vom Tross der *Aktionskonferenz*, zog das

Mahnmal in Richtung Stadtrand zum Wald hinter der Karnelobrücke.

Walter warf Olfert einen angespannten Blick zu. Bis hierher war alles gut gegangen. Doch wie würde Forstamtsleiter John, der trotz aller Differenzen zwischen ihm und Walter so engagiert mitgemacht und sich in der Konferenz voll eingebracht hatte, auf den Patenwald im Stadtwald reagieren, den die *Bürgeraktion* über Nacht eingerichtet hatte? Ohne erst die Erlaubnis einzuholen, hatten sie in den frühen Morgenstunden mehr als 500 Bäumen ein Namensschild und damit einen Paten verpasst: Jedes Mitglied des zehnten Deutschen Bundestages sollte hier seinen Baum erhalten und sich fortan als politischer Verbündeter für den Wald starkmachen. Forstdirektor John stutzte, als er das sah – und war begeistert. Er verlor kein Wort über die Eigenmächtigkeit und klopfte Walter auf die Schulter: »Eine tolle Aktion!«

Zwei Tage später, am 4. Oktober 1983, schwebten 33 Mitglieder des Innenausschusses der Kohl-Regierung im Zuge einer zweitägigen Rundreise mit Hubschraubern an den Schauplätzen der Umweltkatastrophe ein. Sie besuchten ihre Patenbäume im Freudenstädter Stadtwald, verewigten sich im Gästebuch und nahmen die Eindrücke mit in die Vorbereitung der großen parlamentarischen Anhörung Ende Oktober. »Das ist schon erschreckend«, fasste Ruth Zutt (SPD) ihre Eindrücke nach dem Flug über die Höhen des Schwarzwaldes zusammen. Noch nie habe sie die Auswirkungen des Waldsterbens in einem so erschreckenden Ausmaß wahrgenommen. »Mit der Trockenheit können Sie dieses Ausmaß nicht erklären«, hielt Landesforstpräsident Dr. Max Scheifele einem CDU-Abgeordneten entgegen, der diese als Ursache ins Spiel gebracht hatte. Der baden-württembergische Umweltminister Gerhard Weiser sprach sich zwar für ein striktes Vorgehen aus, um die dramatische Ökokatastrophe aufzuhalten. Zugleich bat er um Geduld: »Wir müssen die Entschwefelungsanlagen erst planen und dann bauen.« Dabei sei er sich seiner politischen Verantwortung bewusst. Er verglich den Wald mit einem Fieberpatienten, der in den Schneeregen gestellt werde.

Der Elan, den Hunderte Menschen ganz unterschiedlicher Herkunft an den drei Tagen der *Aktionskonferenz* versprüht hatten, wirkte nach. Weitere Politiker reisten an. Olfert Dorka und eine Abordnung der *Freudenstädter Aktionseinheit* trugen den *Freudenstädter Appell* mit mehr als 20.000 Unterschriften nach Straßburg ins Europäische Parlament und überreichten ihn dem Parlamentspräsidenten Piet Dankert. Im Bundestag wurde die Großfeueranlagen-Verordnung deutlich schneller diskutiert und schärfer formuliert. Endlich ging etwas. Walter atmete auf.

Wenn ich mir Walter an diesem Punkt der Geschichte vorstelle, wird mir leicht ums Herz. Ich meine, seine Erleichterung förmlich spüren zu können. Er hatte bei dieser Konferenz erlebt, dass man nicht in allem einer Meinung sein muss, um miteinander zu reden und gemeinsam etwas zu bewegen.

Nach all dem Hader im strikt hierarchisch organisierten Forstamt muss Walter diese Tage im September wie eine Befreiung erlebt haben. Da war ein breites, lebendiges Netzwerk in allen Farben sichtbar geworden, fast wie draußen ein Wald, in dem jeder Vogel sein eigenes Lied singt, jedes Moos sein Grün beiträgt zum großen Ganzen, Wurzeln und Pilzmyzel alles miteinander verbinden.

Walter hat sich nie damit gerühmt, wen er alles kennengelernt hatte, sich nie mit prominenten Namen geschmückt. Wenn Walter erzählte, ging es um Tiergeschichten. Um die sich wandelnde Arbeit der Waldarbeiter. Den Boden als bleibendes Gedächtnis des Waldes. Immer wieder gab er neue Einblicke in urtümliche Waldwelten, die sich weder ganz kontrollieren noch durchschauen lassen. Am liebsten würde ich ihm zurufen: Du hättest mir viel mehr erzählen können von den Wellen, die euer Handeln geschlagen hat! Mit welchen großen, berühmten Debattenführern du es dabei zu tun hattest!

Doch letztlich bleiben seine Erinnerungen eine Hommage an das, was ihm am nächsten stand: den Ort und die Menschen, mit denen er

gelebt hat. Da hatte er seinen Platz in der Welt. Von diesem Stand-
punkt aus hat er gewirkt. Ob Pflanzen, Tiere oder Menschen; für
ihn galt Adalbert Stifters Zeile ganz besonders: »Da zeigt sich im
Kleinsten die Allmacht der Schöpfung.«

Walter hat sich die Menschen nicht ausgesucht, sondern sie so ge-
nommen, wie sie waren. Wichtig war ihm die Sache. In diesem Sinne
ist es äußerst stimmig und beispielhaft, dass er rund um die Aktions-
konferenz, die als Meilenstein in die bundesweite Geschichte der Um-
weltbewegung eingegangen ist, ausgerechnet die Episode mit Manfred
Ebert erwähnenswert fand. Statt die Nähe zum angesagten Forst-
wissenschaftler Peter Schütt zu suchen und sich später populärer Be-
kanntschaften zu rühmen, hat er sich lieber darum gekümmert, dass
alle bei der Sache blieben – und Manfred Ebert bei seinem Fachgebiet.

Der »liebe Ignaz« und die »Totengräber der Demokratie«

Der CDU-Bundeslandwirtschaftsminister Ignaz Kiechle, aufgewachsen im Allgäu und gelernter Landwirt, reagierte auf
seine Weise auf die *Freudenstädter Aktionskonferenz*. Er teilte via
Presse mit: »So lange ich Minister bin, kann in Deutschland
jeder Weihnachten feiern, wie er will. Und ich werde mich
auch darum bemühen, daß sich jeder, der das will, seinen Weih-
nachtsbaum kaufen kann.« Damit beziehe er sich, so hieß es
weiter, auf die Forderung der *Freudenstädter Aktionskonferenz*, für
die Rettung des Waldes auf das Fällen von Weihnachtsbäumen
zu verzichten.

Walter las das einmal, las das zweimal, ließ sich das drei Tage
lang durch den Kopf gehen und griff dann zu Papier und Füller.
»Lieber Ignaz«, begann er in seiner schönsten Handschrift. »Du
wirscht de wondere, daß Du an Brief vo mer kriagscht, und

Du wirscht de auch wondere, wieso i Di mit lieber anred und au noch mit Du.« Das »lieber« komme nicht von der Partei, in der er sei, sondern weil sie Landsleute seien und er, Kiechle, sei nunmal Walters »oberschter Vorgesetzter«. Bauern und Förster sollten zusammenhalten, auch wenn er, Walter, manchmal den Eindruck habe, dass die Bauern eher mit der chemischen Industrie auf Du und Du seien als mit den Waldleuten. In Freudenstadt sei »ein ganzer Haufen Leute« zusammengekommen, die sich einen Samstag und Sonntag lang zusammengesetzt und überlegt hätten, was man gegen das Waldsterben tun könne. Auch noch wichtig für Kiechle als Schwaben sei sicherlich, dass diese Leute keinen Pfennig Geld gekostet hätten. Der »liebe Ignaz« möge sich nur einmal vorstellen, wie teuer das geworden wäre, wenn das stattdessen Beamte gewesen wären. Statt aber ein Grußwort zu schicken oder gar selbst nach Freudenstadt zu kommen, was sicher ein paar Leute gefreut hätte, ziehe er nun ausgerechnet den schwächsten Vorschlag der *Aktionskonferenz* heraus, um damit die ganze Konferenz mit zu kritisieren. Die Sache mit den Christbäumen sei so gedacht gewesen, dass man die »so richtig dürre Siach« (was auf gut Schwäbisch so viel wie Lumpen, Taugenichtse bedeutet) den Aufsichtsratsmitgliedern von Kraftwerken schicken solle, damit die auch mal merkten, was sie alles kaputt machten. Wenn Ignaz nun verspreche, dass während seiner Amtszeit niemand auf grüne Christbäume verzichten müsse, könne das mehrere Gründe haben: Zum einen könne es sein, dass er ein Wundermittel habe wie damals der Hitler mit seiner V2. Zum anderen könne es sein, dass er die Bäume grün anstreichen wolle. Oder aber er gedenke gar nicht mehr so lange Minister zu sein. Dieses Jahr würde es auf dem Kniebis jedenfalls zwei Sorten Christbäume zu kaufen geben: grüne Ignaz-Kiechle-Bäume, so viele man halt zusammenbringe, und ansonsten so »dürre Besen«, von denen es ganz viele gebe. Zu diesem Christbaumverkauf sei er, der »liebe Ignaz«, recht herzlich eingeladen.

In seinem besten
Schwäbisch lud
Walter Trefz Minis-
ter Ignaz Kiechle
zum Christbaum-
verkauf auf den
Kniebis ein, wo es
mittlerweile viele
»dürre Besen« gebe.
Bild: Bernhard Wagner

Zum Schluss hatte Walter »noch ebbes« zur Geschwindig-
keitsbegrenzung anzumerken, die er für ganz arg wichtig halte. Darüber würden viele Leute »brutteln«, und wegen diesen
Wählern stimme Ignaz wohl dagegen. Doch wegen der Bäume
und wegen des Waldes müsse er dafür sein. Walter beendete den
Brief mit: »Bis zum Chrischtbaumverkauf am elfe uf em Kniebis. Mit grena Grüß, Dei Ferschter Walter Trefz.«

Ignaz Kiechle antwortete dem »lieben Walter« höchstper-
sönlich, da keiner seiner Beamten des Schwäbischen mächtig
sei. Die seien im Übrigen an Regularien und Vorgaben gebunden, die etwas Zeit und Geduld erforderten. Mit der Zusiche-
rung: »Ganz klar nimm i dir die Anred net übel. Dei Minischtr«
verblieb Ignaz Kiechle. – Damit hatte es Walter nun sogar mit

Brief und Siegel: Es würde dauern, bis die Politik das Waldsterben wirklich handfest anginge. Er musste selbst tun, was ihm möglich war. Das Dilemma aus seiner Sicht: Politisch würde sich nur etwas tun, wenn alle in die gleiche Kerbe hauten und es kein Zaudern und Verharmlosen mehr gab.

In Bonn hielt man Verbesserungen frühestens für das Jahr 1990 für möglich. Forstdirektor Ulrich John kündigte indes angesichts des rasanten Waldsterbens innerhalb der vergangenen drei Jahre an: »Es muss damit gerechnet werden, dass in absehbarer Zeit größere Kahlflächen entstehen werden.« Ohne Wald, so wurde auch bei einer Veranstaltung der Hoteliers und Gastronomen mit dem baden-württembergischen Umweltminister Gerhard Weißer deutlich, würden keine Gäste mehr kommen. Nach und nach erkannten auch die Touristiker: Die Luft durfte nicht länger kostenlose Deponie für Industriedreck sein. Sie sahen in diesen Oktobertagen für den Tourismus dunkle Zeiten hereinbrechen.

Bei einer Waldbegehung mit dem Gemeinderat lagen die Nerven blank. Die Konservativen fürchteten, dass Freudenstadt zum Sinnbild des Waldsterbens werden und dadurch als Erstes der Fremdenverkehr zum Erliegen kommen würde. Die *Bürgeraktion* wiederum warf den Ratskollegen Versäumnisse vor. Forstamtsleiter John, der dem Gremium auf dem Waldlehrpfad beim Hüttenteich die jüngsten Schautafeln vorstellte, beschwichtigte: Das alles bringe kein Negativ-Image für die Kurstadt, da das Waldsterben letztlich nicht ein alleiniges Freudenstädter Problem sei.

Olfert und Walter waren so etwas wie Brüder im Geiste. Die zwei stimmten nicht immer und überall überein, ergänzten sich jedoch in ihrem gemeinsamen Anliegen äußerst hilfreich und blieben grundsätzlich immer auf einer Linie. Sie litten mit, wenn der Andere Schläge einstecken musste, und forderten sich gegenseitig immer wieder neu heraus. Möglich, dass Walter gesprungen ist, sobald Olfert gerufen hat. Denkbar, dass Olfert einen Rückhalt wie Walter gebraucht hat, um noch den Wald vor lauter Bäumen zu sehen. Für Olfert Dorka war Natur auf jeden Fall schon immer auch eine spirituelle und sinnliche Erfahrung.

Bei Diskussionen im Gemeinderat vertrat der Garten- und Landschaftsarchitekt Dorka eine klare Linie, womit er sich unbeliebt machte. »Es ist ein altes Führungsmittel«, meinte Walter dazu, »dass man die Diskussion ins Persönliche verlagert und den anderen herabwürdigt, wenn man sich in einer Sach- und Fachdiskussion nicht durchsetzen kann.« Manchmal sei das an den Diskussionsbeiträgen klar erkenntlich gewesen, manchmal subtiler abgelaufen: »Wenn Wortmeldungen übersehen werden, kann das einmal passieren. Aber wenn sie mehrmals übersehen werden, und immer nur beim Olfert Dorka, dann ist das eine Herabwürdigung und eine Herabstufung.« Wortlos wurde so von oben herab die Hierarchie gewahrt und signalisiert: Den muss man nicht ernstnehmen.

Anfang Dezember kochte die Stimmung im Gemeinderat erneut hoch. Die Abstimmung über das Büttnerhaus stand an, das zum Streitfall mit Symbolcharakter geworden war. Wenige Monate zuvor, im August, hatte die *Bürgeraktion* dort einen Polizeieinsatz heraufbeschworen: Bei einer nächtlichen Aktion hatten Walter und ein halbes Dutzend weiterer Bürgeraktivisten still und heimlich zu Farbeimern und Pinseln gegriffen und Bahn um Bahn die Schindeln der maroden Fassade des Hauses angestrichen, das seit Jahren vor sich hingammelte und einem neuen Kurhaus-Komplex weichen sollte, sobald der Mietvertrag ausgelaufen war. Im Morgengrauen hatte die Freudenstädter Polizei den Malertrupp von den Leitern geholt: »Hände weg vom Eigentum der Stadt!«

Die Nacht- und Nebel-Aktion hatte bei vielen Schwaben einen Nerv getroffen: Eine Schande war es, wie die Stadt als Eigentümer dieses altehrwürdige Ärztehaus verkommen ließ. Da konnte der Bürgermeister Gerhard Wolf mal fleißige Handwerker sehen! Andere Freudenstädter waren nur genervt von diesen Chaoten, die einfach drauflos pinselten, ohne sich auch nur im Geringsten um die Vorschriften zur Arbeitssicherheit zu scheren. Verblendete Fortschrittsgegner sah man hier am Werk, die sich aus Unverstand einem Neubau des Kurhauses in den Weg stellten und rückwärtsgewandt an einer verlotterten Bude festhielten, die seit Jahr und Tag das Stadtbild verschandelte. Der Gemeinderat sah durch die eigenmächtigen Bürgeraktionen die Demokratie in Frage gestellt. Die Ankündigung, notfalls gerichtlich gegen den Abriss vorzugehen, wurde als »moralisch verwerflich« gebrandmarkt, Olfert Dorka und Sybille Riege als »Totengräber der Demokratie« beschimpft.

Zugleich kam es in der so einheitlich angetretenen *Aktionseinheit gegen das Waldsterben* zum politischen Gerangel. Die war der *Jungen Union* zu SPD-lastig. Die Genossen, so empörten sich die Schwarzen bei einer Sitzung im *Bayerischen Hof* in Freudenstadt, führten sich auf, als hätten sie die Initiative gepachtet. Walter und Olfert sahen sich durch die Rauchschwaden im Sitzungszimmer hindurch an. Da lief was aus dem Ruder.

In diesem Jahr war viel zusammengekommen. Zum Jahreswechsel geisterte eine Endzeitstimmung durch den Schwarzwald. Etliche setzten sich mit Verdrängung und Verharmlosung der Umweltschäden dagegen zur Wehr. Viele Schwarzwälder waren des Waldsterbens müde geworden.

1983 dürfte das Jahr gewesen sein, in dem ich als Zwölfjährige zum ersten Mal vom Sauren Regen gehört habe. Herr Schulz, mein Klassen- und Biologielehrer in der Kleinstadt Dornstetten im Landkreis Freudenstadt, war so einer, der sprach, nicht schwätzte. Er ließ für uns keinen Zweifel daran: »Bis im Jahr 2000 wird es keinen Schwarzwald mehr geben!«

Ich wollte zu jener Zeit wenig vom Wald wissen, sondern eher einen Weg aus ihm hinaus finden. Ich war jetzt nicht mehr das Kind, das in Tränen ausgebrochen war, als die Tanne hinterm Haus einer Erweiterung der Schreinerei hatte weichen müssen. Mich lockte al-

les, wo es laute Musik, bunte Neon-Lichter, Straßen voller junger Menschen gab. Im Jahr 2000, da wollte ich weit weg sein von diesem Wald, der im Winter die Täler wie mit dunklen Mauern säumte, alles Helle schluckte, sich bleiern aufs Gemüt legte. Ich fühlte mich inmitten dieser Landschaft einfach nur abgeschnitten vom Leben in der Stadt. Der Wald, so kam es mir vor, war etwas für alte Männer, die dort ihr Holz »machten«. Der war Sache der Förster, der Holzindustrie und Handwerker. Aber mich ging der nicht wirklich was an.

Kurzum: Es schauderte mich zwar, als ich vom Waldsterben hörte. Vor allem aber wollte ich aus dem Wald hinaus und in die Welt hinein. Die hauptsächlich aufs Arbeiten fixierte Lebensweise im Schwarzwald war für mich: »No future«.

1984 – Kampfjahr gegen das Waldsterben

Das Jahr 1984 sollte ein Jahr der Aktionen werden. Das breite Bündnis, das aus der *Aktionskonferenz* hervorgegangen war, hatte die Bürger auf ein Kampfjahr eingeschworen. Anhand des Waldsterbens und angesichts der zunehmenden Umweltverschmutzung wurde die Überlebensfrage für die Menschheit gestellt.

Gleich im Januar wurde Walter Trefz förmlich zum umfassenden Personalgespräch nach Karlsruhe beordert. Forstamtsleiter John hielt sich strikt an den Dienstweg, um ihn einzubremsen. Noch immer schwelte in Freudenstadt der Ärger wegen der aufsehenerregenden Maibaum-Aktion. Die Forstdirektion ermahnte ihn eindringlich: Förster Trefz möge doch bitteschön mehr Fingerspitzengefühl gegenüber der Stadt als Waldbesitzer an den Tag legen, sich zurückhalten und mäßigen. Im Protokoll wurde schließlich vermerkt: »Herr Trefz zeigt sich erst zögerlich, willigt dann aber in die gedeihliche Zusammenarbeit mit seinem Forstamtsleiter ein.«

Im Februar 1984 fand die zweite *Regionalkonferenz Süd* gegen das Waldsterben in Bruchsal statt. Karin ließ Walter ziehen. Sie sah ja selbst, wie sehr seine Expertise als Förster gefragt war. Kaum war er mal daheim, klingelte schon das Telefon und Walter sprang wieder davon, weil jemand seinen Waldverstand brauchte. Dabei kam es ihr so vor, als würde er immer mehr zum Einzelgänger, je mehr Menschen ihn zu Versammlungen einluden. Ihr war, als verschwände er immer tiefer im Wald, der so beängstigend licht wurde.

Seine neuen Freunde, die seit der *Aktionskonferenz* selbst aus Hamburg auf den Kniebis kamen, waren ihr mitunter doch sehr suspekt. Da waren arg ungewaschene, langhaarige, »unterirdische Figuren« dabei, wie sich andere Försterfrauen kopfschüttelnd und mitleidig gegenseitig erzählten: »Es ist schlimm für die Karin!« Die »Mireille Mathieu vom Kniebis«, wie sie aufgrund ihrer Frisur und ihres eleganten Auftretens genannt wurde, war viel zu selbstbewusst, um sich als Opfer ihres Mannes zu sehen. Sie war nach wie vor gerne die Gastgeberin für die Kollegen und Freunde ihres Mannes, doch nun brachte er mitunter Leute mit nach Hause, die sich ihrer Ansicht nach wie Halbwilde aufführten. Seltsame neue Bekannte, mit denen sie sonst kaum etwas zu tun gehabt hätte. Wenn sie beim Politisieren das gute Gedeck achtlos beiseiteschoben, womöglich noch als Aschenbecher benutzten, verspürte sie einen Stich.

Karin zog sich auf ihre eigene Arbeit zurück und war für ihre Jungs da. Die hatten längst genug vom abgelegenen Kniebis. Florian, der sich als Kind so sehr für Steine und Fossilien begeistert hatte, war mittlerweile 16 Jahre alt. Er wollte Spaß haben, statt ständig Geschichten vom sterbenden Wald zu hören. Und seinem kleineren Bruder Hajo ging es genauso.

Walter und Karin waren nunmehr seit 18 Jahren verheiratet. Sie pflegten an sich ein kameradschaftliches Verhältnis, doch selbst für diese Kameradschaft fehlte inzwischen die Zeit. Wenn Walter spätabends nach Hause kam, war er so müde, dass ihm die Augen zufielen, bevor er zum Erzählen kam. Daheim im Forsthaus wurde immer mehr geschwiegen.

Die Besuche von »grünen Schlampen«, wie Karin die umweltbewegten Aktivistinnen aus Hamburg, Berlin und sonstwoher mitunter nannte, ertrug sie mit Müh und Not. Diese Frauen scherten sich wenig um das Familienleben des Bilderbuchförsters und forderten seine ganze Aufmerksamkeit, um gemeinsam mit ihm den Raubbau an Wald und Natur zu bekämpfen. »Die Rettung der Wälder ist für die doch auch nur ein Trittbrett, um dem eigenen Leben Bedeutung zu geben«, ärgerte sich Karin gegenüber einer Freundin. Die Avancen, die Walter dabei gemacht wurden, nahm er scheinbar ungerührt hin. Karin konnte damit leben, dass er umschwärmt wurde. Das war nicht ihr Hauptleiden. Was ihr richtig wehtat, waren die Momente, in denen die Familie beisammen war und sie noch deutlicher spürte als sonst: Walter war zwar körperlich anwesend, doch er war nicht wirklich da.

In seiner März-Sitzung verabschiedete der Freudenstädter Gemeinderat einhellig das kommunale Not- und Sofortprogramm gegen das Waldsterben, über das in drei Sitzungen bereits ausführlich beraten worden war. Im Kern ging es um eine bleifreie Tankstelle in der Stadt, die Verlagerung von mehr Verkehr auf die Schienen und den Schulterschluss mit den Partnerstädten, um dergleichen auch auf europäischer Ebene anzustoßen. Zudem verpflichtete sich die Stadt, die Beheizung der städtischen Gebäude herunterzufahren sowie die Bevölkerung anzuregen, mit Gas zu heizen und recyceltes Papier zu verwenden. Als Bürgermeister Hans H. Pfeifer Punkt zwölf der Tagesordnung aufrief, erhoben sich Olfert Dorka und Sibylle Riege feierlich, denn ihrem Antrag wurde stattgegeben: »Künftig werden nichtöffentliche Beschlüsse in der folgenden Sitzung bekanntgegeben werden.«

Für Walter war das ganz entscheidend: »Ein gemeinschaftliches Zusammenleben kann nur funktionieren, wenn die

Kommunikationsnetze offen sind. Das ist draußen im Wald so, und das ist in unseren Gremien so. Wenn ein Drittel der Tagesordnung nichtöffentlich ist, dann muss man immer wieder nachfragen: Warum? Das ist lebendige Demokratie.« Dabei war Walter klar, dass es durchaus Gründe gab, bestimmte Entscheidungen nichtöffentlich zu treffen. »Aber viel zu viel wird nichtöffentlich vorberaten, gerade bei Haushaltsfragen wird das immer wieder gemacht. Aber wenn das öffentlich wäre, dann würde sich auch der Bürger darum kümmern. Wenn es da schon Vorentscheidungen gibt und deshalb der Bürger Schiffbruch erleidet, wenn er dagegen angeht, dann sagt er natürlich: Macht euren Dreck doch allein! Das führt zu dieser Politikverdrossenheit, denn der Bürger hat da ein sehr feines Gespür und merkt, dass Einzelnen mehr Recht gegeben wird als anderen.«

Die etablierte Riege aus CDU und Stadtverwaltung nahm die zur Schau gestellte Genugtuung von Dorka und Riege nur vordergründig gelassen hin. Hinter den bürgerlichen Fassaden brodelte es. Die Retourkutsche sollte ein Jahr später folgen.

Derweil lud der Alpirsbacher Bierbrauer Karl Glauner alle 145 Schwarzwälder Bürgermeister ein, um Strategien zu entwickeln, mit deren Hilfe der Exitus des Waldes verhindert und die an ihn geknüpften Investitionen gerettet werden sollten. Zehn Pfennig des Erlöses aus jedem verkauften Hektoliter Bier sollten fortan in seine »Naturhilfe« fließen. Anfang April brachte die *Acid Rain Week* die Umweltdebatte mit zahlreichen Aktionen auf das internationale Parkett und Ende des Monats war eine Großkundgebung in Buschhaus bei Helmstedt in Niedersachsen angesetzt, zu der die *Freudenstädter Aktionseinheit* aufgerufen hatte. In Buschhaus sollte das bis dato größte Kraftwerk ans Netz gehen, mit Salzkohle, die noch zehnmal mehr Schwefel enthält als die rheinische Braunkohle. Die Abgase sollten über einen 300 Meter hohen Schornstein in den Himmel steigen. Damit drohte die Verteilung des gelben Schwefels über ganz Europa.

Olfert Dorkas Kinder schwangen sich auf ihre Räder und radelten schon Tage zuvor los, um rechtzeitig beim Protest an der deutsch-deutschen Grenze zu sein. Walter holte seine Uniform aus dem Schrank, um deutlich erkennbar als Forstbeamter gegen die »größte Dreckschleuder der Nation« zu demonstrieren – was dienstrechtlich nicht zulässig war. Er hatte die Uniform lange nicht getragen. »Im Wald brauch' ich die nicht«, winkte er ab, wenn ihn sein Forstamtsleiter scharf ansah und ihn darauf hinwies, dass er sich gefälligst ordentlich zu kleiden habe. Jetzt bürstete er sie aus und legte sich eine Krawatte zurecht. Gemeinsam mit Karle, ebenfalls in Uniform, machte er sich auf die Reise nach Niedersachsen. Andere Förster taten es ihnen gleich und mischten sich, Walters Aufforderung folgend, in Dienstuniform unter die mehreren Tausend Demonstrierenden. Walter und Karle trugen obendrein eine lila glänzende Grabschärpe, auf der in Goldlettern prangte: »Letzte Grüße vom Wald«.

Der Frühsommer brachte Regen. Die feuchte Witterung tat dem Wald gut. Seit einem Jahr gab es mehrere Waldführungen im Monat, seit Anfang 1984 mehrere pro Woche. Kaum war ein amerikanisches Filmteam abgereist, packten Reporter vom Dänischen Rundfunk ihre Kameras und Mikrofone aus, Abgeordnete des amerikanischen Repräsentantenhauses kamen ebenso in den Freudenstädter Stadtwald wie die Bundestagsfraktion der *Grünen*. Der Autokonzern Ford schickte seine Manager, damit die sich selbst ein Bild davon machen sollten, was hinter der dringlichen Forderung nach Katalysatoren und Geschwindigkeitsbegrenzungen stand. Im Mai nahm Walter Trefz den Journalisten Manfred Kriener mit in den Wald. In dessen Buch *Er war einmal. Der deutsche Abschied vom Wald?* ist nachzulesen, wie Walter feststellen musste: »Ich finde keinen einzigen gesunden Baum mehr in meinem Revier. Was wir waldbaulich tun können gegen das Waldsterben, ist nur ein Hinauszögern, letzten Endes eine Notschlachtung.«

Im Juni 1984 eröffnete die Mineralölfirma Oest die erste bleifreie Tankstelle in Freudenstadt. Olfert Dorka fuhr mit seinem Geschäfts-Bus als Erster vor, städtische Fahrzeuge folgten ihm. Für sie galt neuerdings ein Tempolimit: 80 km/h auf Landstraßen und 100 auf Autobahnen. An alle anderen appellierte die Stadt, möglichst verbrauchsparend zu fahren. Mit seinem Not- und Sofortprogramm galt Freudenstadt als Vorbild mit Signalwirkung. An die 300 Gemeinden forderten im Laufe der Zeit die Vorlage an, um sich etwas davon für sich selbst abzuschauen. Eine Delegation nach der anderen besuchte die Stadt und ließ sich direkt vor Ort das Waldsterben erklären.

»Gott bewahre unseren Tann vor Feuer, Kohl und Zimmermann!«

»Ah, der bekannteste Förster Deutschlands«, begrüßte ein junger Mann Trefz bei einer Podiumsdiskussion im Freudenstädter *Dobel*. Walter winkte unwirsch ab. Olfert machte die beiden miteinander bekannt: »Siegfried Kaltenbach aus Hornberg. Ein Waldbauer, für den es um alles geht!« Das ließ Walter dann doch aufhorchen.

Kaltenbach hatte 1975 zusammen mit seiner Frau Agnes den Obergiesshof von seinen Eltern übernommen. Das Milchvieh hatten sie 1979 aufgegeben und lebten seither in dem engen Tal, das ein Bahndamm der Schwarzwaldbahn quert, hauptsächlich vom Wald. Doch nun bedrohte enormer Wildverbiss ihren Bestand und der Saure Regen obendrein das Erbe und Werk von Generationen. Schon seit der Hofübernahme war Kaltenbach am Rätseln: »Was stimmt mit meinen Tannen nicht? Was kann ich für sie tun?« Er wusste: »Der Wald und die Natur antworten uns immer. Es kommt nur darauf an: Wieviel Zeit hab ich, um sie zu begreifen? Das braucht viele Jahre.«

Kaltenbach stäubte seine Waldhänge mit Kalk und besprengte seine Holzlager mit Wasser, damit sich der Nutzholzbohrer von den gefällten Stämmen fernhielt. Lindan kam für ihn nicht in Frage. Die Borkenkäfer hatten für ihn schon immer zur Waldfamilie gehört. Mit denen wusste er ohne Gifteinsatz umzugehen. Dieses ominöse Waldsterben jedoch setzte ihn und seine Familie massiv unter Druck. Der gläubige Katholik suchte deshalb über den Arbeitskreis *Waldsterben* konkreten Rat und Hilfe von außen für seinen abgelegenen Hof. Zugleich hatte er durch das *Landvolk der Katholiken* Zugang zu CDU-nahen Kirchenkreisen. Für die verkörperte er das Paradebeispiel eines rechtschaffenen Mannes, der durch das Waldsterben unverschuldet in Not geraten war. Der 31-jährige Kaltenbach ließ keinen Zweifel daran: »Es geht um unsere Existenz!« Ihm war es wichtig, für die Waldbauern einzustehen: »Sonst wird immer nur von den Förstern geredet, aber nicht von denen, denen der Wald gehört.«

Bauern wie er waren abends erledigt von der körperlichen Arbeit und meist zu müde für endlose Sitzungen und Diskussionen. Wenn er in diesen Runden Akademiker so arg gescheit und theoretisch vom Naturschutz daherreden hörte, schwoll ihm regelrecht der Kamm: »Die Lehrer, die sich da so kenntnisreich einbringen, haben ihren monatlichen Zahltag sicher. Für die kommt der Staat auf!« Doch was sollte aus »Waldburen« wie ihm und seiner Familie werden? Den Menschen, die auf Gedeih und Verderb auf ihr Fleckchen Erde angewiesen waren? Die keine andere Wahl hatten, als das Beste aus schwer zugänglichen Hanglagen zu machen, und dabei täglich auf sich selbst gestellt waren?

Walter sah sich den Mann genauer an, der da so leidenschaftlich für seinen Wald eintrat.

Kaltenbach, groß und von der harten Arbeit gestählt, blickte mit wachen, warmen Augen über einer schmalen, prägnanten Nase in die Welt – und offenbar über den nächsten Kirchturm

131

hinaus. Über die katholische Bildungsarbeit, so erfuhr Walter, hatte er enge Verbindungen ins Elsass geknüpft und war in Kontakt mit Förstern aus Italien gekommen, denen er seinen Bauernwald gezeigt hatte. Kaltenbach, so bekräftigte dieser, lag viel an einem vielfältigen Austausch. Nun hatte ihn eine Bekannte auf die Kondensstreifen am Himmel aufmerksam gemacht und ihm Flugpläne beschafft, die er mit seinen eigenen Beobachtungen abgeglichen habe. Seine Schlussfolgerung, die er Walter gegenüber kundtat: »Es ist ja klar, dass man den Flugverkehr nicht abschaffen kann. Aber es kann auch nicht sein, dass die einen ein Riesengeschäft da oben am Himmel machen, indem sie die Luft in Anspruch nehmen und uns die Flurschäden hinterlassen.« Kurzum: »Für das, was unsere Bäume durch unsere Pflege an Luft filtern, Wasser speichern und an Sauerstoff der Gesellschaft geben, müssen wir einen Obolus bekommen. Eine monetäre Bewertung!«

Walter nickte zustimmend: »Ihr seid keine Bettler, sondern ihr bringt der Allgemeinheit etwas! Diese Gemeinwohlleistung, die der Wald liefert, dürft ihr als Waldbesitzer in Rechnung stellen.« Dieser Grundsatz, darin stimmten sie überein, müsse ebenso für die Algen im Meer und für die Urwälder gelten. Wer die schädige, indem er durch ihren Gebrauch Geschäfte mache, müsse dafür aufkommen und geradestehen.

Ein paar Wochen später, an einem kühlen September-Morgen, setzte sich Siegfried Kaltenbach in aller Frühe auf seinen Traktor. Es war noch dunkel, als er vom Hof fuhr. Nun war genug geredet. Die Waldbauern wollten Taten der Regierung in Stuttgart sehen. Mit ihren Treckern und Anhängern blockierten sie die Bundesstraße zwischen Hausach und Gutach und rollten dort ihre Plakate aus: »Gott bewahre unseren Tann vor Feuer, Kohl und Zimmermann!«

Jeder selbst gezogene Salatkopf macht die Welt ein bisschen besser …

Im Oktober 1984 wurde Walter Trefz, der die ganze Stadt polarisierte, in den Freudenstädter Gemeinderat gewählt. Die Kandidatur war für ihn eine logische Konsequenz gewesen: Dort wurden die Entscheidungen getroffen, da musste der Wald vertreten sein.

Angesichts des galoppierenden Fortschreitens der Waldschäden schob die Politik nun der Forstverwaltung den Schwarzen Peter zu: Die habe nicht frühzeitig über das wahre Ausmaß aufgeklärt. Der Freiburger Forstpräsident Erwin Lauterwasser verteidigte die Behörde: Anfang 1982 hätten die Forstämter noch übereinstimmend berichtet, dass es keine nennenswerten Schäden an der Fichte gebe. Und dann – habe die Schadenswelle praktisch alle überrollt.

Im November endete die *Internationale Aktionskonferenz* in Egg und Andelsbuch bei Bregenz in Österreich mit einem symbolischen Begräbnis der umweltzerstörerischen Wachstumsideologie, die, in einen 800 Kilogramm schweren Stein gemeißelt, im Bodensee versenkt wurde: »Nach 30 Jahren Wachstumspolitik werfen wir falsch verstandene Freiheiten über Bord: rücksichtslose Ausbeutung der Natur, gedankenlosen Umgang mit Energie, lebenszerstörende Bequemlichkeiten, Geschwindigkeitsrausch.«

Gleich, als er wieder daheim war, kümmerte sich Olfert Dorka in seinem Landschaftsbetrieb um die Endabrechnung für die Außenanlagen am Kepler-Gymnasium. Nach den Abschlagszahlungen waren seitens der Stadt noch 120.000 Mark offen. Doch die kamen und kamen nicht. Wenn er sich seine Bankauszüge anschaute, überkam ihn ein mulmiges Gefühl: Die Stadt als Schuldner würde ihn doch nicht am ausgestreckten Arm verhungern lassen?

Manfred Ebert tüftelte derweil intensiv an einer nachhaltigen Anlage zur Müllverbrennung. Zur Vorführung seiner mobilen Anlage, die jeder außen an seinen Hauskamin anschließen könne, lud der technisch ambitionierte Kinderarzt alle ein: Kreisräte, Bürgermeister, selbst der Landrat war dabei, als es losging. Sein Modell, so erklärte Ebert feierlich, sei ein Allesfresser: »Da kann man alles, aber auch wirklich alles, reinwerfen.« Durch die Verbrennng werde Wasser erhitzt, das man dann vielfältig nutzen könne, etwa in der Thermie oder auch für einen Dampfmotor. Und das Beste daran: »Durch diese Nutzung des Mülls schließe ich einen Kreislauf.«

An dem Gerät war ein Manometer angebracht. Ein Stadtrat deutete mit dem Finger darauf: »Was ist denn das für ein extremer Druckanstieg?« Kaum hatte er ausgesprochen, riss Ebert auch schon das Feuerloch auf – und dann passierte alles gleichzeitig: Mit dem Feuerhaken beförderte der Tüftler einen *Quelle*-Katalog aus dem Feuerraum und schrie: »Wie kann man nur so einen Scheißdreck reinschmeißen und glauben, dass das brennt?« Während er da fuchsteufelswild herumhantierte, gab es wegen der plötzlichen Luftzufuhr eine Verpuffung, die alles, was im Ofen war, in den Kamin hochzog, der nun wie ein Vulkan zu speien begann. Nach dem großen Knall ging auf alle Anwesenden ein dichter Ascheregen nieder, in dem federngleich weiße Ascheflocken schwebten.

Eine andere Säule im kommunalpolitischen Parcours war der ehemalige Fähnleinführer Helmut Brenner, ein großer, hagerer Mann, früher Prokurist, mittlerweile im Ruhestand. Sein zackiges Auftreten stammte noch aus seiner Zeit bei der Hitler-Jugend, nur seine faschistische Gesinnung hatte er abgelegt. Sein Anliegen verband ihn eng mit Manfred Ebert: die Kreislaufwirtschaft. Zu viel, so fand er, wurde fort- und weggeworfen, galt als Abfall und Müll. Fast jede Woche brannte es auf der Mülldeponie hinterm Bärenschlössle an der Silberhöhle im alten Steinbruchgelände. Dann zogen schwarze Rauchwolken nach Freudenstadt hinauf, verdunkelten den Himmel und verbreiteten alle möglichen Schadstoffe. »Da müssen wir ansetzen«, forderte Helmut Brenner: »Wir müssen unseren Müll eindeutig reduzieren!« In Punkto Kompostierung zog er Erkundigungen bei Universitäten und in anderen Städten ein, in denen der Grünabfall bereits auf den Kompost wanderte. »Jeder Einzelne, der daheim kompostiert«, so fand er heraus, »hat dabei als seinen wichtigsten Mitarbeiter – den einheimischen Regenwurm. Der bietet sich von selbst an. Allerdings gibt es noch einen qualifizierteren: den Tennessee-Wickler aus Amerika!« Den, so lautete seine Empfehlung, solle man sich züchten und den Bioabfällen beisetzen. Schon nach einem Jahr erhalte man dann besten Kompost. Diese seine Mission gab Helmut Brenner bei jeder passenden und unpassenden Gelegenheit zum Besten. Seine Leserbriefe waren binnen Kurzem genauso berüchtigt wie die von Manfred Ebert.

Im Kern ging es Brenner, so wie Walter ihn verstand, darum, dass alle ein klein wenig langsamer machten, ein kleines Bisschen überlegter handelten, nicht alles Geld in schnelllebige Wirtschaftsgüter steckten. Helmut Brenners Überzeugung lautete, dass der Kompost im eigenen Garten so viel Freude machen konnte wie die Blumen – und jeder selbst gezogene Salatkopf die Welt ein bisschen besser.

Damit machte er jedoch genau das schlecht, was die Mehrheit der Leute wollte. Brenner wurde deshalb mehr und mehr in die Rolle eines Sektierers hinein- und damit abgedrängt. Im Gemeinderat reichte dazu schon ein gezischeltes »Der schon wieder« – und schon nahm ihn keiner mehr ernst. Für Walter jedoch waren Helmut Brenner und Manfred Ebert echte Rebellen: »Die wollten sich nicht nur verwalten lassen, sondern ihre eigenen Ideen einbringen.«

Trefz selbst sorgte zu jener Zeit mit einem Foto auf dem Titelblatt der Zeitschrift Tier für Aufsehen, das den Förster mit seiner Trauerschärpe vor bleichen, rindenlosen Fichtenstämmen stehend und dem Schriftzug »Letzte Grüße aus dem Wald« zeigte. Karins Blick blieb an dem aufgeschlagenen Magazin hängen, das auf dem Tisch lag. »Bis dass der Tod Euch scheidet«, hatten sie sich bei der Hochzeit versprochen. Doch war ihr Mann mittlerweile nicht mehr mit dem Wald und der *Aktionseinheit* verheiratet als mit ihr? Sie stellte ihn zur Rede. Walter wusste nicht, was er antworten sollte. Sah sie nicht, dass es um ihrer aller Zukunft ging?

Walter mit seiner Grabschärpe: »Letzte Grüße vom Wald«.
Bild: Bernhard Wagner

1985 – Wer nicht hören will ...

Die Stadtverwaltung Freudenstadt ließ sich nach wie vor Zeit mit der Prüfung von Dorkas offener Rechnung. Langsam ging dem Landschaftsarchitekten finanziell die Luft aus. So oft er auch seine Kontoauszüge prüfte: Da war kein Zahlungseingang von der Stadt verbucht. Ja, ja, man prüfe noch, vertröstete man ihn dort. Im März 1985 ging dann alles ganz schnell. Ein Anrufer aus der Stadtverwaltung, so wurde Dorka später zugetragen, habe sich bei der Krankenkasse gemeldet und gesagt: »Das Geld von Dorka für seine Angestellten wird nicht kommen. Von uns bekommt der kein Geld mehr.« Die Krankenkasse forderte den klammen Unternehmer umgehend auf, innerhalb von drei Tagen die offenen Posten zu begleichen. Das konnte Dorka nicht – und musste als Unternehmer Insolvenz anmelden. Die Kreissparkasse machte ihre Rechte am Fuhrpark geltend, der mit 1,2 Millionen Mark bewertet worden war – und verkaufte ihn für 280.000 Mark. Dorka hatte auf einen Schlag 800.000 Mark Schulden. 30 Jahre lang musste er wegen der Insolvenz einmal jährlich auf dem Amtsgericht in Freudenstadt beeidigen, dass er mittellos war.

»Wir werden alle Verzicht lernen müssen«, sagte er, als Walter bei ihm daheim vorbeischaute. In Dorkas Büro saß der Insolvenzverwalter, da konnten sie nun nicht mehr beratschlagen. Walter hätte ihm gerne die Hand auf die Schulter gelegt, ihm den Rücken gestärkt. Dorka, um einiges größer als er, hielt sich aufrecht. Finanziell war er am Ende, doch nicht ideell. Er rückte seine Brille zurecht, sah zum Fenster hinaus und sagte: »Verzichten klingt immer gleich so negativ. Doch du weißt ja selbst, auf was wir alles verzichten werden müssen, wenn wir uns nicht mäßigen. Es ist notwendiger denn je, auf Materielles verzichten zu können. Sonst werden wir gezwungen, auf das zu verzichten, was wirklich wichtig ist: den grünen Wald, das saubere Meer, die gute Luft.«

Walter wurmte es gewaltig, wie übel seinem Freund mitgespielt wurde. War der Mensch wirklich so? Suchte er hinterrücks nach den Schwachstellen derer, die ihm nicht in den Kram passten?

Dorkas Rechtsschutzversicherung ermöglichte ihm eine Klage gegen die Stadt als säumigem Zahler. Beim Prozess im September zeigte sich der Richter entsetzt: »Ich habe noch nie erlebt, dass eine Stadt eine örtliche Firma so drangsaliert!« Schließlich sprang ihm die *Bürgeraktion* bei, indem sie eine *Umweltdienst GmbH* mit Dorka als Geschäftsführer gründete. Sein Wissen war gefragt, sein Terminkalender bald randvoll mit Vorträgen, Führungen und Diskussionsrunden.

»Politiker sind schlimmer als Borkenkäfer«

In kleiner Runde hatte es der Förster schon früher immer mal wieder gesagt: »Politiker sind schlimmer als Borkenkäfer.« Jetzt sprach er es sehr laut und deutlich auch öffentlich aus. Bei einem gemeinsamen Vortrag mit Olfert Dorka in Ludwigsburg schrieb ein Lokaljournalist eifrig mit, und so stand diese Aussage am 2. April 1985 wörtlich in der *Ludwigsburger Kreiszeitung*. Ein, zwei Tage später klingelte bei Walter das Telefon. Ein Sekretär vom Umweltministerium meldete sich. Walter werde da in der Zeitung mit einem Satz zitiert, den er doch so sicher nicht gesagt habe. »Oh doch«, antwortete Walter, das habe er genau so gesagt. Und auch so gemeint. Der Anrufer brauchte einen Moment, um sich zu fassen. Dann hakte er empört nach: »Ja, aber damit haben Sie doch ganz gewiss nicht den Herrn Umweltminister Weißer gemeint?« »Doch«, entfuhr es Walter, »genau den habe ich damit auch gemeint.« Sprach's und warf den Hörer auf die Gabel.

Minister Gerhard Weißer soll, so wurde Walter zugetragen

und so hat er es notiert, dann selbst zum Telefonhörer gegriffen und die Devise ausgegeben haben: »Den packt ihr!« Spätestens ab jetzt stand Walter unter Beobachtung.

Walter hatte erneut eine grundlegende Regel missachtet: Das Sagen hat immer der, der in der Hierarchie eine Stufe höher steht. Persönlich schätzte Forstamtsleiter John diesen Walter Trefz. Die Familien hatten manchen Sonntag zusammen verbracht, Ausflüge unternommen, sich immer gut verstanden. Doch John war unbegreiflich, warum der Kniebis-Förster die ungeschriebenen Gesetze im Forst so mit Füßen trat. Es musste ihm doch klar sein, so sagte es John im Gespräch mit einem Forstkollegen: »Wer nicht für mich ist, den lasse ich über die Klinge springen.«

Walter sprang derweil von einem Termin zum nächsten. War er doch mal daheim, war es nur eine Frage der Zeit, bis das Telefon klingelte – und Walter schon wieder zur Tür raus war. Wenn ihm Karin etwas hinterherrief – hörte er es schon nicht mehr. Dabei setzte er alles daran, immer mehr Menschen den Wald nahezubringen. Eine Gelegenheit bot das *Service-Civil-International* (SCI)-Camp unter dem Motto »In Frieden auch mit der Natur«, das ab 1984 junge Leute selbst aus Russland zum internationalen Zivildienst in den Schwarzwald brachte. Walter war davon überzeugt: »Die Arbeit miteinander fördert das Verständnis untereinander.« Dieses Verständnis stieß dann allerdings an Grenzen, als in dem Camp junge Spanierinnen und Spanier aufeinandertrafen, die jeweils mit unterschiedlichen Separatistenbewegungen sympathisierten. Die Basken und die Katalanen waren sich alles andere als grün. Walter sprach das beim abendlichen Zusammensitzen am Lagerfeuer direkt an: »Jetzt hört mal her. Wir sind alle hier, um Frieden zu machen unter den Europäern. Und ihr fangt Händel an zwischen Spaniern und Katalanen?«

»Noski!« – selbstverständlich – riefen die Basken, »klarament!« die Katalanen. Innerhalb weniger Minuten war ein

Wortgefecht über Sprache und Kultur und darüber entbrannt, wer sich von wem übervorteilt oder gar ausgegrenzt fühlte.

»Claro!«, sagte Walter und lachte so laut, dass alle kurz innehielten. Er blickte einem nach dem anderen ins Gesicht: »Ja gut, dann könnt ihr euch ja gerne ein Beispiel an uns Deutschen nehmen. Wir haben eine Mauer durchs Land. Macht das doch auch!« Erst stutzten sie, dann begannen sie leicht verlegen zu lachen. Nein, nein, so eine Mauer brauche es eigentlich nicht, wehrten sie ab. »Gell«, Walter setzte noch einen drauf, »euch fehlt halt der starke Führer, der euch so eine Mauer verordnet.« Verwirrt schauten sich die jungen Menschen an. Nein, nein, beteuerten sie, einen Führer und Diktator wollten sie keinesfalls. Und schon waren sie sich plötzlich einig. Zumindest in diesem Punkt.

Walter nutzte den Moment, um den jungen Leuten von dem französischen Staatsmann Charles de Gaulle zu erzählen, der für ein Europa der Vaterländer eingetreten war: »Sein Europa-Gedanke besagt: keiner Region ihre Heimat wegnehmen, ihre Sprache, ihre Kultur. Ja nicht! Es ist so wichtig, dass alle die behalten – und diese dann zusammenfassen in einem vereinten Europa.« Trefz teilte de Gaulles Überzeugung: »Wir müssen diese Unterschiedlichkeiten in der Kultur bewahren, gegenseitig achten und dann aber in den wesentlichen Dingen zusammenarbeiten.« Und eben nicht nur in wirtschaftlicher Hinsicht, das war ihm wichtig: »Das muss wesentlich tiefer gehen. Da müssen die kulturellen Bedeutungen mit angesprochen und miteinbezogen werden.« Und was Grenzen angehe, da sei es wichtig, jeweils beide Seiten zu betrachten. Denn: »Nur wenn Grenzen offenbleiben, kann ich auch von außen aufnehmen, was mir selbst fehlt.«

Walter mochte solche Diskussionen sehr, in denen es richtig zur Sache ging. Sein Ansatz war: »Am Anfang hart diskutieren. Richtig hart. Und dann muss man das aber auf Punkte bringen, die man so überspitzt, dass alle drüber lachen können. Vor allem bei jungen Leuten löst Lachen vieles auf.«

Einer der jungen Spanier wollte von Walter schließlich wissen, ob er selbst eigentlich auch ein Patriot sei. Walter musste kurz nachdenken und antwortete dann: »Ich bin an erster Stelle nicht Deutscher und auch nicht Schwabe oder Baden-Württemberger. Ich bin Schwarzwälder. So. Und als Schwarzwälder kann ich mich gut fühlen. Da bin ich Patriot.«

Generalabrechnung, Neuanfang und die ganz persönliche Katastrophe

Im Juli 1985 teilte Forstamtsdirektor John der Forstdirektion in Karlsruhe mit, eine hinreichende Zusammenarbeit mit Revierleiter Trefz sei nicht mehr möglich. Dessen Eigenmächtigkeiten würden seine disziplinarrechtlichen Möglichkeiten überschreiten. Als massives Beispiel führte er auf, dass sich Trefz im Frühjahr desselben Jahres mit Klärschlamm-Mieten eines schwerwiegenden Verstoßes gegen das Wasserhaushaltsgesetz schuldig gemacht habe. Ohne Rücksprache, geschweige denn, dass er sein Einverständnis eingeholt hätte, habe der Förster in seinem Revier in einem geplanten Wasserschutzgebiet Klärschlamm ausgebracht, nur 300 Meter entfernt von einer Quelle – und damit die Freudenstädter Trinkwasserversorgung gefährdet.

Walters Überraschung war groß, als die Forstliche Versuchsanstalt anrückte, um Wasserproben zu nehmen, und das Freudenstädter Tiefbauamt seuchenhygienische Untersuchungen veranlasste. Ja, er hatte im März und April wie vorab besprochen über Wochen hinweg 25 Wagenladungen Klärschlamm in dem Waldstück ausbringen lassen, um ihn zusammen mit Gras, das die Straßenmeisterei angeliefert hatte, den Sudabfällen vom Fichtennadelextrakt eines Bademittel-Herstellers und Rindenabfällen als Düngemittel einzusetzen. So war es üblich und bislang auch nicht als gefährlich erachtet worden. Zudem, so äußerte er in seiner Stellungnahme, habe er sich beim Abwasserzweckverband vergewissert, dass schadstoffarmer Klärschlamm auf landwirtschaftlichen Flächen ausgebracht werden könne, und Amtsvorstand John habe ihm versichert, dass dieser auch im Wald verwendet werden dürfe.

Auch wenn sich John nun nicht mehr an dieses Gespräch erinnern konnte: Walter war sich keiner Schuld bewusst. Er wusste wohl, dass es verboten war, reinen Klärschlamm im Wald zu sogenannten Mieten aufzuhäufen. Er sei jedoch davon ausgegangen, so erklärte er, dass eine Kompostierung, wie er sie veranlasst habe, keine Gefahren berge.

Um was, fragte er sich, ging es jetzt eigentlich? Offensichtlich, so dämmerte es ihm in diesem Sommer, um seine Sanktionierung. Eine Genehmigung für einen Rotwildabschuss, die ihm im Juni noch erteilt worden war, wurde vom Forstamt zurückgenommen. Außerdem werde »wegen gravierender Vorwürfe« im September kein neuer Forstanwärter mehr zur Ausbildung zu ihm auf den Kniebis geschickt. Und womöglich, flüsterte ihm ein Vertrauter in der Forstdirektion, täte er gut daran, erstmal Urlaub zu nehmen.

Es lag auf der Hand: Seine Vorgesetzten wollten ihn loswerden. Am meisten traf Walter, dass er nicht länger als Ausbilder fungieren sollte: »Ich brauche die jungen Leute und deren Ausbildung. Das ist wichtig für mich, damit ich selbst auf dem Laufenden bleibe!«

Bei Forstamtsleiter Ulrich John rückte das Ende seiner Amtszeit in Sicht. Im November würde er in den Ruhestand gehen. Davor wollte er es offenbar noch zur Generalabrechnung mit Trefz kommen lassen. Im Personalgespräch in Karlsruhe am 6. September 1985 fuhr John eine ganze Latte an Vorwürfen auf, die bis zu zwei Jahre zurückreichten, wobei er kein gutes Haar an seinem Revierförster ließ. Nur um des lieben Betriebsfriedens Willen habe er zuletzt von direkten Auseinandersetzungen mit ihm abgesehen. Am 19. September kündigte der Justiziar der Forstdirektion Karlsruhe dem Revierförster Walter Trefz wegen des Verdachts eines Dienstvergehens die Einleitung eines Disziplinarverfahrens an. Außerdem, so teilte er ihm mit, sehe er es »nunmehr gerechtfertigt«, ihn von seiner Ausbilderfunktion zu entbinden.

Walder erzählte mir wenig Konkretes über die Auseinandersetzungen mit seinen Vorgesetzten. Im Schriftverkehr mit seinem Anwalt sind jedoch sämtliche Vorwürfe, Entgegnungen und Konsequenzen fein säuberlich festgehalten. Das umfangreiche Material, das dokumentiert, wie sich die Forstbehörde an dem Förster Trefz abgearbeitet hat, wirkt auf mich wie ein Lehrstück darüber, wie eine Behörde versucht, einen unbequemen Beamten zur Räson zu bringen. Da wurde regelrecht nach Fehlern gesucht, um seine Kompetenz insgesamt und letztlich auch seine Glaubwürdigkeit in Frage zu stellen. Die Unterlagen dokumentieren zudem sehr anschaulich, was der Forstbehörde ganz besonders aufstieß: dass Trefz die besondere Mäßigung und Zurückhaltung bei öffentlichen Auftritten vermissen ließ, zu der er laut Landesbeamtengesetz verpflichtet war. Als Beispiele werden aufgeführt: die Maibaum-Aktion 1983, mit der er eine friedliche Zusammenarbeit zwischen Stadt und Forstamt gefährdet habe, der polemische Borkenkäfer-Politiker-Vergleich vom April 1985 und seine Aussage: »Die Politiker sollen sich doch ihre Spendenhand, die sie sonst so weit aufhalten, abhacken, um sich von der Verbindung zur Industrie endlich abzukoppeln.« Zudem habe er beim Evangelischen Kirchentag in Düsseldorf öffentlich kundgetan, dass die Verwaltung versuche, durch Disziplinierungsmaßnahmen unliebsame Meinungen, Ansichten und Äußerungen zu unterdrücken. Solche beleidigenden Vorwürfe seien mit den Pflichten eines Beamten nicht vereinbar. Erschwerend komme hinzu, dass Trefz sein Verhalten trotz mehrfacher Ermahnungen nicht geändert habe.

Walter war frustriert. Sein Frust wandelte sich in Zorn, den man ihm schon von Weitem ansah, wenn er nach Dienstbesprechungen aus dem Forstamt stürmte. Nur der Bezirkspersonalrat stärkte ihm zu der Zeit den Rücken. Dort sah man nach der Gegenüberstellung aller Vorwürfe mit den jeweiligen Stellungnahmen von Trefz keinen Grund, ihm die Ausbildereignung zu entziehen.

Karle Günther redete seinem Freund gut zu: Mit einem neuen Chef könne es einen Neuanfang geben, die Streitereien ein Ende haben. Denn im November übernahm Dr. Wolfgang Tzschupke, der Sohn eines preußischen Forstmeisters, 1945 in Sachsen geboren und in Kehl am Rhein aufgewachsen, die Leitung des Forstamts. Walter bekam es hier mit einem Vorgesetzten zu tun, der nebenbei an der Forstwissenschaftlichen Fakultät der Universität in Freiburg lehrte und dort auf seine Habilitierung hinarbeitete, einem, der sich zu Höherem berufen fühlte, während Walter selbst am liebsten alles und jeden, einschließlich sich selbst, dem Lebewesen Wald untergeordnet hätte.

Eine ganze Weile ging es gut. Allerdings nicht auf Dauer.

Telefonisch bitte ich den Forstwissenschaftler Professor Tzschupke um ein Gespräch über Walter Trefz. Er zögert. Ich lege in einer Mail dar: »Mein Ansinnen ist es, die Erinnerungen von Walter Trefz so einordnen und wiedergegeben zu können, dass sie einem beispielhaften Försterleben im Schwarzwald in möglichst vielen Facetten gerecht werden. (…) Mir liegt viel an Ihrer Perspektive auf den streitbaren Kniebis-Förster und seine Anliegen.« Im dritten Anlauf, wieder per Telefon, erteilt Professor Wolfgang Tzschupke mir eine endgültige Absage und begründet dies wie folgt: »Es ist sicher für alle Beteiligten besser, wenn darüber der Mantel des Schweigens gelegt wird.«

Walter lachte, als ich ihm davon erzählte. Mehr hat er nicht dazu gesagt. Also behelfe ich mir mit Presseberichten, Informationen, die öffentlich zugänglich sind – und Walters Korrespondenz mit seinem Anwalt. – Denn Trefz hat sich gegen das Disziplinarverfahren gewehrt – und seine Ausbilderfunktion am Ende nicht verloren. Sie ruhte allerdings für zwei Jahre.

Die Weihnachtszeit war in diesem Jahr alles andere als gnadenreich. Zu allem beruflichen Ungemach kam die ökologische Misere. Karle klagte bei seinem Freund und Kollegen: »Ein Einschlag mit 100 Festmetern hundertjähriger Tannen, der ansonsten gut und gerne 45 Reißig-Bündel abwarf, liefert diesen Winter kein einziges Büschel Reisig, das man hätte zum Verkauf anbieten können!«

Karin graute es vor der kalten Jahreszeit, den langen Abenden in dem kalten Haus. Die Stimmung war so verdüstert, das Schweigen so schwer, die Vorstellung eines weiteren einsamen Winters für sie unerträglich. Aus dem, was aus Walters Leben geworden war, fühlte sie sich ausgeschlossen. Mehr als einmal hatte sie ihm ganz deutlich gesagt: »Wenn sich nichts ändert, werde ich gehen.« Ihre Jungs verstanden sie. Die beiden hielt nichts auf dem Kniebis. Ihnen war schon eine Weile klar, dass ihre Eltern sich trennen würden. Jetzt wollten sie nur noch, dass ihre Mutter diese Entscheidung auch durchzog.

Über manches hat Walder mit mir nicht gesprochen, aber ich weiß, dass er es nicht für möglich gehalten hatte, dass seine Familie eines Tages zerbrechen könnte. Als Karin mit den Jungs kurz nach Neujahr wirklich auszog, blieb er ungläubig zurück. Er hatte wohl ihre Worte gehört, ihre Ankündigung vernommen, ihre Einsamkeit gesehen. Doch so, wie er sich hätte ändern, seine Berufung für den Wald hätte zurückstellen müssen, um als Familienvater ganz für die Seinen da zu sein – das hatte er nicht geschafft. Es gab Tage, an denen es Walter grottenschlecht ging. Dann verschwand er buchstäblich im Wald. Es gibt einen Brunnen im Wald zwischen Freudenstadt und Kniebis, wo Farn und Gräser die Öffnung in die Brunnenstube verdecken. In diese kleine, verborgene Kammer hat er sich hineingezwängt, wenn es ihm richtig liederlich gegangen ist, das hat er mir gezeigt. Dort, wo ihn keiner sehen und finden konnte, im Schoß der Erde, hat er Kraft getankt.

Doch jetzt war Winter, alles gefroren. Und es gab keinen Ort, an dem er sich vor der ganz persönlichen Katastrophe hätte verstecken können: Seine Ehe lag in Scherben. Er hatte sie sehenden Auges an die Wand gefahren. Walter tat alles weh, sein ganzer Körper schmerzte.

Mit Weidenkätzle und Haselnuss gegen die Kahlflächen

Während sich Forstamtsleiter Tzschupke mit Elan dem Handel mit dem wertvollen Rohstoff Holz widmete, das die Sägewerker im Murg- und im Kinzigtal zu Balken und Brettern sägten, beschäftigte Walter in seinem Revier hauptsächlich die Frage, wie sich auf Kahlflächen, die infolge des Waldsterbens und mit der Hilfe des Borkenkäfers entstanden waren, ein naturnäherer Wald entwickeln ließ als der reine Fichtenforst. Er ließ in seinem Revier zunächst in Grüppchen Baum- und Straucharten pflanzen, die sehr früh Samen produzieren, also Birken, Schwarzpappeln und Erlen, auch Weiden, an denen die Kätzle gleich nach dem Winter blühen: »Von denen hat auch der Auerhahn etwas.« Bisher hatte er im ganzen Revier nur einen einzigen Haselnuss-Strauch, der früh im Jahr die gelben Würstchen treibt, die Bienen und Insekten Nahrung bieten. Das wollte er ändern. Russische Forstleute, mit denen ihn sein Freund Olfert in Kontakt gebracht hatte, hielten große Stücke auf diesen ›Sympathiestrauch‹, in dessen Gefolge sich weitere Sträucher, Kräuter und Bäume leichter ansiedeln. Walter erinnerte sich an den alten Aberglauben: »Mit Wünschelruten aus Weiden lässt sich Wasser finden. Nehme ich eine Wünschelrute aus Haselnuss, dann kann ich einen Schatz finden.«

Selbst die exotisch anmutende immergrüne Stechpalme mit den roten Beeren nahm er dazu. Seinen verwunderten Waldarbeitern erklärte er: »Die sieht zwar nicht so aus, als gehöre sie in unseren Wald. Doch das tut sie sehr wohl: Sie zeigt atlantische Wetterverhältnisse an, also sehr viel Feuchtigkeit und Regen.« Jede Art brachte ihre Besonderheiten mit, und für Walter war jede einzelne eine eigene Persönlichkeit. So auch die in Vergessenheit geratene Eibe, die bis zu 1000 Jahre alt werden kann. Nur, so zeigte sich, lockten die weiblichen Eiben

mit ihren roten Früchten die Rehe an. Als er auch noch He-
ckenrosen setzte, damit sie am Waldrand mit ihren Samen die
Waldmeisen und Grünfinken bei Kräften hielten, Insekten eine
Heimat boten und den Boden auflockerten, zeigte ihm mancher den Vogel. Das brachte ihn nicht davon ab, obendrein alte
Holzapfel-Sorten und Birnbäume an die Waldinnenränder zu
setzen. Der Wald sollte sich selbst verjüngen und sich breit aufgestellt entwickeln.

Derweil zog sich das Disziplinarverfahren hin und führte
nach seitenlangen fachlichen Auseinandersetzungen über Klärschlamm und Kompost, Kalk und die Bekämpfung des Nutz-
holzbohrers im Wald im Februar 1986 zu einer »Warnung«.
Akribisch wurde festgehalten, wann und wo Trefz keine Dienstuniform getragen hatte, wie er sein Maschinenbuch geführt
und auf welcher Grundlage er einen Maschinenweg zum Fahr-
weg hatte ausbauen lassen. In sämtlichen Punkten fühlte sich
Trefz zu Unrecht gemaßregelt, so dass er dazu abschließend an
die Forstdirektion nach Karlsruhe schrieb: »Forstdirektor John
wird mehr Glauben geschenkt als mir.« Und das, so fügte er
an, obwohl beide Seiten Schwierigkeiten hätten, in einem Be-
schwerdeverfahren Beweise zu erbringen.

Vom Ashram auf den Kniebis: Rike

Wie aus dem Nichts tauchte mitten im Winter 1986 Rike auf. Rike
mit den braunen Locken, ein Ausbund an Lebensfreude, die sich we-
nig um Konventionen scherte und stets zu Neuem bereit war. Hu-
bertus Ulsamer, der damals noch Knoblauch hieß und mittlerweile
stellvertretender Leiter des Naturschutzzentrums Südschwarzwald auf
dem Feldberg ist, hat die Apothekerin Rike als Walters Partnerin
kennengelernt, während er von 1987 an für zwei Jahre als Referendar
in Alpirsbach war. »Ich habe sie gesehen, und ich habe Walter gesehen.

Da hat ein Blick zwischen Männern genügt, um zu wissen: Da passt alles.« So erzählte er es uns im Sommer 2021, als ich ihn zusammen mit Walder in seinem Häuschen mit den drei Wächtertannen besuchte, das außerhalb von Lenzkirch steht, mitten zwischen Titisee, Feldberg, Schluchsee und der Wutachschlucht. Walder, der neben ihm auf der Bank saß, blickte vor sich auf den Tisch. »Rike, die Apothekerin, der Bhagwan noch selbst die Hand aufgelegt hat«, hub er an, machte eine seiner vielsagenden Pausen, und sagte dann nur: »Rike hat mir viel beigebracht. Von ihr konnte ich viel lernen.« »Bei Rike«, so sagte Walders letzte Lebensgefährtin Helga später, »hat Walter wieder Kraft geschöpft.«

Im letzten Sommer seines Lebens hatte Walder noch sein Erinnerungsbuch Jahresringe an Rike geschickt und meine Kontaktaufnahme angekündigt. Das Päckchen kam zurück, die Adresse in Meißen existierte nicht mehr. Walders Enkel Adriano recherchierte im Internet, bis er ihren Sohn gefunden hatte. Rike erhole sich gerade von einer Erkrankung, erfuhr er. Sie werde sich gewiss melden. Ihr Rückruf erreichte Adriano zwei Tage, nachdem Walder gestorben war.

Drei Monate später, an einem Samstagmorgen im Oktober 2021, lernte ich Rike in Berlin kennen. Sie erwartete Hajo und mich vor ihrem Haus am Weißensee. Rike ist eine kleine, sehr aufgeweckte Frau mit schmalen Augen und unbändiger Energie, noch immer. Sie erzählte, wir fragten, fielen uns gegenseitig immer wieder ins Wort. Das gemeinsame Eintauchen in die Vergangenheit, das Suchen nach Worten in den Bruchstücken der Erinnerung, kostete Kraft.

Rike hat von Bhagwan gelernt, so fasste sie für uns zusammen: »Nicht so sehr in unseren Vorstellungen zu sein, sondern da, wo es guttut. Ob nun zusammen oder alleine. Weder ein Modell im Kopf zu haben noch eine Moral. Sondern einfach schauen: Tut man sich gut miteinander oder nicht? Dieses Fließen und auch ein Auseinanderfließen zulassen.« Sie sei dankbar, dass sie ihr Fließen zeitlebens habe fortsetzen können. Das entspreche ihrem Naturell und drücke sich auch in dem Namen aus, den sie als Sannyasin von Bhagwan erhalten habe: *Ma Prem*

Baval – was so viel bedeutet wie »Ekstase, die im Zutrauen zum Treibenlassen im Fluss des Lebens zum Ozean, der Unendlichkeit unterwegs ist«.

Ulrike Roth hatte acht Jahre in einem Kieler Bhagwan-Ashram verbracht, bevor sie im Alter von 41 Jahren in ihrem VW-Bus mit all ihrem Hab und Gut nach Freiburg aufgebrochen war. Sie hatte dort eine kleine Wohnung gefunden und festgestellt: Genug verinnerlicht! Den Ashram und die Mala, die Holzperlen-Kette um den Hals, brauchte sie fortan nicht mehr. Als Kräuterkundige kümmerte sie sich in Freiburg um die Gärten von Bekannten und hielt den Winter über Ausschau nach einem Job in einer Apotheke. Der Anruf ihrer Hamburger Freundin Heidi von *Robin Wood* kam ihr da zunächst sehr ungelegen: »Hol mich im Forsthaus auf dem Kniebis ab! Ich bin hier bei einem Förster zu Besuch.« Rike wollte nicht durch den Schnee in den Schwarzwald hochfahren, doch Heidi insistierte: »Du musst kommen. Und du musst Walter kennenlernen!« Im Schritttempo kroch Rike mit ihrem Bus die vereiste Oppenauer Steige hoch. Als ihr Walter die Tür öffnete, war alles entschieden: In dem Moment, als Rike über seine Schwelle trat, kam ein neuer, ungestümer Wind in Walters Leben.

Zwei Tage später steuerte Rike mit der Freundin auf dem Beifahrersitz und Schmetterlingen im Bauch ihren VW-Bus zurück nach Freiburg. Sie haderte mit sich: Eigentlich war sie doch gerade erst dabei, in der neuen Stadt Fuß zu fassen. Und jetzt sagte ihr klopfendes Herz: »Scheiß der Hund drauf. Spring rein!«

Walter war Ende 40 und litt unter Rheuma. Rike wunderte das überhaupt nicht, denn sie konnte es spüren: Das Kupferdach seines Hauses, von einem Stuttgarter Architekten ursprünglich für einen Top-Manager der Quandt-Dynastie erbaut, verstärkte Strahlungen, und im Steinsockel sammelte sich die Feuchte des ständigen Nieselregens. Sie beschaffte einen Holzofen und machte mit Walter Übungen. Gemeinsam wanderten sie durch den Wald, oft schweigend. Nach und nach lernte Walter mit Rike wieder, sich ganz auf die Schönheit des Moments einzulassen, den Wald mit seinem ganzen Eigenleben in vollen Zügen zu genießen. Nachts schauten sie oft in den Sternenhimmel und fühlten sich gemeinsam geborgen unter dem freien Himmelszelt.

Derweil wurden die Umwelt-Gesetze verschärft und zeigten erste Wirkung. Kanzler Helmut Kohl hatte 1984 beim Waldbauerntag in Köln den Kampf gegen das Waldsterben als schicksalhaft bezeichnet, zur Aufgabe von nationalem Rang erklärt hatte und sich ein Jahr später im Schwarzwald eigene Eindrücke verschafft. Allmählich tat sich etwas. Die strengeren Grenzwerte der Technische Anleitung zur Reinhaltung der Luft (TA Luft) begannen anzuschlagen. Doch würde das auch ausreichen? War es der richtige Weg, sich ganz auf die Entschwefelung der Industrieanlagen zu konzentrieren und mit Katalysatoren die Stickoxid-Ausstöße der Autos herunterzufahren? Für Walter gab es bei alldem einen gehörigen Denkfehler: »Immer noch überwiegt das Herrschaftsdenken, und der Mensch selbst ändert sich wenig.«

In Wissenschaftskreisen zeichnete sich indes immer stärker ein Gutachter-Krieg ab. War das Waldsterben doch nur ein »Hirngespinst«, wie nun hin und wieder in der Zeitung zu lesen war?

Die Reaktor-Explosion in Tschernobyl beendete die Debatte um das Waldsterben zumindest in den Medien von einem Tag auf den anderen. Der Super-Gau war eingetreten. Mit dem Bekanntwerden der Nuklear-Katastrophe am 29. April 1986 brach eine neue Ära an.

Neues Leben im Forsthaus – und ein verhinderter Neuanfang

Rike und Walter waren viel unterwegs. Wenn sie Kräuter-Lehrgänge im Münstertal veranstaltete, kam er zu ihr nach Freiburg. Dort unten im Badischen ging es lockerer zu, war alles leichter und kulturell viel anregender und lebendiger. Walter kam gut an in der Studentenstadt und war dort bald bekannt wie ein bunter Hund. Wer ihn nicht von Veranstaltungen her persönlich kannte, hatte ihn bereits in der Zeitung oder im Fernsehen gesehen. Oft kam das Paar keine zehn Meter weit, ohne auf Bekannte zu stoßen.

Im Forsthaus zog neues Leben ein. Die Schönauer Stromrebellen, aus denen die EWS hervorgegangen ist, besuchten das Paar auf dem Kniebis. Rikes Yogafreunde reisten mit ihren Familien an und bauten im Garten ihre Tipis auf. Walter verschloss sich keiner Weltanschauung, ging auf alles ein, interessierte sich für jeden, nahm neue Sichtweisen auf und brachte selbst sein Wissen ein. Daneben lasen er und Rike viel, ganze Epen. Rike genoss es, wenn ihr Walter mit seiner raunenden Stimme den *Gilgamesch*-Epos vorlas, während ihr Kopf auf seiner wolligen Brust ruhte. Sie nähte ihrem »Pascha«, wie sie ihn nannte, ein weites Beinkleid, wie man es aus dem Orient kennt. Das gefiel ihm.

Rike schloss Freundschaften. Sie eckte aber auch an. Mit der *Freudenstädter Bürgeraktion* wurde sie nie ganz warm. Ihr war Olfert zu dominant, sie ihm zu hektisch. Wenn Menschen ihr zu puristisch oder gar pietistisch erschienen, machte sie keinen Hehl aus ihrer Abneigung. An sich gefiel Rike das Schroffe der Schwarzwälder, das bot Kante und somit Orientierung. Doch zu vieles blieb ihrem Empfinden nach unausgesprochen, seltsam distanziert. Rike staunte, wie unlocker diese engagierten, naturverbundenen Menschen im Grunde doch waren, welche Verhärtungen es selbst in der engagierten *Bürgeraktion* gab. Und sie bemerkte wohl, wie suspekt sie selbst auf manche Menschen hier wirkte. Brachte sie zu Festen mit den Waldarbeitern Kaffee und Kuchen mit, wischte immer eine der Frauen heimlich den Rand von Rikes Thermoskanne nach, als sei diese nicht sauber genug.

Die Verbindung zwischen Rike und Walter war vom ersten Tag an sehr stark. Doch der Kniebis, dieser karge, kalte Ort, so empfand es Rike, tat weder ihr noch ihrer Liebe gut. Es bedrückte sie, wie Frauen hinter geschlossenen Gardinen verborgen nach draußen spähten, während anderswo Kissen ins Fenster gelegt wurden. Oder wenn Walters Mutter sie ermahnte, keine Apfelsinenschalen in den Müll zu werfen, die dann womöglich jemand entdecken könnte. Denn, so Helene: »Wir im Schwarzwald essen keine Apfelsinen. Wir essen Äpfel!« Es waren solche Kleinigkeiten, die ihr die Freude am Leben auf dem abgeschiedenen Kniebis vergällten. Auf Dauer wäre Rike daher dort nicht glücklich geworden. Staufen wäre eine Option gewesen, die Walter ernsthaft anging. Doch diese zerschlug sich; als Förster konnte er dort nicht unterkommen. Der Ruf, der ihm vorauseilte, schloss offenbar manche Tür.

Im Sommer 1986 wurde Walter früher als gedacht Großvater: Am 25. Juli kam Adriano zur Welt. Sein Vater Florian war am Tag davor 19 Jahre alt geworden. Und just zu Walters 48. Geburtstag am 8. Oktober ließ ihn das Forstpräsidium Karlsruhe wissen, dass seine Ausbilderfunktion ihm nicht entzogen wurde, sondern ruhte – noch bis zum 26. März 1988. Vorausgesetzt, Walter Trefz lasse nicht erneut Zweifel aufkommen an seiner Eignung als Ausbilder, so hieß es sinngemäß. Auch von einer Regressforderung für die Kosten der strittigen Klärschlamm-Aktion, so teilte ihm sein Vorgesetzter Dr. Tschzupke mit, sehe man ab.

Hinter den Kulissen der Verwaltung bemühte man sich einstweilen nach wie vor, Walter loszuwerden. Erst der Einfluss eines befreundeten Katholiken soll Landwirtschaftsminister

Weißer davon abgebracht haben, Trefz endgültig aus dem Forst zu verbannen. Für ein entsprechendes Schreiben war Walter seinem Waldbauern-Freund Siegfried Kaltenbach vom *Katholischen Landvolk*, der den Kontakt hergestellt hatte, bis zuletzt dankbar.

Kaltenbach kämpfte zu der Zeit mit unvermindertem Einsatz gegen das Waldsterben. »Das Waldsterben ist eine von Profitgier verursachte Tragödie«, verkündete der Waldbauer in einer Rede im Herbst 1986 anlässlich eines Besuchs von Bundespräsident Richard von Weizsäcker im Südschwarzwald auf der Passhöhe Thurner. Das Ausmaß dieser Tragödie habe er bereits dem EU-Präsidenten Pierre Pflimlin, Bundeskanzler Helmut Kohl und Ministerpräsident Johannes Rau vor Augen geführt, wobei er jedes Mal den Eindruck gehabt habe, dass alle froh gewesen seien, wenn sie das »Krankenzimmer Wald« wieder hätten verlassen können. Er empfinde es als Frechheit, welche Taten auf deren große Worte gefolgt seien: »So wird mein Wald jedes Jahr weniger wert, der Gemeinde- und Staatswald wird weniger wert, unsere Kultur wird weniger wert.«

Kaltenbach rechnete vor, welche konkreten Verluste er in den vergangenen drei Jahren erlitten hatte. Junge Bäume, die er zwölf Jahre zuvor mit eigenen Händen gepflanzt habe, seien mittlerweile dürr geworden. Alle gut gemeinten Worte würden da nicht weiterhelfen, auch Düngung und Neupflanzungen blieben völlig wirkungslos. Ein Waldschadensausgleich müsse die finanziellen Folgen abfedern, sagte er: »Aber was ich eigentlich will, ist nicht Geld vom Staat, sondern einen lebendigen Wald!«

Nach diesen deutlichen Worten trat Richard von Weizsäcker ans Podium und sagte, er habe Verständnis für die Ungeduld der Menschen im Schwarzwald: »Ich weiß, dass es hohe Zeit ist.« Nun stehe man an der Schwelle und müsse lernen zu verstehen, dass Schöpfung unbezahlbar sei. »Wir müssen lernen, die Natur zu pflegen, wenn wir der Selbstzerstörung entgehen wollen.«

1987 begann es im Kinzigtal zu rumoren: Die zwei Jahre zuvor in Betrieb genommene, einzige Trinkwassertalsperre im ganzen Land, hatte Begehrlichkeiten der Atomlobby geweckt, die den Stausee inmitten der Wälder für ihre Zwecke anzapfen und das Trinkwasser in den Neckar umleiten wollte, um Block II des Atomkraftwerks Neckarwestheim zu kühlen. Denn wie die Trockensommer gezeigt hatten, führte der Neckar dafür zu wenig Wasser. Die Planer wollten deshalb einen neun Kilometer langen Tunnel durch das Mittelgebirge graben, damit das Wasser in die Glatt und dann zwischen Sulz und Horb in den Neckar fließen könnte. Die Schwarzwälder waren jedoch keinesfalls bereit, auf ihr kostbares Wasser aus der Kleinen Kinzig zu verzichten, die schon damals 150.000 Menschen (im Jahr 2022 sind es rund 250.000) in der Region mit Trinkwasser versorgte. Zudem befürchteten sie, dass Sprengungen und Tunnelbauarbeiten die unterirdischen Wasserläufe durcheinanderbringen, womöglich sogar zerstören, und den Wald beeinträchtigen würden.

Walter zog gemeinsam mit seinen Umwelt-Vasallen, so erzählte Rike, durch die aufgebrachten Dörfer, sprach mit den Bürgermeistern, die ihr Wasser nicht hergeben wollten, und bestärkte das breite Bündnis aus Kommunalpolitik und Vereinen, das im August 1988 auf dem Stuttgarter Schlossplatz protestierte, in seinem Credo: »Kein Trinkwasser für Atomkraft!«

Der Protest gegen die Vergeudung von reinem Schwarzwaldwasser und die Waldvernichtung im Einzugsgebiet der Talsperre für das 135 Kilometer entfernte Atomkraftwerk führte zum Erfolg: Am 5. Oktober 1988 lehnte der *Zweckverband Kleine Kinzig* das Vorhaben ab – wobei die Enthaltung eines einzelnen CDU-Mannes entscheidend war. Der Protest war die Geburtsstunde der Alpirsbacher *BUND*-Gruppe, die mittlerweile als *BUND Oberes Kinzigtal* auftritt. Die *BUND*-Gruppe Freudenstadt hat sich im Frühsommer 2021 aufgelöst. Das endgültige Aus für das Atomkraftwerk Neckarwestheim ist nur noch eine Frage der Zeit.

Während Walter sich in immer neue Initiativen und Proteste einbrachte, wurde ihm auf dem Forstamt unverblümt die Frage gestellt: »Warum hauen Sie nicht einfach ab?« Auch schriftlich wurde ihm eine »räumliche Distanz« zu seinem bisherigen Revier nahegelegt, was ihn zutiefst verletzte. Für Walter war es nach 14 Jahren auf dem Kniebis kaum vorstellbar, dieses Revier aufzugeben, das für ihn zur Heimat geworden war. Hier waren seine Söhne großgeworden, hier hatte er mit den Bäumen im Sauren Regen mitgelitten, hier kannte er beinahe jeden Strauch und jeden Marderbau, jede Mulde und jede Senke. Mit seinem Revier war er mit Leib und Seele verbunden.

Zugleich war er grundsätzlich bereit, mit Rike einen Neuanfang zu wagen und damit auch die Querelen mit dem Forstamt endgültig hinter sich zu lassen. Im September 1987 bewarb er sich daher auf eine Stelle im Simonswald an der Wilden Gutach im Südschwarzwald. Aus Gründen, die für ihn undurchsichtig blieben, wurde seine Bewerbung abgelehnt. Dabei, so formulierte er es gegenüber seinen Vorgesetzten, musste er »den Eindruck gewinnen, daß sachfremde Überlegungen eine Rolle gespielt haben. Muß sich nicht förmlich der Eindruck aufdrängen, daß das mittlerweile abgeschlossene Disziplinarverfahren hier nachgewirkt hat?« Für Walter sah alles danach aus: Im Freudenstädter Forstamt wollte man ihn zwar loshaben, doch woanders legte ihm die Forstverwaltung Steine in den Weg. Manchmal fühlte er sich regelrecht gefangen im Forst.

Der tote König des Schwarzwalds

Einer, der immer »eine richtig dicke Power« auf den Kniebis brachte, wie Rike es nannte, war der umwelt- und friedensbewegte Hamburger Wolfgang Guhle. Er war im Sommer 1986 mit einem als Baumsarg aufgemachten Infomobil des *Bundesverbands der Bürgerinitiativen Umweltschutz* (BBU) durch die Republik getourt und hatte dabei den Hamburger Aktionskünstler Rolf Schulz kennengelernt, der 1984 unter dem Motto *Brüllwald* ein fantastisches Ton-Drama aus dem Sachsenwald herausgebracht hatte. Den ›schreienden‹ Wald hatte der Künstler auch bei der *Aktionskonferenz* 1985 in Straßburg performt und dabei für unfreiwillige Slapstick-Einlagen gesorgt, weil er ein ums andere Mal über die Lautsprecher-Kabel gestolpert war.

Nun wollte Rolf Schulz bei der Hornisgrinde, der höchsten Erhebung im Nordschwarzwald (1164 m über dem Meeresspiegel), auf dem Katzenkopf oberhalb des Mummelsees, ein Nationales Mahnmal zum Waldsterben errichten: eine Klanginstallation, die *Spiel mir das Lied vom Tod* in den Wind säuselte, was der Bürgermeister von Achern jedoch rundweg ablehnte. Er fand es schon schlimm genug, dass auf der Hornisgrinde noch etwa 25 abgestorbene Käfer-Fichten standen, an denen sich auch die Kurdirektoren ringsum gewaltig störten: Die toten Bäume passten nicht ins Bild der Touristiker, die mussten weg. Die Aktionisten betrachteten die Bäume hingegen als Denkmal und beharrten darauf: »So sieht der Wald aus, wenn wir uns nicht anders benehmen!«

Nur mühsam konnten die Aktivisten den Kommunalpolitikern das Zugeständnis abringen, die Bäume als Mahnmal stehen zu lassen. Zehn Tage später wurden die mit weißen Kreuzen bemalten Baumskelette dennoch umgesägt. »Leichenschändung!«, skandierten die Aktivisten und beschlossen: »Denen werden wir den toten König des Schwarzwalds schon noch heimbringen!« Mit einem Trauerzug der Mummelseegeister, von denen

Eduard Mörike in seiner Sage über den tiefen Karsee erzählt, sollte der »König des Schwarzwalds« vom Berg herab geleitet werden – und eine dramatische ›Blutspur‹ hinterlassen.

Rike brachte dazu kistenweise Rote Bete aus einer Freiburger Gärtnerei auf den Kniebis und kochte sie über Nacht mit reichlich Mehl zu 200 Litern blutrotem Saft ein. Rolf Schulz höhlte für seine Performance einen Baumstamm aus: den »König des Schwarzwaldes«, den sie an einem sonnigen Sonntag Ende November 1987 auf ein mit Rössern bespanntes Fuhrwerk hievten. Der Künstler hatte genaue Vorstellungen: »Der König des Waldes muss im Todeskampf ächzen und stöhnen, sein Blut muss fließen.« Dem entsprechend zog sich bald eine dunkelrote ›Blutspur‹ vom Mummelsee her über die Straße, die in Richtung Seebach immer breiter wurde.

Die unheilige Prozession sorgte bei den Kirchgängern im Badischen für helles Entsetzen. Die Polizei stoppte den Zug unter dem Vorwand, Motorradfahrer könnten bei ihrer Sonntagstour auf der roten Schmiere ins Rutschen geraten. Überhaupt waren die blutroten Zeichen des Leidens, die da auf die Straße tropften, für die meisten Beobachter vor allem eine unverantwortliche Sauerei.

Olfert Dorka erinnert sich noch gut an diese Aktion. Er bereut die ›Blutspur‹-Performance keinesfalls. Nur habe er irgendwann gemerkt, so erzählt er im Frühjahr 2021 rückblickend: »Diese handfesten Geschichten erzeugen eine Gegenreaktion. Und die Gegenreaktion ist so heftig, dass zehn Jahre lang gar nix mehr geht. Und das tut unserem Ziel gar nicht gut. Dann ist es vielleicht vernünftiger zu sagen: Okay, wir treffen uns in der Mitte. Und dann geht vielleicht in fünf Jahren was, anstatt in zehn Jahren. Das ist so mein Erfahrungsschatz, den ich da gesammelt habe.«

»Schwarzer Schnee, Schwarzwald adé«

Als Rikes Kinder, die beim Vater in Reutlingen lebten, das erste Mal auf den Kniebis kamen, holte Walter sie am Freudenstädter Busbahnhof ab. Julia fühlte sich gleich wohl mit ihm, doch der Kniebis kam der 15-Jährigen vor wie das Ende der Welt. Das war noch nicht mal ein Dorf, in dem ihre Mutter und Walter da lebten, sondern nur ein Haus, Bäume, Wiesen. Sonst nichts als Wald.

Durch diesen Wald hindurch wurde gerade eine Rollerbahn asphaltiert, die im Winter als Nachtloipe für Langläufer betrieben und mit hellen Flutlichtern ausgestrahlt werden sollte. Julia und ihr Bruder Moritz hätten diese Rollerbahn an sich sicherlich toll gefunden, doch nachdem Walter ihnen erklärt hatte, was damit alles kaputt gemacht wurde, wenn nicht mal mehr bei Nacht Ruhe im Wald herrschte, erschien die ganze Sache auch den beiden Teenagern völlig absurd: den Wald zupflastern, Metallsäulen für die Lichtstrahler in den Waldboden betonieren, damit es noch mehr Tempo gab, alles schneller lief, selbst das Langlaufen noch beschleunigt wurde? Das mochte den griechischen Schlagersänger und Wahl-Kniebiser Costa Cordalis freuen, der als Langläufer für die griechische Nationalmannschaft antrat und im Sommer dann mit Rollerskiern auf der Strecke trainieren wollte. Doch im Forsthaus ging man ganz entschieden dagegen auf die Barrikaden. Julia und Moritz malten enthusiastisch Protest-Plakate und führten diese wie bei einer Revue vor dem großen Fenster zur Veranda vor: »Wo rollert ihr hin?« Um 2 Uhr Nachts schlich Walter aus dem Haus und sprühte seine geballte Wut auf die rücksichtslose Beschleunigung der Welt auf die Straße: »Schwarzer Schnee, Schwarzwald adé«.

Über Nacht kippte das Hochgefühl angesichts seiner Guerilla-Aktion, und Walter überkam die Angst vor der eigenen Courage. Anderntags war er fix und fertig. Während die örtliche Prominenz zusammen mit dem Schwäbischen Skiverband die Nachtloipe eröffnete und die Wintersportler aus der ganzen Region das Areal als Fortschritt für das Nachwuchs-Training feierten, wich sein Zorn echter Panik: Womöglich hatte er dieses Mal übers Ziel hinausgeschossen und mit seiner Sprühaktion zu viel aufs Spiel gesetzt. Diese Sachbeschädigung konnte ihn seinen Beamtenstatus kosten, die umgehende Suspendierung vom Dienst nach sich ziehen.

Eine entsprechende Anzeige ließ nicht lange auf sich warten; mit seiner unverhohlenen Ablehnung hatte er sich ja bereits im Vorfeld verdächtig gemacht. Polizeibeamte rückten an und baten um eine Schriftprobe. Walters Schrift – meist schrieb er in großzügigen Großbuchstaben – war an sich sehr prägnant und unverkennbar. Das Gekrakel, das er den Polizisten vorlegte, unterschied sich jedoch sehr von der Schönschrift, um die er sich beim Schriftzug auf der Loipe bemüht hatte. Letztlich konnte ihm – hauchdünn – nichts nachgewiesen werden.

Der Ärger über die Nachtloipe hat ihn noch jahrzehntelang begleitet. Rike meint: »Walter war eine dünne Haut. Diese Rollerbahn hat ihn wirklich verletzt. Die gehörte für ihn einfach nicht in den Wald.« Noch viele Jahre später, nachdem Rike schon lange nicht mehr auf dem Kniebis war, fing er immer wieder davon an, ging auch Olfert Dorka damit gehörig auf den Geist. Bei jedem Treffen mit dem alten Weggefährten kam er schon nach wenigen Sätzen wieder auf die Nachtloipe zu sprechen, selbst an dem Tag im Jahr 2021, als ihm das Bundesverdienstkreuz verliehen wurde. Ging es dabei wirklich um die asphaltierte Loipe? Oder stand sie vielmehr für Unausgesprochenes, das keiner von beiden wirklich aufrühren wollte?

Olfert Dorka hat mittlerweile ein deutschlandweit einzigartiges Institut für Landschaftstherapie. Ich habe ihn im Frühjahr 2021 in Tübingen auf einer Bank beim Bergfriedhof getroffen, um über Walder zu sprechen. Walder, so meinte der damals 78-Jährige, wisse über jede Blüte etwas zu erzählen und jedes Grillenzirpen zu erklären. Und doch stelle er bei ihm wie bei sich selbst immer wieder fest: Möglicher-

*weise könnten sie beide besser über ihre Umwelt sprechen als über das,
was sie im Inneren bewege.* Dorka diagnostizierte bei seinem Freund
Walder eine tiefe innere Einsamkeit, die er wie folgt erklärte: »*Walder
ist mit seiner unbändigen Kraft in das rein, was ihm als Förster anvertraut worden ist. Da hat er sich ganz hineingeben.*« *So gehe es vielen
Männern: Je mehr sie im Beruf aufgingen, desto mehr würden sie
gefordert, und je einfühlsamer sie sich für eine Sache einsetzten, desto
kälter würden sie zu sich selbst.* »*Das ist wie eine Spirale. Da kommst
du immer weiter rein und vom anderen, deinem Partner, den Kindern,
noch weiter weg. – Und dabei*«, *fügte er bedauernd hinzu,* »*hüpfen
wir über etwas hinweg, was wichtig ist.*«

Dorka erlebte Walder als einen, *der mit großer Wucht, Engage-
ment, Ehrlichkeit und allem, was er zu leisten imstande war, kämpfte,
um seinen Fichten, seinem Wald zu helfen. Und der dabei in der
Forstverwaltung mitansehen musste, dass er damit alleine war, keiner
mitmachte* – obwohl sich Jahre später herausstellte, wie etwa im Falle
des Nervengiftes Lindan, dass er eben doch recht gehabt hatte. Selbst
die Bürgeraktion habe immer wieder Schwierigkeiten mit Walder gehabt, »*weil er auf Grundsätzlichem so beharrt und keinen Millimeter
hin oder her geht.*« Denn Walder war durchaus stur – und mitunter
störrisch.

Gegenwind

Im Freudenstädter Forstamt war die Atmosphäre vergiftet, seit
Walter Trefz als Stadtrat seinen Vorgesetzten Dr. Tzschupke im
Gemeinderat öffentlich der Giftspritzerei bezichtigt hatte.

*Im September 1988 hatte Herr Trefz bei einem Waldbegang
mit dem Gemeinderat Freudenstadt (dem er nunmehr selbst
angehört) öffentlich behauptet, (…) es seien im Jahre 1988
20.000 Liter Gift im Wald versprüht worden (obgleich es sich*

um 55 Liter eines zugelassenen Pflanzenschutzmittels han-
delte, das auf 20.000 Liter verdünnt wurde) – Oberforstrat
Dr. Tzschupke hatte diese Aussage schriftlich mißbilligt, da er
dies in Übereinstimmung mit der Meinung der Forstdirektion
für schiere Polemik hielt.

So ist es in einer Verfügung der Forstdirektion Karlsruhe vermerkt.

Während Forstamtsvorstand Dr. Tzschupke also von einer
Schutzmaßnahme sprach, benannte Walter es als das, was es aus
seiner Sicht war: »Das ist schlicht und einfach Gift!« Ihm war
unbegreiflich, dass nicht die Anwendung, sondern die Diskussion über den Einsatz von Gift eine Dienstverfehlung darstellen
sollte.

Im Laufe von Walters Berufsleben kam es immer wieder
vor, dass Bundesbehörden zugelassene Spritzmittel wieder vom
Markt nehmen mussten, weil sie sich im Laufe der Zeit als
gefährlich für Mensch und Ökosystem herausgestellt hatten.
Ob es nun DDT war oder ein neues Gift mit einer anderen
Zusammensetzung, das prinzipielle Problem von Insektenver-
nichtungsmitteln ist: Sie greifen das Nervensystem an und tö-
ten die Tiere, die tödlichen Substanzen reichern sich darauf im
Boden an und gelangen in die Nahrungskette. Walter wurde
nicht müde zu betonen: »Alle Gifte wirken nicht nur da, wo
man sie einsetzt!«

Die Auseinandersetzung darüber mit seinem Vorgesetzten
eskalierte immer weiter: Weil sich Trefz nur wenige Monate
nach Ende seiner Bewährungszeit erneut einer Dienstverfehlung schuldig gemacht habe, so teilte ihm die Forstdirektion
mit, werde er bei der Beförderungsrunde 1989 zurückgestellt.
Dem hatte offenbar auch der Personalrat zugestimmt, was Walter schwer enttäuschte. Ein ums andere Mal setzte er zu einem
Brief an – und zerriss das Papier dann doch wieder. Schließlich
hielt er fest:

Daß ich von der Verwaltung laufend Prügel einstecken muß,
bin ich inzwischen gewöhnt. Daß aber die Personalvertretung
diesen Prügeln zustimmt, tut weh. Mir geht's wirklich nicht
nur um die beschissene Beförderung, sondern darum, daß die
Verwaltung Kollegen, die den aufrechten Gang üben, nicht
ständig kujonieren und drücken kann. Jedes Mal, wo ihr dies
gelingt, wird sie dazu bringen, die Zügel enger anzulegen.

Auf einen Personalrat, der verwaltungshörig sei, könne er pfei-
fen. Und bei der Gewerkschaft, so ließ er diese im Juni 1989
wissen, gebe es nur zwei Kollegen, bei denen er wirkliche Hilfe und menschliches Verständnis gefunden habe – wovon einer
sein Freund Karl Günther sei.

Einen Monat später ging Walter zum Anwalt. Im November
reichte er eine Feststellungsklage gegen das Land Baden-Württemberg ein, dass er sich als Stadtrat korrekt verhalten und als
Forstbeamter keinen Anlass zum Tadel gegeben habe. Gleichzeitig sah sich Walter einer Hetzkampagne ausgesetzt. Im Vorfeld der anstehenden Gemeinderatswahl machten Gerüchte die
Runde, Trefz sei nicht wählbar, weil er sowieso in ein anderes
Revier strafversetzt werden würde. Walter versuchte, die Ur-
heber der Gerüchte ausfindig zu machen. Offenbar, so fand er
über einen Waldarbeiter heraus, wurde vom Forstamt ganz gezielt die Information gestreut, dass er weggehen würde. Er beschwerte sich. Der Karlsruher Forstdirektor Hauck antwortete
ihm im Dezember 1989: »Wie Sie aus Unterredungen mit mir
wissen, würde es die Forstdirektion zwar begrüßen, wenn Sie
sich um einen anderen Dienstposten bewerben, was Sie ja auch
zwischenzeitlich in zwei Fällen getan haben.« Eine zwangswei-
se Versetzung sei jedoch nicht beabsichtigt.

Der Verwaltungsrechtsstreit von Forstmann Trefz gegen das
Land Baden-Württemberg zog sich bis ins Frühjahr 1991. Seine
Wiederwahl in den Gemeinderat für die *Bürgeraktion* gelang auf
Anhieb.

Vom Wind zum Orkan:
Vivian und Wiebke und die Folgen

Anfang des Jahres 1990 zog eine Kette von Winterstürmen und Gewittern über Europa hinweg. Auf heftige Regenfälle im Februar folgten ungewöhnlich milde und frühlingshafte Tage, bevor am Abend des Fasnetsonntags mit einer Kaltwetterfront der Sturm Vivian hereinbrach, drei Tage lang in immer neuen Orkanböen über das Land hinweg tobte und am Abend des Rosenmontags mit Blitz und Donner ganze Geschwader von Hagelschauern mit sich brachte. Sobald die Sturmböen nachließen, räumte Walter mit den Waldarbeitern die Straßen frei. Zwei Tage später stürmte Wiebke hinterher und jagte mit bis zu 160 Stundenkilometern durch die Wälder. Die Baumwipfel bogen sich im furiosen Tanz fünf bis sechs Meter weit, das Schaukeln der Fichtenstämme wurde zu einem mächtigen Stampfen, bei dem die flachen Wurzelteller aus dem Waldboden gerissen wurden. Wie Dampfkolben platschten sie wieder herunter, knallten zurück ins Erdreich, schaukelten und gautschten weiter hin und her, bis die Grenze der Belastbarkeit überschritten war. Tannenstämme knickten um wie Streichhölzer. In einem fortlaufenden Dominoeffekt krachte der Wald im Chaos zu Boden. Innerhalb weniger Minuten lag kreuz und quer darnieder, was jahrzehntelang in den Himmel gewachsen war. Diese Orkane hatten eine Wucht, wie sie Walter noch nie erlebt hatte.

Sobald sich der Sturm gelegt hatte, wurden die Straßen freigeräumt, und das große Aufarbeiten des Sturmholzes begann. Walter untersuchte zusammen mit Nachwuchsförstern das Wurzelwerk der umgestürzten Fichten. Drei, vier Meter hoch ragten manche Wurzelteller in die Luft, reckten sich wie willkürlich verteilte Schutzschilde auf der Sturmfläche. Die Wurzeln, so war deutlich zu erkennen, waren kaum tiefer als etwa 30 Zentimeter in den Waldboden gewachsen. Walter musste seine Meldungen, wieviel Sturmholz angefallen war, von Tag zu

Tag nach oben korrigieren. In der Endabrechnung war es das Achtfache der Menge, die im Jahreseinschlag vorgesehen war.

Er hatte gerade beim Forstamt zu tun, als ein älterer Sägewerker zur Tür hereinkam: »Grüß Gott.« Der Betreiber eines kleinen Sägewerks stellte sich dem Leiter des Forstamtes vor und kam auch gleich auf den Punkt: Er sei bereit, einen Teil des Sturmholzes abzunehmen. Halt so viel, wie er gebrauchen könne. Der Forstamtsleiter blickte ihn scharf an: »Wenn Sie jetzt glauben, Sie kommen an billiges Holz, dann täuschen Sie sich!« Wortlos stand der Sägewerker auf und ging grußlos zur Tür hinaus. Walter kannte ihn gut genug, um zu wissen: An sowas hatte der Mann überhaupt nicht gedacht. Er hatte sich vielmehr in dieser schwierigen Zeit einfach als Partner erweisen wollen. Walter schämte sich für seinen Vorgesetzten.

Die Stürme forderten einen enormen Einsatz. Die Aufarbeitung des Sturmholzes duldete keinen Aufschub, denn entwurzelte Bäume verströmen einen Geruch, der Borkenkäfern verrät, dass ihre Abwehr hinfällig ist, sie keinen Saft- und Harzdruck mehr haben. Gezielt wurden daher bestimmte Waldpartien zuerst aufgearbeitet, damit sich Käfernester höchstens in eng begrenzten Holzschlägen ansiedelten. Alle waren rund um die Uhr beschäftigt: draußen im Wald, drinnen bei den Abrechnungen und dazwischen immer wieder bei Kursen zur Unfallverhütung. Und doch gab es Tote: 15 Waldarbeiter verunglückten deutschlandweit bei den Aufräumarbeiten nach Vivian und Wiebke tödlich, die meisten davon in Privatwäldern.

Das Sturmholz wurde in großen Nassholzpoltern gelagert, die mit dem Nervengift Fastac Forst gegen den Nutzholzbohrer begiftet wurden. Walter war entsetzt: Fastac Forst ist ein heimtückisches Herz- oder Kreislaufgift, kann sich verdeckt oder auch erst sehr viel später auswirken. »Wenn man dieses Gift draußen einsetzt, dann muss die Öffentlichkeit darüber aufgeklärt werden!«, forderte er in der Dienstbesprechung. Wenn da nun Wanderer vorbeikämen, sich auf den Holzpoltern ausruhten und vielleicht sogar dort vesperten, Kinder auf den langen Stämmen balancierten – dann müssten sie gewarnt sein: »Vorsicht, Gift!« Überhaupt, so schlug er im Gemeinderat vor, war dieses Holz unbehandelt doch geradezu ideal, um es für städtische Vorhaben einzusetzen. Spuren der Käfer könnten so etwas wie ein Gütesiegel dafür sein: »Dieses Holz ist nie mit Gift behandelt worden, in dem haben schon andere gelebt.« Beide Anträge wurden abgelehnt.

Vivian und Wiebke brachten neue Lehren mit sich. Manche waren offensichtlich: Es machte einen großen Unterschied, ob ein Orkan einen Mischwald mit Buchen und Tannen traf oder reine Fichtenwälder. Die Fichten fielen am schnellsten um, waren am stärksten betroffen. Dabei entschied sich das Schicksal der Bäume am Boden, auf dem sie wuchsen, am Grad der Durchwurzelung und daran, ob die Fichten schon in zweiter Generation heranwuchsen. Die zweite Generation hatte es im Sturm ungleich schwerer als die erste, denn dort, wo bereits zuvor eine Fichte geerntet worden war, erwies sich die Erde als so verdichtet, dass nur noch ihre Oberfläche lebendig war.

Solche gewaltigen Orkane, wie sie ansonsten im Winter über das Eismeer tobten, hatte man im Schwarzwald bislang nicht erlebt. Mit Vivian und Wiebke hatte der Klimawandel nun auch hierher seine Vorboten geschickt – und die Zweifel an seiner Existenz für viele hinweggefegt. Walter sah die globalen Zusammenhänge und wusste, welche entscheidende Rolle der Golfstrom und El Niño an der Westküste von Südamerika bei diesem Wetterphänomen spielte. Nach dem Sauren Regen war es nun der Treibhauseffekt, der regional und auf der ganzen Welt zeigte, was der Mensch in der Natur für Schäden anrichtete: »Weil wir zu viel Kohlenstoffdioxid ausstoßen, werden die natürlichen Klimaabläufe massiv gestört.« Für den Revierförster waren die Orkane ein mehr als dringliches Signal: »Wir müssen alle Anteile am Klimawandel, die ganz eindeutig auf unsere Lebensweise zurückgehen, wieder zurückfahren!«

Auf den Kahlflächen, die Vivian und Wiebke hinterlassen hatten, ließ Walter so schnell wie möglich nachpflanzen, und zwar Buchen und Tannen, also sogenannte Herz- und Pfahlwurzler, statt Fichten. Im Herbst sammelte er zusammen mit Waldarbeitern zwei Nachmittage lang im Freudenstädter Stadtpark Vogelbeerdolden und hängte die leuchtend roten Früchte in den Sturmflächen aus, um Waldvögel als unentgeltlichen Hilfstrupp zu gewinnen: Amseln, Drosseln, Rotkehlchen, Stare und Mönchsgrasmücken ernähren sich von den Früchten samt ihrer Samen und lassen Letztere, in eine ›Startdüngung‹ gepackt, wieder fallen. Bereits im Jahr darauf wuchsen überall Vogelbeerbäume.

Die Vogelbeere war Walter wichtig. Sie hat keinen großen Holzwert, doch um den ging es ihm dabei auch nicht. Er wusste: Was in tieferen Lagen die Buche durch ihr abgeworfenes Laub an Düngung bewerkstelligte, übernahm in den Hochlagen die Vogelbeere und durchwurzelte obendrein den Boden. Die Idee mit dem Samen, der dank der Vögel vom Himmel fiel, war dabei keinesfalls neu, sondern nur in Vergessenheit geraten. Zwar werden die Vogelbeeren mit Vorliebe vom Wild verbissen, doch auch das fand Walter nicht weiter schlimm. Die Sträucher wuchsen in solchen Massen, dass Buchen und Tannen dafür umso besser davonkamen.

Die natürliche Waldverjüngung läuft im Halbschatten ab: Dort können sich Buchen und Tannen entwickeln, die während ihrer Jugend die starke Sonneneinstrahlung auf den freien Kahlflächen nicht vertragen. Dem, so Walter, sollte eigentlich eine Birkenpflanzung oder eine Birkensaat vorausgehen: »Die Birke wächst in den ersten Jahren unglaublich rasch und wirkt dadurch wie ein Schutzschirm über dem neuen Wald. Diese Funktion kann auch die Vogelbeere übernehmen.« An den aufgelichteten Stellen kam neues Leben in den Wald, zeigten sich bald auch Fingerhut, Fuchskreuzkraut und das schmalblättrige Weidenröschen mit den roten Blüten.

Die Sache mit dem Ozon

Als ich im Sommer 2022 im Neckartal mit einem Forstarbeiter ins Ge-
spräch komme, horcht der auf, als ich Walder erwähne, und sagt: »Ich
habe Walter Trefz nie persönlich kennengelernt. Aber ich weiß: Er hat
sich wie kein anderer Förster für seine Waldarbeiter eingesetzt – und
das als Beamter! Damals beim Ozon war Walter Trefz der Einzige,
der sich als Vorgesetzter wirklich um seine Leute gekümmert hat.«

Walter hatte bereits 1989 aufmerksam erste Zeitungsmel-
dungen zur Kenntnis genommen: Sportler sollten in den Sommermonaten nachmittags nicht mehr zum Leistungstraining
nach draußen, weil das ihrer Gesundheit schade. Als Grund
wurde genannt: In den vergangenen Jahren waren die Werte
für das bodennahe Ozon in den Sommermonaten sehr stark
angestiegen, was sich auf die Atmungsorgane auswirke. Spitzensportler in amerikanischen Camps hätten deshalb enorm an
Leistung eingebüßt.

Waldarbeiter waren nach Ansicht von Trefz genauso gefährdet wie Spitzensportler – und er persönlich war mitverantwort-
lich dafür, dass sie gesund blieben. Den Forstarbeitern erklärte
er es so: »Das eine ist die Ozonschicht, die in der Atmosphäre als
Schutzschild gegen die UV-Strahlen fungiert und durch unser
Verhalten geschädigt wird. Und das andere ist das bodennahe
Ozon, das aus Stickoxiden entsteht, wenn im Sommer längere
Zeit Schönwetterperioden sind. Für so einen Anstieg braucht
es also Stickoxide – die wir durch unsere Autoabgase mehr als
genug haben – und dann noch acht Tage schönes Wetter, dann
steigen die Ozonwerte am Boden direkt vor eurer Nase.«

Nachdem das Umweltministerium vor Sport im Freien
warnte, legte Walter seinen Standpunkt den Lesern des *Schwarz-*
wälder Boten in einem Leserbrief dar: Wenn nun also die Ozon-
konzentration deutlich über 120 Mikrogramm pro Kubikmeter
liege und deshalb auf Ausdauersport verzichtet werden solle,
seien ja wohl auch Gesundheitsschäden bei land- und forst-

wirtschaftlichen Berufsgruppen zu befürchten. Denn gerade sie seien bei ihrer anstrengenden körperlichen Arbeit ja dem Ozon ausgesetzt. Sein Appell lautete: die Schadstoffbelastung sofort durch Tempolimits und autofreie Sonn- und Feiertage zu vermindern. »Was wir brauchen, ist nicht nur immer mehr, mehr, mehr – sondern Luft!«

In Freudenstadt gab es zwei Messstationen, die belegten: Die Ozonwerte stiegen tagsüber gegen 13 Uhr an und fielen ab 18 Uhr, 19 Uhr über Nacht wieder ab, sobald die Sonne sank. Walter Trefz fragte mehrfach, auch schriftlich, im Forstamt nach: »Was soll ich also bei diesen hohen Ozonwerten anweisen?« Weil er keine Antwort bekam, wandte er sich direkt ans Landwirtschaftsministerium in Stuttgart, wobei er seine Bitte um Aufklärung bewusst mit maßlosen Übertreibungen untermauerte: »Werden Gasmasken oder Sauerstoffgeräte als Arbeitsschutzausrüstung angeschafft, und sind diese Schadstoffe überhaupt mit Filtern rückhaltbar?« Dabei war es ihm sehr ernst: »Ich bitte Sie inständig, sehr geehrte Damen und Herren von den Ministerien und von den Personalvertretungen, daß die Regierung kurzfristig Sofortmaßnahmen und langfristig eine neue Verkehrs- und Energiepolitik entwickelt.« Außerdem fragte er an, ob für die ausfallende Arbeit eine Stundenlohnfortzahlung gewährt werden könne.

Im Juli 1990 rann den Waldarbeitern bei der Aufarbeitung der Sturmflächen im Wettlauf gegen die Borkenkäfer der Schweiß nur so von der Stirn und im Radio wurde erneut vor Sport im Freien gewarnt. Am Nachmittag trommelte Trefz seine sechs Waldarbeiter zusammen und schickte sie in den vorgezogenen Feierabend: »Ihr könnt heimgehen und bekommt eine Lohnfortzahlung wie bei Schlechtwetter.« – Eine »Arbeitsunterbrechung infolge schönen Wetters« nannte das sein Vorgesetzter Dr. Tzschupke, für die es keine Rechtsgrundlage gebe. Und überhaupt: Ob denn ein Arzt die gesundheitsschädigende Wirkung des Ozons festgestellt habe? »Nein«, antwortete

Walter: »Um genau das zu verhindern, habe ich so entschieden. Ich will die Arbeiter nicht zum Arzt schicken müssen, sondern dafür Sorge tragen, dass sie gesund bleiben.«

Vom Landwirtschaftsministerium kam im August die Anordnung an die Forstdirektionen in Stuttgart, Karlsruhe, Freiburg und Tübingen, die Waldarbeiter früher am Tag, gleich zum Sonnenaufgang, anrücken zu lassen; dann gebe es hinsichtlich des Arbeitsschutzes keinerlei Bedenken. Kein Wort über die Ursachen des Problems. Walter beharrte auf Ozonfreistunden bei Lohnfortzahlung. Natürlich könne der Arbeitsbeginn vorgezogen werden: »Das kann man alles regeln. Aber wir brauchen eine saubere, klare Regelung – und die war bisher nicht da.«

Zwei, drei Wochen später teilte ihm die Forstdirektion kurzerhand mit: Die Lohnfortzahlung für die etwa 20 nicht abgeleisteten Waldarbeiterstunden müsse er aus eigener Tasche begleichen, denn er habe die Freistellung angeordnet. »Gut«, sagte Walter: »Das mach ich dann, wenn das gerichtlich angeordnet wird. Freiwillig zahle ich die nicht. Erst will ich wissen, wie die Rechtslage ist.«

Letztlich versuchte das Forstamt weder bei Trefz noch bei den Waldarbeitern das Geld einzutreiben. »Aha«, bemerkte Walter: »Das gerichtliche Verfahren scheuen sie in diesem Fall.« Die Sache mit dem Ozon, die unsichtbare Gefahr, die es darstellte, ließ Walter Trefz nicht los. Als das Landwirtschaftliche Institut in Hohenheim wegen des Ernterückgangs zwischenzeitlich zu den hohen Ozonwerten Versuche mit Pflanzen anstellte, beantragte Walter ebenfalls eine Ozon-Messstation, mit Tabak-Pflanzen. »Bei diesen Pflanzen wirken die Spitzen- und Langzeitwerte wie bei uns«, erklärte er Rike. Und tatsächlich konnten sie beobachten: Bei hoher Ozon-Belastung bekam der Tabak gelbe Flecken. Walter stellte zudem an verschiedenen Orten im Revier Saatschalen mit Erbsen und Wicken auf. Dabei stellte er fest: Lupinen und andere Pflanzen drehten bei hohen Ozonwerten die Blatt-Unterseite nach oben. Kopfschüttelnd stand er daneben: »Das ist völlig irrsinnig, weil die Unterseite eines Blattes viel weniger geschützt ist durch Haare oder Wachse als auf der Oberseite. Und auf der Unterseite sind viel mehr Spaltöffnungen.«

Dieses Ozon warf Fragen auf, auf die er bis zuletzt keine Antworten fand.

Das Ende vom Lied oder: »Hier stinkt etwas ganz gewaltig.«

So einen wie Walter hatte der 27-jährige Referendar Hubertus im Forst bislang nicht getroffen. »Du wirst sehen: Walter spricht über ein Büschel Bärwurz und wie und wo der wächst – und erklärt dir dabei die ganze Welt«, erzählte er seiner Freundin Marita, bevor er sie zum ersten Mal auf den Kniebis mitnahm. Walter hatte schon viel von ihr gehört. Wie es mit ihr lief, konnte er am Fell von Hubertus' Hund ablesen: »Ich weiß schon: Glück in der Liebe«, sagte Walter lachend, wenn Kalles Fell geschmeidig glänzte. War es stumpf und struppig, nickte er bloß. Dann wusste er: Hubertus hatte Ärger mit Kalles Frauchen.

Hubertus kam öfters vorbei. Dann lehnte er in seiner schnittigen Forstuniform an seinen Mercedes Strich 8 vor dem Haus im Eichelbachweg, an dessen Garage das Plakat mit dem berühmt-berüchtigten Borkenkäfer-Zitat hing, und rauchte mit Walter ein Zigarettchen. Bei einem dieser Schwätzchen wurde ihm schlagartig klar: »Als Forstverwaltung verwalten wir den Wald, der nicht uns gehört, sondern den uns die Bürger anvertraut haben.« Wenn Hubertus mit Walter vor schwefelgelben Tannen stand, hätte er heulen können: »Noch zwei Jahre, dann sind die tot.« Aber ihm war nicht nur wegen dieser Bäume zum Heulen. Noch viel schlimmer war, was ihnen die Natur damit sagte: »Ihr pumpt da irgendeinen Dreck in die Luft rein, der da nicht hingehört.« Walter gab dann zu bedenken: »Eigentlich müssen wir froh sein, dass die Bäume uns sagen: Hier stinkt etwas ganz gewaltig.«

Hubertus, den jungen Referendar, stimmte das Verhalten der Forstdirektion gegenüber seinem Freund Trefz nachdenklich. Der Korpsgeist in der Forstverwaltung, so empfand er es, war an sich etwas Schönes: »Wir sind die Förster. Wir sind eine Familie.« Er sah aber auch, dass die Art und Weise, wie Walter Trefz sich verhielt, seiner Karriere schadete. Auf der Leiter nach oben krabbelten Jüngere an ihm vorbei und verdienten mehr Geld, weil sie Dienst nach Vorschrift taten.

Als der Personalleiter in Karlsruhe mit einem Ohr mitbekam, dass sich der junge Referendar und Trefz gut verstanden, fragte er genauer nach. Er wollte wohl hören, ob Walters rebellischer Geist womöglich auch schon vom Nachwuchs Besitz ergriffen hatte. »Das ist ein guter Förster«, bekam er von Hubertus zu hören. »Der braucht nur einen Vorgesetzten, der mit ihm umgehen kann.« Die versteckte Kritik an Forstamtsleiter Dr. Tzschupke, der das offenbar nicht konnte, war für Hubertus auf seinem Weg in den Staatsdienst seinerseits nicht förderlich.

Hubertus Ulsamer hat Walder oft wütend erlebt, aber nie zornig. Walder selbst sagte im Sommer 2021 im Gespräch mit ihm und mir: »Im Nachhinein muss ich über einige Dinge immer noch nachdenken. Unsere Veranlagungen werden in sehr früher Kindheit positiv oder negativ beeinflusst. Einer, der mich beeinflusst hat, war mein Konfirmationspfarrer, der Wünschelrutengehen konnte. Er sagte: Da unten ist Wasser. Und das hat gestimmt. Dann hat er gesagt: Da oben ist das Wetter, das wird so und so. Und das ist ums Verrecken nicht so geworden, wie er gesagt hat. Doch davon war er überzeugt. Er hat nicht gelogen. Er war überzeugt davon, dass sein System richtig ist. Da war er so hartnäckig wie der älteste Forstdirektor. Der war sich ganz gewiss: Er macht es richtig. Seither weiß ich: Wenn mir einer was sagt, muss ich erst gucken, ob das richtig ist. Vieles, was mir

Forstamtsmeister gesagt haben, hat halt nicht gestimmt. Und weil so vieles nicht gestimmt hat, bin ich vielleicht so renitent geworden.«

Ich habe nachgehakt: Ob er jemandem beim Forstamt etwas beweisen wollte? Walder schüttelte entschieden den Kopf. *»Ich kann nichts beweisen. Aber ich kann eine andere Meinung dagegenstellen und das dann abprüfen. Ich mache selbst Fehler. Noch immer.«*

Mehr als zwei Jahre nach dem Waldbegang am 6. September 1988 mit Trefz und Dr. Tzschupke, am 26. März 1991, kam es zur mündlichen Verhandlung vor dem Verwaltungsgericht über die Streitfrage: Wurden im Jahr 1987 auf Holzpoltern im Freudenstädter Stadt- und Staatswald 20.000 Liter Gift versprüht?

Nach Ansicht der Forstdirektion, vertreten durch Justiziar Professor Schlessmann, könne der unbefangene Zuhörer durch die Aussage von Trefz den Eindruck gewinnen, das Forstamt habe die beachtliche Menge von 20.000 Litern Gift im Wald ausgebracht. Dabei sei es doch »ein Unterschied, ob jemand ein Viertel Wein trinkt oder 250 Gramm reinen Alkohol.«

Beim Gericht verfing dieser Ansatz nicht. Das Verwaltungsgericht Karlsruhe gab Walter durchweg recht und bestätigte mit seinem Urteil vom 26. März 1991: »Daß den 20.000 Litern Gift nur 55 Liter Giftkonzentrat zu Grunde lagen, ändert nichts an der Tatsache, daß aus diesem Giftkonzentrat 20.000 Liter Gift gewonnen und im Wald ausgebracht wurden.« Weiter wurde festgehalten: Jede berufliche Benachteiligung aus der Ausübung des Amts eines Gemeinderats sei unzulässig. Die schriftliche Missbilligung Trefz' durch die Forstdirektion sei rechtswidrig. Trefz habe zudem den Eindruck vermitteln können, dass sein Vorgehen »wohlüberlegt und aus ernster Sorge bezüglich der zukünftigen Auswirkung einer intensiven Waldbewirtschaftung auf das Wohl der Allgemeinheit geprägt ist.«

Acht Tage später widerrief die Forstdirektion ihre Missbilligung aufgrund des Gerichtsbeschlusses schriftlich. Walter antwortete: Damit sei die Streitigkeit zwar rechtlich abgeschlossen, doch zum Abschluss erwarte er noch etwas von der Forstdirek-

tion: einfach eine Entschuldigung. Diese blieb man ihm zeitlebens schuldig.

Im Januar 1991 wurde Wolfgang Tzschupke als Professor und
Prorektor an die Hochschule für Forstwirtschaft Rottenburg
berufen und 1995 von deren Senat zum Rektor gewählt. Dieses
Amt hatte er bis 2001 inne. Seine Hobbys, so verrät Wikipedia,
sind Wandern, neuere Geschichte, Malerei und Briefmarken.
Seit 1999 gehört Wolfgang Tzschupke dem Freudenstädter Gemeinderat an und ist Fraktionssprecher der *Freien Wähler.*

Damenschuhe im Wald

Mit Sonja Göhringer wurde 1991 erstmals eine Frau Amts-
leiterin der Freudenstädter Forstdirektion. »Mit der wirst du
klarkommen!«, riet Karle Günther seinem Freund eindringlich. Er hatte die Nase gestrichen voll von den andauernden
Streitigkeiten zwischen Walter und seinen Vorgesetzten. All die
Personalgespräche hatten auch ihn viel Zeit und Nerven gekostet und dabei wenig gefruchtet. Eines dieser Gespräche, so
erinnert sich Karl Günther, fand er besonders unerquicklich.
Da saß Walter in Karlsruhe bei der Direktion nur da, guckte
vor sich hin, lächelte dümmlich, als ginge ihn das alles nichts an.
Karle verschlug es die Sprache, als Walter später im Café bei-
läufig abwinkte: »Nein, ich brauche keine Speisekarte. Ich faste
seit acht Tagen.« Das war einer der Momente, in denen Karle
seinen alten Freund nach eigener Aussage »am liebsten eigenhändig erwürgt hätte.« Jetzt aber hatte er die Hoffnung, dass
alles besser würde, denn Karle hatte Oberforsträtin Göhringer
bereits kennen- und als umgänglich schätzen gelernt.

Für Walter passte beim Forstamt schon lange vieles nicht
mehr richtig zusammen. Daran änderte sich auch mit seiner
neuen Vorgesetzten nichts. Im Gegenteil: Bei einem Treffen

im Wald stieg sie in Damenschuhen aus dem Wagen, öffnete den Kofferraum, deutete auf die Gummistiefel und Lederschuhe darin und fragte ihn ratlos: »Welche soll ich denn jetzt anziehen?« Walter schaute ihr tief in die Augen und antwortete: »Frau Göhringer, das habe ich meinen Kindern im Alter von drei Jahren beigebracht. Man zieht immer das an, was zum Wetter passt. Und heute ist trockenes Wetter.« Für ihn war damit alles geschwätzt.

Als sie wieder einmal zusammen unterwegs waren, meinte er: »Sie müssen unbedingt den Björn kennenlernen. Der hilft uns und arbeitet gut.« Ja, das klinge doch gut, dem wolle sie gerne mal »Grüß Gott« sagen. Als sie in dem Waldstück ankamen, in dem Björn zugange war, und sie diesen Waldmenschen in seiner ganzen Pracht sah, wollte sie dann doch nicht aussteigen. Björn, völlig unerschrocken, kam an ihr Fenster, das sie unvorsichtigerweise heruntergelassen hatte. Ganz lässig lehnte er sich ans Auto und beugte sich zu ihr herunter. Seinen intensiven Holzhauer-Geruch verströmend, erzählte er der Amtsvorständin in aller Seelenruhe, was er so den ganzen Tag über machte und schaffte. Je ausführlicher er sich verbreitete, desto weiter wich sie zurück. Nachdem Björn endlich fertig war mit seinen Erzählungen, noch ermunternd aufs Autodach geklopft und ihnen nachgewunken hatte, meinte sie nur knapp: »Da müssen wir nicht nochmal hin.«

Die Zusammenarbeit blieb distanziert, gelinde gesagt. Im Juni 1991 hielt die neue Amtsrätin in ihrer Beurteilung fest: »Walter Trefz verfolgt seine Ideen mit großer Hartnäckigkeit. Darunter leidet das Betriebsklima.« Immer wieder bringe er Vorwürfe und Schuldzuweisungen bezüglich Problemen zur Sprache, für die das Freudenstädter Forstamt nicht zuständig sei. Es kam also nicht zur ersehnten Wende.

Ein Brief ändert alles

Rike hatte gerade ihre Ausbildung zur Heilpflegerin begonnen, als Walters Mutter Helene an Blutkrebs erkrankte. Sie musste fortan wöchentlich zur Behandlung nach Freiburg und konnte schon bald nicht mehr allein in ihrem kleinen Häuschen in Lombach bleiben. Walter und Rike holten sie deshalb zu sich auf den Kniebis.

Helene war keine einfache Patientin. Mit der Zeit wurde sie außerdem dement, versuchte wegzulaufen, schrie immer wieder: »Jesus, erbarme dich!« Walter hatte große Scheu, sie bei der körperlichen Pflege anzufassen. Als stünde etwas Unüberwindbares zwischen ihnen. Im Sommer 1991 übernahm Walters Bruder in Unterweissach, der Bäckermeister Günther Trefz, mit seiner Frau für ein paar Wochen die Pflege der Mutter, während Rike und Walder für zwei Wochen mit einer *BUND*-Gruppe tief in die Buchenwälder von Rumänien reisten. Ausgerechnet während dieser Reise starb Helene. Für Walter war es schlimm, dass er in ihrer Todesstunde nicht bei ihr gewesen war.

Rike half beim Ausräumen von Helenes kleinem Häuschen in Lombach. Sie sieht noch immer die sonnenbeschienene Hauswand vor sich, an der Walter lehnte, weinend, einen Packen Briefe in der Hand. Sie schaute ihn fragend an. Er hielt ihr ein Blatt Papier hin: einen Brief des Pfarrers. Rike las und begriff: Walter weinte um seine Mutter, die zeitlebens allein geblieben war mit der vermeintlichen Schmach: Ihr Mann war nicht im Feld gefallen. Er war keinen Heldentod fürs Vaterland gestorben, wie es sich für die damalige Zeit ›gehörte‹. Er hatte seinem Leben im Donbass selbst ein Ende gesetzt. Für die Begriffe in jener Zeit war er ein Vaterlandsverräter gewesen.

Aus dem Brief ging hervor: Während seines letzten Fronturlaubs hatte sich Walters Vater beim Pfarrer ausgesprochen und ihm gebeichtet, was er als Nahrungsbesorger in einem Versorgungstrupp der Wehrmacht zu tun hatte und dass es sich nicht mit seinem christlichen Glauben vereinbaren lasse. Er halte es einfach nicht mehr aus, den Russen »ihr letztes Huhn wegzunehmen«. Deshalb werde er sich lieber umbringen als so weiterzumachen.

Helene hatte den angekündigten Selbstmord geheimgehalten. Niemand außer ihr und dem Pfarrer hatte die wahren Hintergründe gekannt. Ein Leben lang hatte sie eisern darüber geschwiegen, dass ihr Mann und der Vater ihrer Söhne sich selbst das Leben genommen hatte.

Auch Walder hat die Geschichte seines Vaters kaum einem Menschen erzählt. »Der Pfarrer muss dir die Wahrheit sagen!«, höre ich noch seine eindringliche Stimme. Ein ums andere Mal hat er das gesagt, wenn er von Sebastian Lotzer sprach. Und Walder sprach oft von ihm. Von diesem Freiheitskämpfer, um 1490 in Horb am Neckar geboren, stammt die erste Formulierung von Grund- und Menschenrechten auf deutschem Boden, nachdem sich die Bauern in Oberschwaben aus der Leibeigenschaft befreit hatten. »Die zwölf Artikel der Bauernschaft«, die sich im Frühjahr 1525 als Flugschrift verbreiteten, beginnen mit der Forderung:

> *Es ist unsere demütige Bitt' und unser Begehr', auch unser aller Wille und unsere Meinung, daß wir fortan Gewalt und Macht haben wollen, damit eine ganze Gemeinde einen Pfarrer selbst aussuchen und wählen kann. Auch soll sie Vollmacht haben, denselben wieder abzusetzen, wenn er sich nicht dem Evangelium gemäß verhält. Der so gewählte Pfarrer soll uns das heilige Evangelium klar und ohne allen menschlichen Zusatz, auch ohne menschliche Lehre und menschliches Gebot predigen.*

Walder hat Sebastian Lotzer wegen seiner Verdienste für die Menschenrechte überaus geschätzt. Und vielleicht, so kam es mir vor, hat er mit seinen wiederholten Erinnerungen an Lotzers Appell, ein Pfarrer dürfe Gottes Wort nicht verfälschen, auch sein eigenes Leiden an Unwahrheiten kompensiert.

Aus allem, was ich von Walder gehört habe, sprach eine unbän-
dige Sehnsucht nach Wahrheit. Etwas, woran man glauben konnte.
Grundlagen, auf die Verlass war. Seine Kindheit, umsorgt von Mut-
ter und Großmutter, hatte ihm große Gewissheiten mit ins Leben ge-
geben. Als die Luftverschmutzung das ewige Tannengrün in Gefahr
brachte, fand er bei Wissenschaftlern hieb- und stichfeste Antworten.
Im Streit mit dem Forstamt, der ihn zum Rebell werden ließ, konnte
er vor Gericht Gewissheit erhalten. Im Politischen hat Walder, so wie
ich ihn erlebt habe, mit Vehemenz darauf gepocht, dass möglichst viele
Sichtweisen in Entscheidungen einfließen und damit die rechtsstaat-
liche Demokratie als verlässliche Grundlage lebendig erhalten. Und
auch seinen Gottesglauben hat er nie verloren. Während seiner letzten
Lebensjahre besuchte Walder regelmäßig den Gottesdienst von Knie-
bispfarrer Stefan Itzek, zu dem er großes Vertrauen hatte.

Noch ein Abschied

Seinen Jagdhund Fiedel hatte sich Walter gemeinsam mit Rike
angeschafft. Bei einem Ausflug ins Elsass an einem sonnigen
Sonntagnachmittag, in einem kleinen Örtchen mit schmucken
Fachwerkhäusern, wollte Fiedel auf die andere Straßenseite zu
Rikes Kindern, Julia und Moritz, laufen, als ein kleiner Laster
aus den Weinbergen um die Kurve bog. Der kleine Laster er-
fasste den Hund und schleifte ihn mit, bis er, zusammengefahren,
auf dem Asphalt liegenblieb. Walter hob ihn auf, rannte los zum
Auto. Mit dem blutüberströmten Hund rasten sie so schnell es
ging über die Rheingrenze zurück. Doch der Tierarzt konnte
Fiedel nicht mehr helfen, schüttelte nur den Kopf: »Da hat alles
keinen Zweck mehr.« Fiedel lag ganz still da. Walter war tod-
unglücklich. Fiedel war für ihn durch nichts zu ersetzen.
    Rike verstand nicht ganz, was diesen noch jungen Hund für
Walter so unersetzlich machte, außer, dass er ein Bindeglied war

zwischen ihm und ihr. Vielleicht, vermutete sie im Nachhinein, hatte Walter damals schon etwas gespürt, das Ende ihrer Beziehung kommen sehen.

Walters nächste Jagdhündin Cara fühlte sich leidenschaftlich hingezogen zu Professor Doktor Kalle, dem Hund des Referendars Hubertus. Die beiden Hunde fanden so viel Gefallen aneinander, dass kein Mensch dazwischenging, als sie für Nachwuchs sorgten – und mit dieser vom Zuchtwart nicht genehmigten Schweißhundhochzeit verwandtschaftliche Bande zwischen Walter und Hubertus knüpften.

Als Cara in einer Winternacht ihre Jungen warf, war es eiskalt. Rike verbrachte die Nacht bei der Hündin im Zwinger, die ein Junges nach dem anderen bekam. Am Ende waren es zwölf kleine Welpen. Weil sie mangels Zuchtpapieren keine Abnehmer fanden, mussten bis auf vier alle getötet werden. Einer der Welpen, Assi, wurde der Jagdhund von ›Ameisenbär‹ Dieter Huber. Einen anderen, Pascha, behielt Walter selbst.

Bei aller Liebe zu Walter tat sich Rike immer schwerer mit seinem Förster-Dasein auf dem Kniebis und den Leuten im Schwarzwald. Ein ums andere Mal legte sie sich auf den weichen, torfigen Waldboden und weinte bittere Tränen in die abgefallenen Nadeln. Immer wieder stand sie auf, machte weiter – und kam doch nie so richtig in Walters Welt hinein.

Walter fand derweil immer weniger Worte für sie. Er wurde strenger mit seinem Hund. Die Angst, dass er sie verlieren könnte, ließ ihn hart werden. Nicht gegen sie, doch gegen seinen täglichen Begleiter.

Rike bewunderte an Walter, wie schnell er sich voll und ganz auf eine Situation einlassen, sie erfassen und fadengerade seinen Standpunkt dazu formulieren konnte. Einer davon war: »Wir Förster sind für den Wald da – und nicht fürs Geld!« Nur konnte sie inzwischen nicht mehr sehen, für wen sie da war, wohin das gemeinsame Leben mit Walter führen sollte. So wandte sie sich wieder ihrem eigenen Traum zu, einer eigenen

Apotheke, und zog nach Meißen, wo ihre Familie herstammt. Sie konnte diesen Schwarzwald nicht länger ertragen, und Walter konnte nicht weg aus seinem Revier. Deshalb entschieden sich beide für eine Trennung, die hart und absolut war.

Walter war 53 Jahre alt, als er erneut allein auf dem Kniebis zurückblieb. Kurz darauf fuhr er gemeinsam mit dem *BUND* nach Białowieża und begegnete dort dem ausgestopften Bären, der ihm so viel über sich selbst erzählen konnte.

Nachspiel auf dem Polizeirevier

Anlässlich des zehnten Jahrestages der bundesweiten *Aktionskonferenz* zum Waldsterben im Herbst 1993 rief die *Freudenstädter Aktionseinheit* gemeinsam mit *Greenpeace* und *Robin Wood* zum viertägigen *Freudenstädter Umweltgipfel* auf – der ein aufsehenerregendes Ende auf dem Freudenstädter Polizeirevier finden sollte.

Just an diesem Wochenende empfing die Stadt hochoffiziell Gäste aus der französischen Partnerstadt Courbevoie. Erich Zanocco von der Fraktion der *Freien Wähler* war in seinen Nadelstreifenanzug geschlüpft und parlierte beim Stehempfang im Rathaus charmant mit Gemeinderäten aus der Partnerstadt, als ihm ein Parteifreund zuflüsterte: »Diese Grünen blockieren die ganze Straße!« Zanocco war empört. Wie sollten dann die französischen Gäste rechtzeitig zum Mittagessen ins *Hotel Palmenwald* kommen?

Flugs eilte der kommunalpolitisch engagierte Fliesen- und Grabstein-Unternehmer über den Marktplatz zur Kreuzung vor der Venus-Statue. Weitere festlich gekleidete GemeinderätInnen folgten ihm. Da sahen sie es auch schon: Die Straße stand voller Bäume! »Was soll das?«, herrschte Zanocco die Aktivisten an. »Wir gehen heute mit Freunden auf die Straße«, lautete die fröhliche Antwort einer jungen Frau. Zanocco griff sich eines der herumliegenden Flugblätter und las laut vor: »Heute kommen wir auf Deine Straße, weil wir Dich zur Besinnung bringen wollen.« Wütend zerknüllte er das Papier: »Euch bringe ich zur Besinnung!« Sprachs, schnappte sich ein Bäumchen und zerrte es von der Straße.

Aus Protest gingen die Bäume mitten auf dem Freudenstädter Marktplatz auf die Straße und stellten sich Autofahrern und Gästen aus der Partnerstadt Courbevoie in den Weg.   *Bild: privat*

Schon rollte der Bus mit den französischen Gästen auf die Kreuzung zu, auf der gar nichts mehr ging. Die Bäume, so hielt es die Reporterin Doris Wegerhoff für die *Neckar-Chronik* fest, waren den Ausflüglern entgegengekommen, hatten die Kreuzung besetzt und ihre pieksigen Arme weit ausgebreitet. Zweibeinige Begleiterinnen und Begleiter sprachen für sie: »Wir bitten dich eindringlich: Bleib so wie wir länger an einem Ort. Durch deinen Energieverbrauch bringst du uns alle in Not und gefährdest unsere Gesundheit und Lebensgrundlage!« Autofahrer hupten und sprangen schimpfend aus ihren Autos, um den Wald, der sie da blockierte, eigenhändig aus dem Weg zu räumen. Walter stellte sich schützend vor die Fichten: »Geht mir vorsichtig mit dem Wald um, sonst geht er kaputt!« Mittlerweile war die Polizei angerückt und schleifte, unterstützt von Feuerwehrleuten aus der Entourage der Franzosen, Bäume und Demonstranten von der Straße. Doch sobald sie einen von der Straße getragen hatten, lief der nächste schon wieder zurück und stellte sich erneut mit seinem Freund, dem Bäumchen, als grünes Stoppschild dem Verkehr entgegen.

Es herrschte ein heilloses Durcheinander. Helmut Klein, der *BUND*-Sprecher des Arbeitskreises Wald, landete schließlich zusammen mit anderen DemonstrantInnen vor dem Polizeirevier, wohin die Beamten zwei Festgenommene, Armin Bobsien von *Robin Wood* und Gero Lücking von *Greenpeace*, abgeführt hatten. Helmut ›Kini‹ Klein drängelte sich vor: »Lasst mich durch, ich regle das!« Er wollte sich selbst anzeigen, die Verantwortung für die spontane Demonstration auf sich nehmen. Doch drinnen waren erstmal andere dran, die sich aufgebracht über die Verkehrsbehinderung beschwerten.

Dem Polizisten am Tresen kam das gerade recht, bemerkte Klein. Aufmerksam lauschte er, was geredet wurde, während die Anzeigen wegen Nötigung und Widerstands gegen Vollstreckungsbeamte formuliert wurden. Nach zwei Minuten war ihm klar: »Mensch, die machen gerade mit dem Polizisten aus, wen sie am besten anzeigen.« Und so wie der Polizist fragte und sich mehr oder weniger seine eigenen Mutmaßungen bestätigen ließ, lief alles auf eine Person hinaus: Walter Trefz.

Klein holte einen Zettel aus seiner Tasche und schrieb mit. Das gefiel den Beamten nicht. Sie verlangten die Herausgabe seines Mitschriebs. Klein weigerte sich. Aus dem Wortwechsel wurde eine Rangelei. Klein behielt den Zettel eisern in seiner Faust. Die Beamten sperrten ihn in eine Zelle und drängten ihn weiter, den Zettel herauszugeben. Doch Klein verwahrte sich laut schreiend dagegen, verlangte einen Anwalt. Die Beamten drückten ihn auf den Boden, durchsuchten seine Hosentaschen und kamen zwar schließlich an den Zettel, konnten aber seine Handschrift nicht entziffern. Klein sackte auf dem Boden zusammen und machte keinen Mucks mehr, bis eilends ein Krankenwagen gerufen wurde.

Dies sei ein Schauspiel gewesen, erzählt der Waldpolitiker Klein bald 30 Jahre später. Schlimm sei für ihn dabei nicht die körperliche Übermacht gewesen, der er sich habe beugen müssen, sondern: »Dass dieser Polizist, der Walter Trefz kennt und hasst, die Anzeige für einen durchfahrenden Omnibus formuliert und die dabeistehen und nur ›ja‹ sagen. Das ist so krass. Das hat mit Polizei und mit Recht nix zu tun. Das ist einfach eine Sauerei – und illegal!«

Die Aufregung in den Tagen danach war groß. Noch Wochen später arbeiteten sich Stadtverwaltung, Forstbehörde und Kommunalpolitiker an dem Skandal in Freudenstadt ab. Selbst die Landespressekonferenz in Stuttgart ging der Frage nach: War es im Polizeirevier Freudenstadt zu Polizeigewalt gekommen? Forstamtsleiterin Göhringer setzte indessen umgehend einen Brief an die Stadtverwaltung auf, in dem sie beteuerte, von nichts gewusst zu haben. Schon gar nicht, dass städtisches Eigentum – die Bäumchen – für eine derartige Aktion herangezogen werden sollte. Der materielle Schaden für die Stadt lasse sich auf exakt 51 Mark beziffern. Weit gewichtiger jedoch sei der immaterielle Schaden, der angerichtet worden sei.

»Durch dieses unsachliche Verhalten haben Sie Porzellan zerschlagen, das wohl nur schwer wieder zu kitten sein wird«, wetterte Oberbürgermeister Erwin Reichert gegenüber der *Bürgeraktion*. Trefz persönlich stellte man 51 Mark für die Baumscheiben und den Anhänger in Rechnung.

Allzu ernst nehmen konnte Walter das alles nicht mehr. Lange war ihm das Lachen im Hals stecken geblieben angesichts des sterbenden Waldes. Jetzt blitzte immer häufiger der Schalk auf, wenn er die Gelegenheit hatte, andere auf die Schippe zu nehmen, in diesem Fall den Fliesenlegermeister Zanocco: Für diesen sei ein guter Wald halt wohl ein gefliester Wald, schrieb er in einem Leserbrief, der in der Lokalpresse erschien. Walters Bärenfell war mittlerweile dick genug, um den Zorn abzuwehren, den er damit auf sich zog. »Der Wald braucht Wildnis!«, das war sein Credo.

Nur: In dem ganzen Tumult blieben die Bäume erneut auf der Strecke. Walter ging in sich und stellte sich die Frage: Wie konnte es sein, dass immer nur über Geld und nicht über die Bäume, die Luft, das Grundsätzliche gesprochen wurde? Über Zuständigkeiten statt Verantwortung? Dass persönliche Befindlichkeiten über die Grundlage allen Lebens gestellt wurden? Im November 1993 zeigte er sich in einem Leserbrief selbstkritisch:

Wenn ich in einer ruhigen Stunde mein Verhalten und meinen Standpunkt überprüfe und dann die zunehmende Luftverschmutzung und die immer mehr zerstörten Wälder dagegensetze, erschrecke ich über mich selbst, daß ich nicht mit mehr Energie, Mut und entschiedener dagegen angehe. Dies nicht nur als Mensch und Umweltschützer Walter Trefz, sondern auch als Förster, der beruflich für die Erhaltung von Stadtwald im Revier Kniebis mit zuständig ist.

Immerhin, das Medieninteresse an der Freudenstädter Konferenz war geweckt, auch wenn der »Polizeigewalt im Amt« (so damals Helmut Klein) bzw. dem »Schwächeanfall durch Schreien« (laut Darstellung der Polizei) deutlich mehr Platz eingeräumt wurde als dem Anliegen der Umweltschützer.

In ihrer Resolution hielt die *Aktionskonferenz* 1993 fest:

Die heutige Marktwirtschaft wälzt soziale und ökologische Folgekosten auf die Allgemeinheit ab. Durch den Konkurrenzkampf der Unternehmen untereinander werden große

Energiemengen und Ressourcen verschwendet. Es gilt, das Bewußtsein der Menschen im industrialisierten Norden der Welt dahingehend zu entwickeln, daß Arbeit und Natur nicht als Ware, sondern als schützenswerte Grundlage angesehen werden. Die heutige Marktwirtschaft basiert auf übermäßigem Konsum; dieser ist Ersatzbefriedigung für nicht gelebtes Leben und kommt damit einem Suchtverhalten gleich. Auch in dieser Hinsicht ist das Bewußtsein des Menschen im industrialisierten Norden zu bilden. Projekte wie selbstverwaltete Betriebe und freie Schulen finden daher unsere Unterstützung. Wir fordern alle Nichtregierungsorganisationen auf, sich mit dem Gedanken von gemeinsamen Entwicklungszentren zu beschäftigen, die zur Förderung einer anderen Lebensweise führen. Die bisherige Wirtschaftspolitik bietet keine Ansätze zur Konfliktbewältigung Ökologie – Ökonomie. Dieses Problem wird durch die staatliche Förderung einzelner, sinnvoller Projekte womöglich gemildert, aber nicht behoben. Wir müßten nicht nur Entwicklungshilfe im Süden, sondern gerade auch hier im Norden leisten.

Die bisherige Luftreinhaltepolitik hat bei allen maßgeblichen Schadstoffen (außer SO$_2$ und Blei) eine Zunahme nicht verhindert und hat damit versagt. Das Ökosystem Wald mit dem größten einheimischen Artenpotential verliert damit ständig und unwiederbringlich Teile seiner Lebensgemeinschaft; die klimatische Veränderung der Erdatmosphäre schreitet voran, und Gesundheitsschäden nehmen zu. Eine Mindestbelastung durch Umweltgift, die unschädlich ist, gibt es nicht. Deshalb können auch keine Grenzwerte für solche Belastungen definiert werden. Die Erfordernisse des Ökosystems Wald, des globalen Klimas und der menschlichen Gesundheit machen es unumgänglich, insbesondere die Energie-, Verkehrs- und Agrarpolitik radikal zu verändern. Dies bedeutet, insbesondere die Nutzung fossiler Energie drastisch zu reduzieren und regenerative Energien konsequent zu fördern.

Sofortige Maßnahmen sind unter anderem die Einführung einer hochwirksamen Energiesteuer für alle nicht regenerierbaren Primärenergieträger, das Verbot von Futtermittelimporten. Die Förderung industrieller Landwirtschaft ist einzustellen. Die beabsichtigte Braunkohleverstromung ist wegen der damit verbundenen Zerstörung der Landschaft zu unterlassen. Die Großstrukturen der Energieversorgung sind durch dezentrale Strukturen auf der Basis regenerativer Energie zu ersetzen.

Walter hatte letztlich eine Rechnung in Höhe von 6 Mark für die Benutzung eines städtischen Anhängers zu begleichen.

Verbannung

Im November 1993 kassierte Walter erneut eine Abmahnung wegen unbefugter Öffentlichkeitsarbeit, nachdem er einem SWR-Fernseh-Team einmal mehr Auskunft zum Waldsterben gegeben hatte. Im März 1994 nahmen ihm Polizisten wegen »Trunkenheit am Steuer« seinen Führerschein ab. Ein Anrufer hatte die Polizei informiert, dass Trefz nicht mehr nüchtern von einer Forstamtsfeier nach Hause gefahren sei. Die nächsten Monate radelte Walter mit schmerzenden Knien in den Wald.

Walter war angezählt. Den Mund ließ er sich jedoch noch weniger verbieten denn je. »Schlimm genug, daß wir klares Wasser und reine Luft, diese wertvollen Geschenke des Waldes, sträflich mißachten und dem Spender geschändet zurückgeben«, zitierte ihn die Zeitschrift *Kosmos* im Dezember 1994. »Wir müssen von Grund auf umdenken, wir müssen bescheiden werden und endlich einsehen, daß nicht alles technisch lösbar ist!« Denn: »Der Topf ist fast siedend heiß, aber noch können wir ihn vom Feuer nehmen. Vielleicht ist unsere letzte Chance aber auch die Katastrophe, vielleicht werden wir uns erst dann ändern, wenn das Rauschen des Waldes für immer verklungen ist.«

Forstamtsleiterin Göhringer stellte die Loyalitätsfrage. Walters Antwort darauf erfolgte schriftlich am 30. Januar 1995 an die Forstdirektion Freiburg: »Eine Forstverwaltung, so meine ich, sollte aber noch mehr die Waldinteressen als die Holzinteressen vertreten.«

Aus Sicht der Forstverwaltung war dieser Revierleiter dem Forstbetrieb nicht länger zumutbar. Ende Juli 1995 erhielt Walter Trefz die Ankündigung, als Leiter des Forstreviers Kniebis vom Dienst entbunden zu werden. Er sollte direkt der Forstdirektion Karlsruhe unterstellt und zur Kartierung für die Forstliche Versuchs- und Forschungsanstalt in den Bannwald »Wilder See« geschickt werden, ein hoch über dem Ruhestein gelegener Naturwald, der seit 1911 als Schutzgebiet ausgewiesen ist. Da wurde nun also einer der profiliertesten Förster des Landes auf gut Schwäbisch zu einem »Bosselgschäftle« degradiert, für das es keiner besonderen Qualifikation bedurfte. Nicht nur Karle Günther empfand das als eine »Granatensauerei«.

Lichtblicke

Bäume richten sich immer Richtung Lichtquelle aus. Für Walter wurden die USA, in die er 1996 zusammen mit seiner damaligen Freundin Karin, Kini und dessen Frau Susanne flog, zu einer solchen Lichtquelle. Beim Flug über den Atlantik sahen sie die grönländischen Eisflächen von oben. Nach der Landung in San Francisco ging es mit dem Wohnmobil über die Golden-Gate-Bridge in die alten kalifornischen Wälder, in den Yosemite-Nationalpark, John Muirs »Universität der Wildnis«. Muir, der Begründer der amerikanischen Nationalparks, hatte 1868 erstmals Yosemite erkundet und in seinem gleichnamigen

Klassiker angesichts der überwältigenden Wildnis festgehalten: »Wir alle brauchen nicht nur Brot, sondern auch Schönheit, Orte zum Spielen und zum Beten, wo die Natur uns heilen und aufmuntern und unserem Körper und unserer Seele gleichermaßen Kraft verleihen kann.«

Im Nationalpark trug fast jeder alte Baum einen Namen – den Namen eines Generals, Frauennamen waren nicht dabei. Ebenso fasziniert waren der Biologe und der Förster von der nachwachsenden Vegetation auf einer vor etwa zwei Jahren abgebrannten Waldfläche. Bei ihrer Wanderung hinab in den Talkessel zwischen den von abgeschmolzenen Gletschern geformten Felsen gingen sie der Frage nach: Wo gingen die vereinzelt stehenden Bäume in den Wald über?

Auf der Weiterreise in den Süden passierten sie Farmland mit beregneten, industriellen Obstbaum-Plantagen und Windparks mit Hunderten von Windrädern. In der Mojave-Wüste studierten sie Lebensgemeinschaften von Trockensträuchern und Gräsern auf kargen Böden, die so gar nichts mit Wäldern gemein haben. In den White Mountains, im Inyo-Nationalpark, machten sie den Bristlecone-Kiefern mit Namen »Patriarch« oder »Methuselah« ihre Aufwartung: 2000, 3000, gar 4000 Jahre alt, eigentlich nur noch Stümpfe im Boden mit bis zu vier Metern Durchmesser, aus denen grüne, fünf bis acht Meter lange Äste ragen; Bäume, deren Hauptstamm längst weggesplittert war und die sich beim Sterben doch unendlich viel Zeit ließen. Im Tausende Jahre alten *Wrist*, wie Walter die Überbleibsel nannte, war immer noch Leben. Walter und Kini gingen völlig auf in der näheren Betrachtung dieser unglaublichen Lebewesen. Angesichts einer Kiefer, die seit bald 5000 Jahren die Zeit überdauerte, relativierte sich vieles.

»Da!« Aus dem Augenwinkel hatte Walter seinen ersten Kolibri entdeckt. Kini wechselte rasch das Objektiv an seiner Kamera, um die exotische Begegnung zu dokumentieren. Walter sah zu, wie der Flugkünstler scheinbar in der Luft stehenblieb:

Sie waren in einer anderen Welt angekommen. Hier ließ sich John Muirs und Henry David Thoreaus Naturverständnis eindrucksvoll nachempfinden. Ehrfurcht überkam Walter: »Zu ihrer Zeit wurde zum ersten Mal klar definiert, dass solche ursprünglichen Gebiete unter Schutz gestellt werden müssen, weil sie so eine hohe Wertstellung für uns haben. Und zwar nicht nur naturschutzfachlich. Sondern deshalb, weil in diesen Gebieten das Werden und Vergehen erlebt werden kann und sie auch deshalb für die Nachwelt erhalten bleiben müssen, damit die Besucher eben das erkennen können.«

Trotz seiner Faszination für die US-amerikanischen Wälder blieben sie Walter aber doch fremder als alle, die er bislang kennengelernt hatte. Den Urwäldern in Slowenien, Polen, Russland und Rumänien fühlte er sich näher: Solche Wälder könnten auch im Schwarzwald wachsen. Wenn man sie denn ließe.

Als ich mir an Pfingsten 2022 die Tonaufnahmen von jenem April-Abend im Jahr 2017 anhöre, an dem mir Walder von seiner Amerika-Reise erzählte, muss ich lachen. Was habe ich ihm damals doch für naive Fragen gestellt und dumm dahergeschwätzt! Walder war viel weiter draußen, als mein Horizont reichte, und so viel näher dran an dem, was die Welt zusammenhält.

Helmut Klein, so höre ich in dem Interview mit ihm nach, führte Walters besondere Begabung, immer einen Schritt weiter zu gehen und sich von keinem Ungemach ganz vereinnahmen zu lassen, auf dessen frühkindliche Prägung zurück. Das Glück einer selbstbestimmten Kindheit habe diesen Mann früh gelehrt, dass er selbst etwas tun und ändern könne. Deshalb, so schlussfolgerte Klein, sei Resignation für ihn nie eine Option gewesen: »Auf seine Art ist der Walder ein ganz seltener Vogel. Er hat vor allem eines gelebt: ganz sich selbst. Denn der Walder ist immer vor allem eins: Der Walder.« – Und Kini war sein Brückenbauer in die Welt, über den Schwarzwald hinaus.

Walder führte die Reise zurück zu dem, wonach er sich zeitlebens sehnte: in die freie Wildbahn.

Der Morgen dämmert, während ich dem nachsinne. Wie ein lautes Gloria setzt der Gesang der Vögel ein. Im Garten steht die Schale mit dem etwa 80 Zentimeter hohen Mammutbaum von der US-amerikanischen Westküste, den mir Walder geschenkt hat. Er hat seinen Platz eingenommen unter pinkfarben blühenden Hagebutten und steht geschützt von meinen Hecken vor einem mehr und mehr zerfallenden Weidenstamm, umringt von Ehrenpreis, das gleich seine zarten blauen Köpfchen öffnen wird. Ein neuer Tag bricht an. Ein guter Moment, um Walder selbst zu Wort kommen zu lassen, der nach der USA-Reise seinen Kompass neu ausgerichtet hatte:

»Wir dürfen in Wirtschaftsräumen im Wald ernten und das Holz holen, das wir als Werkstoff brauchen. Aber das muss eben nach Regeln geschehen, die nicht wir festlegen, sondern die der Wald selbst mit vorgibt.«

Nachhaltigkeit, wie sie der Forst praktiziert, richtet sich nach den Vorgaben von Hans Carl von Carlowitz (1645–1714). Der kursächsische Berghauptmann, der für seinen Bergbau ständig neues Holz benötigte, rechnete aus, wie hoch sein Jahresbedarf sein würde, und teilte dann seine Waldfläche so ein, dass er immer erst nach zehn Jahren ein bestimmtes Waldgebiet aberntete, in dem währenddessen die zuvor entnommene Holzmenge wieder nachgewachsen war. Carlowitz dachte Nachhaltigkeit also in Bezug auf die Holzversorgung und setzte entsprechend zum Maßstab: Immer nur so viel Holz aus dem Wald herausnehmen wie nachwächst.

Nach Walders Verständnis musste Nachhaltigkeit jedoch das ganze Ökosystem umfassen: »Dazu gehört, dass auch alle anderen Funktionen des Waldes erhalten bleiben müssen, also die Klimaschutzfunktion, die Wasserfunktion, die Bodenkraft. Es darf kein Tier und keine Pflanze verlorengehen. Ich darf ein einzelnes rausnehmen, aber die Art darf nicht verlorengehen. Ich darf Beeren ernten, aber die Sträucher müssen erhalten bleiben. Ich darf einen Hirsch oder ein Reh jagen, aber die Art muss erhalten bleiben. So gilt das für alle Lebewesen.«

Ein unwürdiger Schluss ...

In der Forstverwaltung kam Walter nach der Amerika-Reise nicht mehr wirklich an. Seit er wusste, dass er sein Revier verlassen musste, fühlte er sich krank, buchstäblich in die Knie gezwungen. Ab Frühjahr 1997 kämpfte er seinen letzten Kampf mit der Forstverwaltung. Dieses Mal ging es ganz um ihn: Wegen seiner Knieschäden konnte er, nunmehr seit 42 Jahren im Forst tätig, nicht mehr ganztags draußen im schweren Gelände unterwegs sein und beantragte deshalb die Anerkennung einer berufsbedingten Schwerbehinderung, die zu 40 Prozent anerkannt wurde. Ein Jahr später, im April 1998, musste Walter Trefz wie angekündigt sein Revier auf dem Kniebis abgeben. Als letzte Amtshandlung stellte er sechs Waldarbeitern zum Dank für ihre jahrzehntelange Knochenarbeit ein Ruhebänkle auf und lud sie auf ein Vesper und ein Schnäpsle ein. Statt eines Trinkspruchs gab es eine Trefz'sche Würdigung mit politischem Anstrich und derbem Witz: »Waldarbeiter wie ihr werden heute gnadenlos durch Maschinen ersetzt. Aber Maschinen arbeiten nie und nimmer so wie ihr 46, 43 oder 39 Jahre am Stück. Maschinen zahlen keine Versicherungsbeiträge. Nach zehn Jahren sind sie zu nichts mehr zu gebrauchen. Und wenn zwei Schlepper zusammenstoßen, dann gibt es keinen neuen. Sondern nur Schrott.« Das zeige doch, dass »unser System nicht mehr richtig ist, weil es sich mit großen Schritten wegbewegt von einer nachhaltigen Kreislaufwirtschaft hin zu einer nicht nachhaltigen Abfallwirtschaft.« In das ökologische System Wald mit seinen vielfältigen, überlebenswichtigen Funktionen gehöre auch der Wert Arbeitsplatz für den Menschen. Ihn durch Maschinen wegzurationalisieren, bedeute das Durchbrechen der Nachhaltigkeit, der Kreislaufwirtschaft.

Für Walter Trefz selbst brachen neue Zeiten an. Ein 60-Jähriger, der schlecht zu Fuß war, weil er in beiden Kniegelenken an Arthrose litt, sollte nun also sogenannte Bannwälder kartieren, oben am Ruhestein und unten in Bad Rippoldsau die Bäume zählen. Denn, so lautete die offizielle Begründung: Mit einem so umfassenden ökologischen Wissen, wie es Herr Trefz besitze, sei er wie kein anderer dazu prädestiniert, diese verantwortliche Stelle zu übernehmen.

Eineinhalb Jahre ertrug Walter diese Demütigung – Kollegen sprachen gar von einer »brutalen Vergewaltigung« –, dann beantragte er die Versetzung in den vorzeitigen Ruhestand. Sang- und klanglos wurde Walter Trefz am 9. Dezember 1999 am Rande eines Sicherheits-Lehrgangs in Simmersfeld aus dem Forstdienst verabschiedet. 35, 40 Kollegen von zwei Forstämtern saßen dort beim Mittagessen zusammen, als Forstdirektor Jürgen Hauck ohne großes Aufheben sagte: »Ich darf heute noch unseren Mitarbeiter Walter Trefz verabschieden.« Sprach's, überreichte ihm eine Urkunde und drückte ihm die Hand. Das war's. Eine äußerst wirkungsvolle Geste – mehr noch für die Kollegen als für Walter selbst, beobachtete er: »Sie alle wurden Zeugen davon, wie es einem ergeht, der sich als Beamter nicht fügt. Alle Kollegen schwiegen betreten.«

In der Horber *Neckar Chronik* gab die Lokaljournalistin Doris Wegerhoff ihrer Verwunderung Ausdruck: kein offizieller Pressetermin, kein Foto, keine einzige Zeile für einen Förster, der in den Medien deutschlandweit bekannt war als einer, dem das Wohlergehen des Waldes mehr am Herzen lag als seine eigene Karriere? Doch, doch, beeilte sich der Forstdirektor zu erklären – eine entsprechende Pressemitteilung werde zum Jahresende verschickt. Die folgte dann auch tatsächlich, kam aber ausgesprochen sachlich und nüchtern daher.

»Sobald man sich vergleicht, öffnet man sein Herz dem Unglücklichsein.«

Walter war bereits vorher in eine andere Rolle geschlüpft. Karin Dorka, Olfert Dorkas Tochter, hatte die *Bürgeraktion* auf die Idee gebracht, ihrer Stadt zum 400. Geburtstag im Jahr 1999 ein Sommertheater zu schenken. Diese Idee wurde in die Tat umgesetzt: Oben auf dem Kienberg wurde das *Das Kalte Herz* von Wilhelm Hauff aufgeführt. Abend für Abend spazierten die Theatergäste in der Dämmerung zwischen Bahnen von aufgehängter Wäsche in den Wald hinein. Im Lichtschein erwachten die Baumgestalten zu ungewohntem Leben und zeigten sich, wie kaum ein Zuschauer sie je zuvor wahrgenommen hatte. Die Darsteller huschten derweil auf Schleichwegen zum nächsten Bühnenort, wo eine neue bewegte Szenerie aus dem Dunkel auftauchte: eine Fee, die über ein Seil tanzte, arme Leute, die im Wald Holz und Reisig sammelten. Spätestens am Kohlenmeiler, wo Szenen aus der dunklen Vergangenheit des Schwarzwalds nachgestellt wurden, musste den Zuschauern das kritische Potential des 200 Jahre alten Märchens klarwerden: von klein auf zur Arbeit verdammte Kinder, besoffene Köhler, geprügelte Frauen, von Not und Armut bedrohte Familien, immer darum bangend, ob der Meiler richtig geschichtet war, damit er nicht in Flammen aufging. Trefz selbst mit seinem Rauschebart und der schulterlangen Mähne, auf einer Kanzel hoch oben in einer Tanne thronend, gab den Holländermichel, der den eiskalten Ausverkauf von Heimat, Identität und damit auch Menschlichkeit verkörpert. Tief grollend dröhnte es aus dem Geäst herab: »Peter Munk, was tust du im Tannenbühl?« Regisseur Paul Siemt vom Melchinger *Lindenhof-Theater* war begeistert – und das Publikum ebenso.

Seit so viel Geld im Land sei, so heißt es in Hauffs Märchen, seien die Menschen unredlich und schlecht geworden. Der Kohlenpeter-Munk, ein bettelarmer Köhlersohn, will unbedingt so reich sein wie der Holzhändler Ezechiel, so kühn und gewieft wie der lange Schlurker und von Frauen so begehrt wie der Tanzbodenkönig. Dafür gibt Peter Munk dem Holländermichel sein warmes, mitfühlendes Herz und tauscht es gegen ein kaltes, steinernes ein. In der Folge verjagt er Hungernde, verstößt die Mutter, erschlägt seine Liebste − und verspürt dabei keinerlei Schmerz. »Ach, freilich − Tränen und Seufzer, Heimat und Wehmut kommen ja aus dem Herzen« − und davon hat ihn der Holländermichel befreit.

Walter sann während der Aufführungen so viel über dieses Märchen nach, dass er ein ums andere Mal fast seinen Einsatz verpasste oder den Text vergaß. Als Holländermichel, so ging ihm auf, gab er dem Kohlenpeter-Munk nur das, wonach ihn verlangte: Geld und Macht. Doch das Grundübel war schon lange davor in der Welt. Es nahm bereits in dem Moment seinen Lauf, als der Kohlenpeter-Munk anfing, sich mit anderen zu vergleichen. Er wollte reich, kühn, attraktiv sein − wie andere. Das kleine Wörtchen ›wie‹, erkannte Walter, war der Schicksalswender im Märchen wie auch sonst im Leben: »In diesem ›wie‹ steckt ein Geheimnis. Denn diese Geschichte zeigt uns, dass es unser Herz kalt macht, wenn man immer wie ein anderer sein möchte. Sobald man sich vergleicht, öffnet man sein Herz dem Unglücklichsein.«

Jedes Mal, wenn Walter in die Rolle des Holländermichel schlüpfte, spürte er seinen innigsten Wunsch stärker werden: Der Wald sollte ganz er selbst sein dürfen. Nicht nur die Rollen erfüllen, die ihm die Menschen mit ihren unterschiedlichen Interessen zuschrieben. Er sollte sich seiner natürlichen Bestimmung wegen ganz so entwickeln, wie es ihm entsprach. Es musste möglich gemacht werden, zumindest in Teilen, dass kein Kapital aus ihm herausgeschlagen wurde. Zum Jahresende 1999 endete Walter Trefz' Dienst im Forst. Jetzt konnte er sich ganz der Frage widmen, die ihn mehr und mehr interessierte: Wieviel Wildnis braucht der Mensch − und der Wald?

Wie ein Vorspiel zum Weltuntergang: Lothar

Am zweiten Weihnachtsfeiertag 1999 um die Mittagszeit tobte Lothar durchs Land.

Für mich veränderte der Sturm viel. Ich saß damals mit meiner kleinen Familie noch beim Frühstück. Es war das dritte Weihnachten mit meinem damaligen Freund Jürgen und unserer Tochter Anna. Urplötzlich war ein Tosen in der Luft, dann fiel die Weide im Garten um. Drüben am Hang warfen sich die Fichten und Tannen wild hin und her, als seien Furien in den Wald gefahren. Das Tageslicht war schlagartig trüb, dämmrig. Im Fauchen des Windes hörten wir krachende Schläge im Wald. Jürgen, ein gestandener Holzmacher, eilte in den Garten und konnte sich dort kaum auf den Beinen halten. Mit ganzer Kraft zog er von innen die Tür wieder zu: »Da draußen fallen alle Bäume um!« Nach einer Stunde war alles vorbei – und Jürgen schlüpfte in seine Schnittschutzhose, packte die Motorsäge, den Benzinkanister, Helm und Beil und war aus dem Haus.

Drei Tage lang blieb der Strom weg, Schnee fiel. Es war gespenstisch, wie ein Vorspiel zum Weltuntergang. Innerhalb einer Stunde war der Sturm mit einer Gewalt über uns hinweggefegt, die noch lange sichtbar blieb. Der Wald lag darnieder wie ein neu ausgebreitetes Mikadospiel. Fassungslosigkeit allerorten: ein Sturm, der sich kaum länger als eine Stunde ausgetobt hatte – und schon war es vorbei mit dem Schwarzwald? Ich konnte mir kaum vorstellen, dass meine dreijährige Tochter Anna in diesem Chaos je Walderlebnisse haben würde, wie ich sie als Kind gehabt hatte.

Ins Nachbarhaus zog eine Horde Holzfäller aus der Slowakei ein, die sich über das Sturmholz hermachte. Der Wald wurde aufgeräumt, die Stämme wurden entastet, geräppelt und an den Wegrändern geradegerückt. »Vorsicht! Imprägnierschutz!« warnten Schilder. Das müsse »Gift« heißen, monierte der Försterrebell vom Kniebis. Ich war zu jener Zeit sehr mit mir selbst beschäftigt, und doch erinnere ich mich noch daran, wie jedes Mal, wenn ich von diesem Förster hörte oder las, das Bild eines Beschützers vor mir auftauchte.

Walter war an diesem Weihnachtstag 1999 daheim und sortierte Geschenke in solche, die er brauchbar fand, und in solche, die zum Weiterverschenken taugten. Als der Wind das Futterbrett für die Vögel an der Veranda fast von der Decke riss, merkte er: Draußen wettert es gewaltig. Keine Minute später sah er, wie auf dem Eichelberg der Wald zusammenkrachte.

Sobald sich der Orkan gelegt hatte, warf Walter die Motorsäge in den Kofferraum und zog zusammen mit zwei Nachbarn los. Sie umkurvten umgestürzte Bäume und versuchten, zur Schwarzwaldhochstraße durchzukommen, wo Autofahrer feststeckten. An der Zollstockhütte kamen ihnen Menschen zu Fuß entgegen, die inmitten der umgestürzten Bäume weder weiter- noch zurückfahren konnten. Ein junges Paar aus Ostdeutschland weigerte sich beharrlich, seinen Mercedes im Stich zu lassen, den sie gerade erst zur Jungfernfahrt in Sindelfingen abgeholt hatten. Nur mit Mühe konnte Walter sie zum Mitkommen bewegen: »Dem Auto kann nichts mehr passieren. Weit und breit steht kein einziger Baum mehr, der jetzt noch auf den Mercedes fallen könnte.«

Als Erstes musste den Menschen geholfen werden, bei denen mitten im Winter die Heizung, das Licht und auch der Fernseher ausgefallen waren. Dem Bauern, der keinen Strom für seine Melkmaschine mehr hatte. Der jungen Familie, die nicht wusste, wie sie das Milchfläschchen für ihr Baby anwärmen sollte. Walter, nun ja gerade Pensionär geworden, hielt es nicht zu Hause. Er meldete sich bei Forstamtsleiter Günther Groß in Pfalzgrafenweiler und half in einem Ruheständlertrupp ehrenamtlich mit, die Sturmschäden zu bewältigen.

Mit massivem Gerät rückten Forstunternehmen aus ganz Europa in den Schwarzwald vor, um das Sturmholz aus dem Wald zu holen. 22 Menschen kamen im ersten Halbjahr bei den Aufräumarbeiten zu Tode, an die 2400 Waldarbeiter wurden verletzt. Die verkeilten Stämme standen unter kaum berechenbarer Spannung. Zugleich hatte der wilde Aktionismus wirtschaftliche Konsequenzen, die vor allem die Waldbauern trafen: Die Holzpreise purzelten in den Keller und trieben manchen Waldbesitzer, der bis zur völligen Erschöpfung arbeitete, in die Verzweiflung.

Soweit das Auge reichte, demonstrierten die aufgeklappten Wurzelteller die Tragödie der Fichte: Im Sturm boten ihre Flachwurzeln kaum Halt. Mit seiner brachialen Gewalt hatte Lothar allerdings auch tiefwurzelnde Tannen, Buchen und Eichen in Plenterwäldern weggefegt, die als viel wehrhafter gegen Sturm und Borkenkäfer galten als die Monokulturen. Schon wurden im Forst Stimmen laut, die sich erneut für die Fichte starkmachten: Der Mischwald habe nicht gehalten, was sich die Ökologen von ihm versprochen hätten, wobei einmal wieder finanzielle Interessen eine maßgebliche Rolle spielten. Die Lücken im Wald sollten jedenfalls so schnell wie möglich geschlossen werden, das stand im Forst außer Frage. Überhaupt ging es weiterhin um Profit: »Wir müssen das Holz rausholen, solange es überhaupt noch mit Erlös verkauft werden kann«, erklärte Freudenstadts Forstamtsleiterin Sonja Göhringer der *Spiegel*-Journalistin Beate Lakotta.

Walter sah das nach wie vor anders. Laut Waldgesetz erfülle der Wald drei gleichberechtigte Funktionen: eine wirtschaftliche, eine ökologische und eine als Erholungsraum für den Menschen: »Es gibt keinen Vorrang des Geldes.« Dort, wo mit brachialem Maschineneinsatz alles getan wurde, um das Holz zu Geld zu machen, sah der Boden hinterher aus wie nach einem Panzer-Manöver. Rücksicht auf seltene Biotope oder gar den balzenden Auerhahn? Walters Einwände wurden übergangen: Dafür hatte man weder Zeit noch Muße. Jetzt ging es darum, noch rasch ein paar Euro einzufahren, dagegen kamen die Arnikapflänzchen, die auf dem für Jahrzehnte festgestampften Boden kaum noch durchkommen würden, einfach nicht an.

Wieviel Wildnis braucht der Mensch –
und der Wald?

Mit Lothar war eine nie dagewesene Eskalationsstufe erreicht. Das war kein herkömmlicher Sturm gewesen, wie er im Schwarzwald nicht selten ist und mit denen der Wald fertigwird: »Die muss man akzeptieren. Sie reißen in der Regel nur kleine Löcher in den Wald, auf denen dann Pflanzen, Insekten und Tiere eine Chance bekommen, die das Licht lieben.« Doch diesmal ging es um mehr: Konnte man brachialer in die Welt brüllen als Lothar: Wenn der Mensch nichts ändert, wird es das Klima tun?

»Der Wald reguliert einerseits das Klima, andererseits leidet er unter dem Klimawandel« – Walter merkte es auch daran, dass er sich im Frühsommer immer häufiger drei, vier Zecken vom Leib zog, nachdem er im Wald gewesen war. Den Blutsaugern war es in den Jahren zuvor noch viel zu kalt gewesen in den Hochlagen. Und die Kahlflächen würden das Problem weiter befördern: Bei Starkregen nimmt der Wald einen Teil des Wassers auf, speichert ihn und gibt ihn langsam wieder ab. »Starkregen, der auf Kahlflächen trifft, führt zu Hochwasser. Und dieses Wasser, das rasend schnell abfließt, fehlt den Wäldern im Jahresablauf.« Für die Touristiker gab es indessen schon bald wieder einen Grund zum Frohlocken: Endlich mal was Neues im Schwarzwald! Nun konnten Wanderer Ausblicke genießen, die der Wald bislang versperrt hatte.

Die Aufarbeitung der Sturmflächen zog sich hin und war kaum zu bewältigen. Deshalb wurde angedacht, die Bäume dort, wo der Aufwand höher war als der Ertrag, im Wald liegen zu lassen. Über diesen Überlegungen entstand das Konzept, auf einer Versuchsfläche in einem Naturschutzgebiet alles einfach sich selbst zu überlassen, um beobachten zu können, wie der niedergerissene Wald selbst damit zurechtkam. Die Versuchsfläche war ganz nach Walters Geschmack – und übertraf selbst seine Erwartungen. Zwischen Plon- und Sandkopf, für Touristen an der Schwarzwaldhochstraße leicht erreichbar, wurde auf zwei Hektar ein Steg angelegt, der im abwechslungsreichen Auf und Ab mitten durch den verwüsteten Wald führte. Der ›Lotharpfad‹ wurde zur Attraktion im Nordschwarzwald. Auf ihm lässt sich nach wie vor eindrucksvoll beobachten, wie der Wald sich verjüngt und neu heranwächst, während Wind und Sonnenlicht die gewaltigen Wurzelteller ausbleichen.

Walter blieb nach seiner Pensionierung ein gefragter Vermittler von Wald- und Jagdwissen, ob in Arbeitskreisen für eine naturnahe Waldwirtschaft, als Sachverständiger beim *BUND* oder beim Ökologischen Jagdverein. Bürgerinitiativen baten ihn um Rat und Unterstützung – und Walter war daran gelegen, auf jeden Einzelnen einzugehen. Zuhören, das konnte er. Er hatte weder den Drang, alles auszudiskutieren, noch immer Recht zu behalten. Er blieb bei dem, was ihm wichtig war, nahm Einwände auf – und drehte sie, wenn es ihm angebracht schien, zu neuen Einsichten. Nun konnte er sich frei von Hierarchien einbringen – und das half ihm, die Forstbehörde leichten Mutes hinter sich zu lassen. Zumal er sich ja immer auch gut gefallen hat in der Rolle des Rebellen, jetzt mit noch längerem Bart und der schwarzen Haarmähne, in die sich die ersten silbernen Strähnen woben. Und genau das war es auch, was seine Jugendliebe wieder auf ihn aufmerksam machte.

Zweiter Frühling

Helga Pfau kam gerade aus der Tür des *Anzeiger*-Wochenblatts in Freudenstadt, als ihr auf der anderen Straßenseite eine wilde Gestalt im langen Lodenmantel auffiel, die zwei Flaschen unterm Arm trug. Neugierig musterte sie die Flaschen und dachte dabei: »Was sich der Vagabund da wohl für einen billigen

Fusel geholt hat?« Es waren aber gar keine Weinflaschen, sondern Kombucha-Flaschen mit fermentiertem Tee, bemerkte sie
beim Näherkommen. Als sie dem Mann ins Gesicht blickte,
entfuhr es ihr: »Ja, Walter, wie siehst du denn aus?« Der lachte
sein schallendes Lachen − und brachte Erinnerungen an eine
Zeit zurück, die mehr als 34 Jahre zurücklag.

Helga und Walter waren sich in ihrer Jugend sehr zugetan
gewesen, doch Helga, ein Flüchtlingskind aus Pommern, hatte
es als junge Frau zu einem älteren Mann hingezogen, der schon
fester im Leben stand. Mittlerweile war ihr Mann, der *Linde*-
Wirt aus Wälde, gestorben, ihre beiden Kinder erwachsen. Als
Witwe hatte sie die Freundschaft mit Karin, Walters Ex-Frau,
wiederaufgenommen. Die beiden alleinlebenden Frauen hatten
sich immer mal wieder getroffen und Helga war auch der große Rosenstrauß aufgefallen, der eines Tages in Karins Wohnzimmer stand. Den, so verriet ihr die Freundin, hatte ihr Walter
zur Scheidung mitgebracht.

Doch wie der Walter jetzt aussah! Helga konnte sich nur
wundern. Dabei scherte es ihn offenbar wenig, wie wild er
wirkte, und das imponierte ihr dann schon wieder. Ihm gefiel
sie immer noch, das bemerkte sie bald. Jetzt, wo er wusste, dass
sie beim *Anzeiger* arbeitete, schaute er öfter dort vorbei, als sei
er ganz zufällig in der Nähe. Schließlich lud er sie dazu ein,
mit ihm in die Heidelbeeren zu gehen. Heidelbeeren. Noch so
etwas von früher: Die hatten ihnen schon geschmeckt, als sie
zusammen im Loßburger Freibad gewesen waren.

Und so kam es, dass sich beide an einem schönen Nachmittag im August 2000 inmitten von Heidelbeerstauden wieder-
fanden. Als Walter mit seiner großen, blau verschmierten Hand
auf den freien Platz neben sich auf dem Baumstumpf klopfte
und sie anlachte, wusste sie schon: Wenn sie ihm jetzt näherkam,
war es für immer.

Helga war 60, Walter 62 Jahre alt, als sie zusammenfanden,
eine Rückkehr und ein Aufbruch zugleich. Jeder, der sie kannte,

konnte es sehen: Offenbar war den beiden über die Jahre hinweg eine Sehnsucht nacheinander geblieben, die sich nun erfüllte. Nicht mit dem ganz großen Paukenschlag. Ganz allmählich entfaltete sich eine reife Verbindung, die das ganze Leben einschloss. Jetzt war ihre Zeit gekommen, und die genossen sie in vollen Zügen.

Wenn Helga erzählte, wie sie als Drei-, Vierjährige mit der Mutter hatte fliehen müssen und eine ihrer Schwestern auf der Flucht gestorben war, wurde Walter ganz still. Da waren Ohnmacht und Mitgefühl zu spüren, die keine Worte wussten. Mir war dann, als verstünde ich: Walter hätte an Helga so gerne etwas wieder gutgemacht von dem, was ihr die Welt durch Krieg und Gewalt angetan hatte – und so vielen anderen Menschen. Helga erinnerte sich an jedes Detail. Wie sie von den Russen überrannt wurden und in einer notdürftigen Unterkunft Abend für Abend fürchteten, dass sich im Flur wieder die schweren Soldatenstiefel nähern würden. Dann banden ihre Mutter und eine zweite Frau, mit der und deren Kindern sie sich den einen Raum teilten, die Türklinke mit einer Feinstrumpfhose fest, flüchteten durchs Fenster und versteckten sich im Feld, während die Russen laut gegen die Tür polternd nach der »Mat!« riefen, der Mutter. Jedes Mal bekamen die Männer die Tür irgendwann doch noch auf und blickten finster in die großen, verängstigten Kinderaugen.

Helga und Walter stimmten in vielem überein, und in allem anderen passten sie sich einander an. Wenn Helga im Radio SWR hören wollte, verzichtete Walter auf seine Sendung im Deutschlandfunk. Im Gegenzug akzeptierte sie, dass für seine Arbeit als Gemeinde-, Kreis- und Regionalrat, als Gutachter für den *BUND* oder in einem der vielen Arbeitskreise, in denen er sich engagierte, enorm viel Zeit draufging und immer noch ein Termin mehr im Terminkalender stand, als sie eigentlich gut fand. »Horch amal!«, sagte Helga, wenn ihr Walters Umtriebigkeit doch einmal zu weit ging. Dann lenkte er ein und fasste mit ihr gemeinsame Ziele ins Auge. Peru war so eines. 2007 flogen sie mit einer Reisegruppe nach Südamerika und ließen sich

von Christian Haug, dem Sohn von Walters Kollegen Friedrich ›Waldfrieder‹ Haug, in die Weite des Landes führen. Walter
schloss sich der Gruppe an, die den Inka-Trail entlangwanderte.
Meist waren die anderen schon mit ihrer Mittagspause fertig,
bis er am Treffpunkt ankam, weil er noch an einem Bach ge-
sessen und sich in der Vorstellung verloren hatte, was der Berg
wohl in ihm kleinen Menschle sehen konnte. Ihm ging es fast
ein bisschen zu schnell, wie seine ReisekameradInnen Strecke
machten. Sein *Pachamama*-Shirt, das er von dieser Reise mitbrachte, wurde für ihn zur zweiten Haut, weil er damit die
Botschaft der Inkas in die Welt trug: die Kultur des Lebens zu
achten, in dem nichts getrennt, alles mit allem verbunden ist.

Auch Nepal, das Helga bereits früher mit einer Freundin
bereist hatte, zog ihn in seinen Bann. Mehrmals reisten Helga und er dorthin. Jedes Mal nahmen sie Eindrücke mit nach
Hause, die sie noch enger miteinander verbanden. »Eigentlich

Der Winter war für Walter immer eine ganz besondere Zeit im
Jahreslauf. *Bild: Karl-Heinz Kuball*

bist du gar kein Reisender«, stellte Helga irgendwann einmal aber doch kopfschüttelnd fest. Denn wenn Walter mit ihr im Garten auf dem Kniebis saß und mitten im Gespräch seinen Raben-Freunden am Himmel ein lautes »krakrah« zurief, hörte sie ihn oft sagen: »Guck, wie schön wir es hier haben.« Sie selbst aber wollte das Reisen nicht aufgeben. Wenn der Herbst kam, zog sie mit Freundinnen den Zugvögeln hinterher und verbrachte wochenlange Urlaube in Portugal oder der Türkei. Walter fütterte derweil daheim die Wintervögel, während er auf »sein Weib« wartete.

Florian kam nie in die Grube Messel

Walter konnte ein großer Romantiker sein. Einmal stellte er auf der Steinmauer vor dem Forsthaus unzählige Teelichter auf und empfing Helga mit einem Lichtermeer. Immer wieder zeigte er mit besonderen Aufmerksamkeiten, wie sehr er sich um sie sorgte und an sie dachte. Als er sie nach einem Portugal-Urlaub vom Flughafen abholte, fuhr er bei nächster Gelegenheit rechts ran, lief ums Auto herum, öffnete die hintere Tür und zauberte Brötchen und Leberwurst hervor, die Helga so mochte. Er wusste doch, dass ihr das Essen im Flieger viel zu »lapprig« gewesen war und sie deshalb Hunger haben musste. Doch als ihr dritter gemeinsamer Herbst gerade in den Winter überging, war sie es, die ihn trösten musste.

Es war ein Montagabend, der 25. November 2002. Was später in der Zeitung stand, war, dass ein 35-Jähriger gegen 19.40 Uhr von Loßburg nach Freudenstadt gefahren und dabei aus ungeklärten Gründen auf die Gegenfahrbahn geraten war. Ein entgegenkommender Autofahrer versuchte noch auszuweichen, schaffte es aber nicht mehr. Bei der Kollision wurde der 35-Jährige im Wagen eingeklemmt und zog sich so schwere

Verletzungen zu, dass er später im Krankenhaus starb. Der Fahrer des anderen Wagens und dessen zwölfjährige Tochter erlitten einen Schock.

Walter, den die Polizisten als Erstes informiert hatten, überbrachte seiner Ex-Frau in Loßburg die Nachricht: Florian war tot. Florian, der geschieden war und das alleinige Sorgerecht für seinen Sohn hatte, hatte mit Adriano bei seiner Großmutter Friedel, Karins Mutter, in Loßburg gelebt. Adriano war gerade mal 16 Jahre alt, als er seinen Vater verlor.

Walder hat auch diesen Schmerz mit sich selbst ausgemacht. Über ihn sprechen konnte er nicht. In einer Mappe in seinem Schreibtisch lag ein ganzer Stoß Kopien der Zeilen »Vom Schmerz« von Kahlil Gibran. Ob sie ihm geholfen haben?

Wenn Walder einen besonderen Stein sah oder ein Schmetterling vorbeiflog, so stelle ich mir vor, wird er an Florian gedacht haben, den schon als Kind begeistert hatte, was wenig beachtet wurde. Zuerst waren es silbrig schimmernde Glimmerplättchen, die ihn zum Spielen und Sammeln anregten. Immer wieder überredete er seine Eltern, mit ihm in den alten Silberstollen zu gehen, der in Freudenstadt auf der anderen Seite des Forbachs liegt. Als Vorschüler zog er mit Hämmerchen, Meißel und einem kleinen Rucksack los, um Schätze zu sammeln. Walter ließ sich von seiner Begeisterung anstecken.

Wenn Walter an Florian dachte, erinnerte er sich an die unterirdische Welt, das warme, dämpfige und weitläufige Grubensystem der Schwerspatgrube Klara im Oberen Wolfstal, wo er früher für seinen Sohn Mineralien aus den Wänden geklopft hatte. Er dachte an die glücklichen, sorglosen Tage, als sie mit der ganzen Familie Samstag für Samstag losgezogen waren, um im weißen Muschelkalk auf der Schwäbischen Alb faszinierende Ammoniten aufzuspüren. Selbst auf der Urlaubsfahrt nach Verona waren sie – gegen Karins Willen – kurzerhand von der Route nach Venedig abgebogen, um einem Pappschild zu folgen, das Ammoniten verhieß. Während Karin unter einem Olivenbaum einen Lesetag eingelegt hatte, hatten sich Walder und seine beiden Söhne wie Sträflinge durch einen kleinen Steinbruch geklopft. Ihre größte Entdeckung dort war ein Schild: »Solnhofer Straße«. Damit stand der Urlaubsort des kommenden Jahres fest: Solnhofen im Altmühltal. Schon frühmorgens waren sie losgezogen, gut gerüstet und mit Vesper eingedeckt, um in sengender Hitze Platten aufzuspalten und die Ersten zu sein, die nach 150 Millionen Jahren einen Blick auf die aufgeschlagenen Seiten dieser längst vergangenen Zeit werfen durften. Florian hatte richtig darauf hingefiebert und dann zusammen mit seinem Vater gestaunt, was für Unikate die Natur schuf. Es war Walders größte Freude, wenn Florians dreckverschmiertes Gesicht aufleuchtete, weil sie in einer Steinplatte versteinerte Lebewesen oder Holzstücke gefunden hatten. Die Jubelschreie seiner Jungs und der Freudentanz, nachdem sie eine Libelle gefunden hatten, die mit ihren zarten Flügeln perfekt abgebildet war, trieb auch ihn zu weiteren Forschungen.

Das Eldorado der Fossilienfreunde war die Grube Messel bei Darmstadt. Eines schönen Samstags machte Familie Trefz sich auf die Reise – um dann vor einer geschlossenen und abgeschirmten Grube zu stehen, in die kein Reinkommen war. Sie war ins Blickfeld der Stadtplaner geraten, aus deren Sicht sich das unnütze Stück Land für die Einrichtung einer Mülldeponie geradezu anbot. Wissenschaftler, Hobbygeologen, Fossiliensammler und wache Bürger schlugen Alarm, während zeitgleich rechtskräftig mit dem Bau der Abschüttrampen begonnen wurde. Florian begann Unterschriften zu sammeln statt Fossilien und half auf diese Weise vom weit entfernten Schwarzwald aus mit, die Deponiepläne zu stoppen. Die Grube Messel wurde 1995 zum zweiten deutschen Weltnaturerbe erklärt.

Florian selbst kam nie in die Grube Messel, doch Walder und Helga haben sie später gemeinsam mit Adriano, Florians Sohn, und Hajo, Florians Bruder, besucht.

Ich stelle mir vor, wie Walder in dieses Zeitfenster geblickt hat: Was war der Mensch in seinem hektischen Treiben angesichts all des-

sen, was die Natur seit Jahrmillionen ohne menschliches Zutun schuf?
Die Metamorphosen bezeugten für ihn: Es waren die Übergänge, das
Ungewisse, in dem sich neue Chancen eröffneten. Einmal sagte er
auch: »Das Buch des Lebens wechselt sich ab mit Seiten, die Ak-
tionismus fordern, und solchen, die nur weiterbringen, wenn sie der
Besinnung dienen.« Ihm war klar: Nichts schafft man alleine. Alles,
was wir Menschen können, ist füreinander dazusein – und darin be-
zog er alle Mitgeschöpfe ein. In seiner Welt gab es Symbiosen, keine
Parasiten. Efeu, das sich um Baumstämme rankt, sorgte für Früchte,
dank derer Vögel und Bienen auch im Winter Futter fanden, ein
immerwährendes Geben und Nehmen, das nicht gestört werden dürfe.
Dabei war es, als gleiche er sich selbst mit zunehmendem Alter dem
Wald an, der einem eigenen Zeitenlauf folgt. Walder wurde gelassener.

Einer wie Noah

Walter konnte generell gut mit Kindern. Mit ihnen teilte er
immer noch die Entdeckerfreude, die Neugierde, das Staunen
und Rätseln angesichts der Natur. Wenn er ihnen zeigen konnte, was sich mit Heidelbeeren alles anstellen ließ und wie fabel-
haft man mit den zerdrückten Früchten sein Gesicht anma-
len konnte, war es ihm völlig gleichgültig, wenn er mit seiner
blau-rot verschmierten Visage in der anschließenden Gemein-
deratssitzung verwunderte Blicke und spöttisch hochgezogene
Augenbrauen auf sich zog. Wenn Walter mit Kindern draußen
unterwegs war, fiel alles Poltrige und Rabiate von ihm ab, und
zum Vorschein kam einer wie Noah, der um jedes Gras, jeden
Käfer wusste und so davon erzählen konnte, als rede er von
einem guten Freund. Er stiefelte mit den Kindern durch den
Wald und zeigte ihnen anhand der Schuppen, die von einem
Baum herabrieselten: »Schaut, da oben ist eine Spechtschmiede.
Da klemmt ein Vogel einen Zapfen so in einen Spalt oder zwi-

schen zwei Astgabeln, dass er ganz bequem die Samen heraus-
picken kann.« Er watete mit ihnen durch Bäche, zeigte ihnen,
was sich Insekten so alles einfallen ließen, um nicht von der
Strömung fortgerissen zu werden. Und manchmal erzählte er
ihnen auch alte Sagen und Märchen wie die vom Mummelsee.

»Es waren einmal die Mummeln, das sind die jungen Töchter des Mummelkönigs«, begann er dann, »die trafen sich in
der alten Zeit mit Burschen aus dem Dorf zum Tanz. Aber nur
bis 12 Uhr nachts, dann mussten sie zurück zum See.« Doch
die Burschen, die länger mit den schönen Mädchen zusammen
sein wollten, versuchten die Mummeln zu überlisten und ver-
stellten heimlich die Uhren. Als die Mummeln schließlich zum
See kamen, war Mitternacht längst vorbei. Und als sie in den
See tauchten, wallte Blut auf – die Mummeln wurden danach
nie wieder gesehen. Sein Fazit: »So wollen wir die Natur mit
Technik überlisten. Das geht nicht. Das hat Folgen.« Und die
Kinder hörten ihm andächtig zu.

**Walter nahm Kinder am liebsten direkt mit rein in die Abenteuer
draußen im Wald und am Wasser.** *Bild: privat*

Ein Urwald von morgen im Nordschwarzwald

Ein Nationalpark im Nordschwarzwald – die Idee war bereits Anfang der 1990er Jahre aufgekommen, wurde vom *Nabu* immer weiter vorangetrieben und von Walter unterstützt, wo es nur ging. Das Bundeskabinett hatte 2007 beschlossen, das UN-Übereinkommen *Nationale Strategie zur biologischen Vielfalt* umzusetzen und bis 2020 fünf Prozent der Waldfläche aus der Bewirtschaftung zu entlassen. 2011 gab der *Nabu*-Landesverband ein Gutachten für einen möglichen Standort in Auftrag und lieferte dem neugewählten grünen Ministerpräsidenten Winfried Kretschmann dadurch eine solide Grundlage, um dem erklärten Ziel näher zu kommen, auf zehn Prozent des Staatswaldes Wildnis zuzulassen.

Kretschmann betrachtete den Nationalpark als »Projekt von nationaler Bedeutung« und warb für ihn mit dem Erhalt typischer Lebensräume und Arten. Außerdem: »Ein 10.000 Hektar großer Nationalpark im Herzen des Naturparks Schwarzwald Mitte/Nord könnte als touristischer Magnet dem Nordschwarzwald einen neuen Impuls geben.« Im Koalitionsvertrag der grün-roten Regierung war die Einrichtung eines Nationalparks vereinbart worden. Fraglich war nur noch der exakte Standort dieses »Urwalds von morgen«. Nun sollten gemeinsam mit den Menschen in der Region und Arbeitskreisen mit Experten die Möglichkeiten vor Ort ausgelotet werden.

Mich zogen meine Töchter auf Entdeckungsreisen in den Wald hinein, sobald sie laufen konnten. Jeden Sommer lockten uns die Pilze noch weiter vom Weg weg. Die abgeschiedenen, einsamen Plätze wirkten auf mich wie Trostpflaster für das Leben fern der Städte und lehrten mich, den Wald um seiner selbst willen zu lieben. Über die Jahre sammelten sich die Eindrücke dieser Walderfahrung zu einem dicken Vlies, aus dem nach und nach wie Fruchtkörper eines lang verborgenen Myzels ein fest verwurzeltes Vertrauen in die Kraft des Waldes hervorspross, der sich immer wieder erneuert. Die wech-

selnden Stimmungen je nach Bewuchs; die mystisch-schwere Zeit-
losigkeit unter Tannen, die belebende Vitalität eines Waldrands, den
Brombeeren und Himbeeren bewachen wie eine undurchdringliche
Mauer – die wachsende Liebe zu all dem, was sich nur im Schwarz-
wald finden lässt, ließ mich selbst in den Fichtenäckern eine Vielfalt
erkennen, die ich zuvor nicht gesehen hatte. Und langsam, Jahr für
Jahr, schlich sich damit das Bewusstsein in mein Sein: Im Wald wach-
sen nicht nur Bäume. Im Wald ist alles Leben. Doch wie benennen?
Wie darüber sprechen? Dafür fehlten mir die Worte. Walder hat sie
mir gegeben.

Einmal in der Welt, entwickelte die Idee eines Nationalparks
im Nordschwarzwald eine Dynamik, die zwischen Baiersbronn
und Bad Wildbad gewaltige Energien freisetzte. Eine ganze
Region geriet außer Rand und Band.

Für die Einheimischen ging es um nicht weniger als um
ihre Heimat. Der Widerstand formierte sich im August 2011
in der Interessengemeinschaft *Unser Nordschwarzwald*: Nur ein
aufgeräumter Wald war ein schöner Wald. Die Grundlage des
Wohlstands, den der Tourismus ins Tal brachte, sei eine saubere,
ordentlich bewirtschaftete Landschaft mit Wanderwegen, auf
denen keine Bäume querlagen. Die Nationalparkgegner hatten klare Vorstellungen und tiefe Überzeugungen: »Wenn man
die Natur einfach machen lässt, dann weiß man doch, wie das
aussieht: Alles verkommt und verwildert! Das ist nicht schön.« –
»Der Borkenkäfer wird die Fichte fressen, und dann ist hier erst
alles braun und dann kahl wie im Harz!« – »Wenn wir dann
auch noch den Luchs, die Wildkatze und den Wolf hier haben,
gibt es keinen Auerhahn mehr, das Wappentier des Landkreises!
Die fressen das Gelege am Boden nämlich einfach weg. Von
wegen Artenerhalt!« Außerdem habe man doch schon zu Ge-
nüge mitbekommen, wie das laufe: Da würden immer mehr
Landschaftsschutzgebiete ausgewiesen, in denen anschließend
nicht mehr gebaut werden dürfe. Und gab es nicht schon genügend Biotope, wo man immer weniger machen durfte? Mit

jeder naturschutzrechtlichen Vorschrift kamen mehr Verbote in die Schwarzwaldtäler – zu Lasten der Menschen, die seit jeher im und vom Wald gelebt hätten: »Das ist doch alles pure Ideologie, die nichts mit dem reellen Leben im Schwarzwald zu tun hat.« Und überhaupt, da müsse man doch einfach den Menschenverstand einschalten: »Die Natur kann man doch nutzen!« Holz einfach so verrotten zu lassen, da müsse doch jeder widersprechen, der klar denken könne.

Einfach Menschenverstand walten lassen, statt der Natur freien Lauf zu lassen, lautete also die Devise der Gegner. Der geballte Zorn auf »die da oben« in Stuttgart richtete sich vor Ort gegen Landwirtschaftsminister Alexander Bonde (*Die Grünen*), der mit seiner Familie in Mitteltal lebte, wo Nationalpark-Gegner in der Nacht auf den 1. Mai ein Schild mit dem Slogan aufstellten: »Lieber ein Ort im Grünen als einen Grünen im Ort«. Als sich die anonymen Drohbriefe an die private Adresse des Familienvaters häuften, der den Nationalpark zu seiner politischen Sache gemacht hatte, erhielt Bonde Polizeischutz.

Vor allem die Murgtäler wollten es nicht hinnehmen, dass Kulturlandschaft verwildere, die ihre Vorfahren geprägt hätten. Der Stolz und Kampfgeist der oberen Murgtäler ist legendär. Ein Jahrtausend lang haben sie als Harzer, Köhler, Seidensieder, Holzhauer, Flößer, Arbeiter in den Sägewerken und Glashütten vom Wald und vom Wasser gelebt. Davon, wie unerbittlich sie sich gegen Feinde zur Wehr setzen, erzählt eine Sage, die am Ursprung der Rotmurg unterhalb des Ruhesteins spielt: Im Laufe von Jahrmillionen hat sich der Waldbach durch den Mittleren Buntsandstein bis auf den Gneis des Grundgebirges genagt. An der Teufelsmühle schießt das frische Quellwasser um eine Granitinsel herum in einen aalglatten Schlund, als drehte der Teufel selbst am Mühlrad. Dort, so erzählt die Sage, trieb der Baiersbronner Haufen 1678 plündernde Dragoner des Kaisers in die Enge, brachte 23 Soldaten um und schoss zwölf Reiter von den Pferden. Den Anführer der Rotmäntel, Rittmeister Slutzky, ließen sie in der Teufelsmühle liegend jämmerlich verbluten. Drei Tage lang soll das Wasser blutrot ins Tal geflossen sein – und dem Bach den Namen »Rothe Murg« gegeben haben.

Soweit die Legende. Aus den Geschichtsbüchern weiß man: Von 1749 an verkauften die Herzöge von Württemberg ihr Holz an die Holländer. Waldarbeiter zogen aus dem Allgäu und Österreich ins Murgtal und holzten einen Waldhang nach dem anderen ab. Große Holzhandelsgesellschaften ließen die mächtigen Holländer-Stämme für den Schiffs- und Städtebau nach Amsterdam und Rotterdam flößen, die Reste der Kahlhiebe wurden in den Glashütten im Murgtal verfeuert. Ein halbes Jahrhundert währte der Holzrausch, der Reichtum in den Schwarzwald brachte, doch ein großer Waldbrand im Jahr 1800 vernichtete die alten Wälder um Baiersbronn. Die Menschen hungerten und viele wanderten nach Amerika aus. Im Wald war kaum noch ein Auskommen zu finden. Und noch schlimmer für die Baiersbronner: Eine Nutzung des Waldes war ihnen fortan bei Strafe verboten, stellenweise durften sie ihn nicht einmal mehr betreten, geschweige denn Brennholz machen, Wild jagen oder Heidelbeeren sammeln. Erst das Verhandlungsgeschick von Schulmeister Johannes Gaiser verhalf 1933 den Baiersbronnern zu ihrem großen Gemeindewald. Damit begann sich das Blatt wieder zu wenden.

Ab den 1950er Jahren brachten Touristen wieder Geld ins Tal, und im Laufe der Jahrzehnte haben Sterneköche und erstklassige Hotels Baiersbronn und seine Teilorte in der ganzen Welt bekannt gemacht. Etliche der Gastronomen hielten es nun für eine gute Idee, hier einen Nationalpark einzurichten, doch bei einer Bürgerumfrage im Mai 2013 stimmten 78 Prozent der Baiersbronner gegen die Einrichtung eines solchen. Noch mehr Gegenstimmen gab es in Seewald (86,8 Prozent) und Forbach (82,3 Prozent). Auch in Bad Wildbad (75 Prozent), Enzklösterle (74,4 Prozent) und Bad Herrenalb (63,7 Prozent) war eine Mehrheit dagegen. In Freudenstadt kamen die Gegner

auf 67,5 Prozent der abgegebenen Stimmen. Ein kultivierter
Wald, Wanderwege und Pfade, ehrenamtlich angelegt wie der
Geologische Lehrpfad in Obertal, das entsprach dem Natur-
verständnis vieler Nordschwarzwälder weit mehr als »Natur
Natur sein lassen«.

Ministerpräsident Winfried Kretschmann hatte »eine Politik des Gehört-Werdens« versprochen. Als Sprachrohr des geplanten Nationalparks zog Wolfgang Schlund, der Leiter des
Naturschutzzentrums auf dem Ruhestein, mit seinem Team
von einer Info-Veranstaltung zur nächsten. An seiner Seite und
als weiterer Nationalparkexperte angesichts der aufgewühlten
Emotionen in der Region immer um sachliche Argumentation
bemüht: der Forstwissenschaftler Thomas Waldenspuhl von der
Forstlichen Versuchsanstalt in Freiburg. Im *Freundeskreis Nationalpark Schwarzwald*, der sich im Dezember 2011 gründete,
brachten sich Walter Trefz, Olfert Dorka und etliche ihrer Weggefährten mit ihrem Fachwissen ein. Auf Seiten der National-

**Walter Trefz glaubte an die Wildnis und wollte mehr und mehr
Natur Natur sein lassen.** *Bild: Bernhard Wagner*

park-Gegner richtete sich Professor Tzschupke, Walters früherer Vorgesetzter im Freudenstädter Forstamt, mit mehreren Gutachten gegen das Projekt, das keinesfalls so vorteilhaft sei, wie die Naturschutzverbände behaupteten. Professor Tzschupke stand dafür ein: Wer mehr Klimaschutz wolle, müsse Holz als nachwachsenden Rohstoff fördern und nicht durch ein Projekt wie den Nationalpark behindern. Denn nur der bewirtschaftete Wald trage dazu bei, die Kohlendioxidwerte zu senken. Ungenutzter Wald hingegen belaste das Klima. Nationalparkgegner stellten auf Wiesen, Hängen, an Ortseingängen und in Vorgärten ihre Banner »Ja zum Wald – Nein zum Nationalpark im Nordschwarzwald« auf. Daneben kam es mitunter zu lautstarken Auseinandersetzungen und wüsten Beleidigungen, vereinzelt auch zu Sachbeschädigungen.

Walter Trefz hat nie ein Aufheben darum gemacht, dass er zu dieser Zeit im Fokus militanter Nationalparkgegner stand. Einmal hatten Unbekannte einen Wasserschlauch durchs offene Fenster gelegt und sein Wohnzimmer unter Wasser gesetzt. Ein andermal waren die Scheiben seines Autos, das er im Wald abgestellt hatte, zerschossen worden. Walter nahm das alles mehr oder weniger hin und sprach nicht weiter darüber. Helga dagegen war entsetzt, als die Anfeindungen solche Ausmaße annahmen. Die bekam auch die Journalistin Sylvia Wiegert zu spüren, die während der heißen Phase für den *Schwarzwälder Boten* über dieses größte Förderprojekt im Ländlichen Raum berichtete und dabei von Gegnern angegangen wurde, die ihr vorwarfen, zu parteiisch für dieses »Prestige-Projekt« Stellung zu beziehen, und ihr bei einer Demonstration bedrohlich nahe kamen. Den ehemaligen Kniebis-Förster, der inmitten des ganzen Aufruhrs immer ruhig geblieben sei, empfand sie »wie so eine Wärmequelle«. Allein durch seine Art habe er Kraft gespendet und Mut gemacht, wenn es mal wieder besonders hoch hergegangen sei.

Walter, sah bestätigt, was ihm schon Anfang der 1990er aufgefallen war: »Es ist schon interessant zu beobachten, wieviel

Angst der zivilisierte Mensch vor der Wildnis hat. Das fängt ja schon beim Borkenkäfer an.« Er dachte vielmehr darüber nach, welchen Schaden die holz- und geldwertorientierte Forstwirtschaft im Wald anrichtete. Der Boden, das Gedächtnis des Waldes, musste unangetastet bleiben:»Der Wald wird heute systematisch durch hochverdichtete Rückelinien zerschnitten und rabattisiert. Die Kommunikation, der Energie- und Wasseraustausch wird gestört und unterbunden.« Ein Umsteuern sei dringend nötig:»Der Wald braucht Ruhe, die Natur muss sich selbst überlassen bleiben.« Zumindest in einem Schutzgebiet wie dem geplanten Nationalpark, wo sich der Wald in seinen unterschiedlichen Ausprägungen zum Lebensraum für die natürlich wachsenden Pflanzen und Waldbäume entwickeln sollte. »Die Vielfalt der Pflanzen bedingt ja wieder eine Vielfalt von Tieren, von den Insekten bis zu den Großtieren. (…) Unsere ganzen Waldbäume sind vergesellschaftet. Die Pilzmyzele, die Pilzwurzeln, legen sich außen an die Feinwurzeln der Bäume, vergrößern deren Oberfläche, und dadurch kann der Baum mehr Wasser und Nährstoffe aufnehmen. Im Rückfluss gibt der Baum einen Teil der Assimilate, die er in den Blättern umgesetzt hat, wieder an den Pilz ab. Diese Symbiose, diese Partnerschaft, fördert die Vitalität der Bäume und deren Wachstum.«

Die Gleichmacherei im Forst durch die Fichte war schon lange nicht mehr das, was er unter Wald verstand. Er erinnerte sich noch lebhaft daran, wie mühsam es gewesen war, die Kleine Rote Waldameise, die Haselnuss und die Heckenrose wieder in eine Waldfläche einzubringen. Währenddessen waren urtümliche Farnpflanzen wie der Bärlapp verschwunden, fand er kaum noch Knabenkraut; den gelben Enzian kannte Walter selbst nur noch aus Büchern. Zwischen 1970 und 1980 sind in seinem Revier ohne ersichtlichen Grund zwei Vögel verloren gegangen: der Ziegenmelker und das Haselhuhn. Zur gleichen Zeit kamen Neubürger hinzu, wie Walter sie nannte, der Sachalinknöterich, die Herkulesstaude aus dem Kaukasus, auf deren kräftiger weißer Dolde sich die Insekten besonders gerne versammeln, während die Engelswurz oder die Wilde Möhre das Nachsehen hatten. Die Neophyten (Pflanzen) und Neobionden (Tiere) tragen zur Veränderung der Artengemeinschaft bei. Doch was passiert, wenn man Natur einfach Natur sein lässt? Ihr die Zeit lässt, sich selbst zu wandeln, im Absterben erst die Strukturen zu schaffen, die für zahllose Lebewesen den Boden bereiten? Das kann auf großer Fläche nur ein Nationalpark zeigen – und deshalb stand für Walter außer Frage, dass wenigstens 10.000 Hektar dafür aus der Forstwirtschaft herausgenommen werden mussten, um so auch für künftige Generationen die Möglichkeit zu schaffen, von der Natur und dem Wald zu lernen. Wildnis, das war für Walter Trefz ein Bekenntnis zum Leben.

Am 1. Januar 2014 erfolgte unter dem Motto »Eine Spur wilder« die offizielle Gründung des »Nationalparks Schwarzwald«.

Walder hatte mir als möglichen Gesprächspartner auf Seiten der Nationalpark-Gegner Karl Gaiser aus Obertal empfohlen. Die beiden haben sich nicht persönlich gekannt. Karl Gaiser war vom ersten Tag an ein erklärter Nationalparkgegner und zu Zeiten seiner Gründung Bezirksbeiratsvorsteher in Obertal. Als Vorsitzender der Interessengemeinschaft Obertal vertrat er die Sichtweise derer, für die der Schwarzwald vor allem eines war: eine von Menschen geschaffene Kulturlandschaft. Die Interessen der Menschen vor Ort, so argumentierte er, galt es demnach vorrangig zu berücksichtigen.

Karl Gaiser hat die Geschehnisse, die eine ganze Region in Gegner und Befürworter spalteten, 2014 in seinem Buch Nationalpark Schwarzwald. Oder ›Politik des Gehörtwerdens. Ideologie einer grünroten Landesregierung‹ dokumentiert. Sein Fazit wirkt ebenso bitter wie resigniert: »Die Bevölkerung wurde ›verarscht‹, Schönfärberei und Lügen gingen so weit, dass sich bisher ruhige und unbescholtene Bürger aus dem Schwarzwald dazu hinreißen ließen, nach Stuttgart zu fahren, um gegen diese Missstände zu demonstrieren. Doch genützt hat es nichts.«

*Sein Misstrauen gegenüber der Regierung ist ihm bis heute geblie-
ben, ebenso sein Widerwille gegenüber dem Nationalpark. Für Karl
Gaiser kommt ein Besuch des Besucherzentrums nicht in Frage. Damit gehört er zu jenem Teil der Murgtäler, für die der Nationalpark
bis heute nicht in den Schwarzwald gehört. Winfried Kretschmanns
Worte aus dem Jahr 2012, die er auch in seinem Buch notiert hat,
klingen noch nach bei ihm: »Wir diskutieren mit der Bevölkerung vor
Ort auf Augenhöhe, binden sie in den regionalen Arbeitskreisen zum
Projekt ein und lassen ein Gutachten erstellen. Aber entschieden wird
die Sache im Landtag, da muss man nicht lange rummachen, das ist
klar sortiert und damit basta.«*

Die Kommunikation bei der Umsetzung des Nationalparks
Schwarzwald war auch aus Sicht von Walter Trefz nicht optimal
gelaufen. Und doch blieb er felsenfest davon überzeugt: »Die
Bedeutung eines Nationalparks kommt einer Kathedrale gleich,
und deshalb darf auch das Besucherzentrum so viel kosten wie
damals der Kölner Dom!«

Die Kandelaberfichte – ein Überlebenskünstler

Für Walder war der Wald ein Partner, in dem er viele Freunde
hatte. Und so ist er auch im Sommer, wenn es lange nicht ge-
regnet hat, abends immer wieder mit einem Wasserkanister in
jeder Hand zu jener Kandelaberfichte hochgelaufen, die etwa
1000 Schritte von seinem Haus entfernt auf dem Kniebis steht
und hat ihr Wasser gebracht. Sie erzählte ihm von dem harten Winter vor 40, 50 Jahren, der mit besonders viel Schnee
über den Höhenzug des Schwarzwalds gerauscht war und seine
schwere Last auf den Bäumen abgeladen hatte. Als der Schnee
auf den gefrorenen Ästen irgendwann zu schwer geworden
war, hatte der Fichtenwipfel nachgegeben und war abgebro-
chen. An seiner Statt waren vier Seitenzweige jedes Frühjahr

etwas weiter über die abgebrochene Spitze hinausgewachsen, hatten sich kerzengerade aufgerichtet wie ein Kandelaber, bis sie schließlich so hoch geworden waren, dass sie die umstehenden Fichten und Tannen überragt hatten. Bei einem Gewitter schlug der Blitz in sie ein, zog von oben bis unten eine Brandspur durch die Rinde. Seither kann die Fichte nur noch an der unbeschadeten Seite Wasser aus dem Waldboden nach oben transportieren. Doch das, was ihr Schaden war, bedeutete eine Chance für zahllose andere Lebewesen, denn dort, wo seit dem Blitzschlag eine Wunde im Stamm klafft, konnten sich Insekten und Pilze ansiedeln und sich in dem nach wie vor lebendigen Baum entfalten. Ein weiterer harter Winter brach die höchste Kandelaber-Spitze vom Baum. Sie liegt seither wie ausgestreckt am Boden. In ihr haben sich Borkenkäfer eingenistet. Nun ist dieser Ast kahl wie ein ausgebleichter Knochen. Doch noch immer ragen seitwärts grüne Kandelaber in den Himmel, dem Licht entgegen.

Nie hat die Kandelaberfichte ihren Lebenswillen verloren. Sie hat sich allem angepasst, alles hingenommen, was ohnehin unabwendbar war – Schneebruch, Blitzschlag und Borkenkäfer. Immer wieder hat sie einen neuen Weg gefunden, um weiterzuwachsen. Sie blieb an ihrem Platz stehen als Sinnbild des Lebens, so wie es Walter verstanden hat.

Der Holzweg als Sackgasse – und Adieu

Als Walter Trefz Anfang des Jahres 2021 die Nachricht erhielt, Umweltminister Franz Untersteller wolle ihm das Bundesverdienstkreuz überreichen, zuckte er zunächst zusammen. Es bedurfte einigen Zuredens durch den Familienrat, bis er einwilligte. Im Militärischen, so sein Einwand, hätten Auszeichnungen oftmals den Zweck, die Kampfmoral zu stärken. Und damit hatte er nichts am Hut. Letztlich sah der ehemalige Revierförster dann aber doch auch die Gelegenheit, dem Wald einmal mehr Gehör zu verschaffen. Und so formulierte er im coronabedingt kleinen feierlichen Rahmen: »Noch immer habe ich Wünsche, und die Wünsche vom Förschter Trefz sind eine freundliche Umschreibung für Forderungen: Ich fordere, dass der öffentliche Wald endlich von seiner auf einen Holzknecht reduzierten Behandlung erlöst wird. (…) Der Holzweg ist eine Sackgasse für den Wald. Der Holzweg ist für den Wald ein Irrweg. Heute sind mehr denn je die Wirkungen des Waldes auf ungestörte Kreisläufe und die ganzheitliche Gesundheit von Mensch, Natur und Landschaft gefragt.« Deshalb sollte nun auch den letzten Skeptikern ein Licht aufgehen: »Die ungestörten Kreisläufe des Waldes sind für uns, unsere Gesundheit, die Zusammenhänge in der Natur und Landschaft bis hin zu unserer Mitwelt und dem Klima unbezahlbar und letztlich überlebensnotwendig.«

Walters Terminkalender war bis zuletzt gefüllt. Auch mit 82 Jahren war er nach wie vor unterwegs, beantwortete jede Mail, nahm jeden Anruf entgegen. Sein Rat war nahezu täglich gefragt. Der Wald braucht Menschen wie ihn mehr denn je.

An seinem letzten Lebenstag war Walter Trefz auf dem Weg zur Bürgerinitiative *Hau und Holzwiese* in Ahldorf bei Horb, die sich – erfolgreich – gegen ein Gewerbegebiet in ihrem Wald gewehrt hatte. Allerdings hatte er sich im Datum geirrt, war einen Monat zu früh dran. So etwas passierte ihm in letzter Zeit öfters. Er wird sich wohl geärgert haben, als er seinen Irrtum bemerkte. Die Sonne sank, als Walter von Horb kommend auf die Bundesstraße auffuhr. Auf der Höhe von Dornstetten kann man sehen, wie sich der Schwarzwald westwärts bis zum Horizont erstreckt. Da lag der Kniebis im Sonnenuntergang. Dort wollte er hin, heimwärts, als ihn ein Schlaganfall ereilte. Der Fahrer des VW-Busses, der ihm entgegenkam, konnte nicht mehr ausweichen, blieb jedoch unverletzt. Walter Trefz war sofort tot.

Dem Baiersbronner Köhler Thomas Faißt hat Walter Trefz in dessen Buch *Wälderstimmen* von 2020 seinen letzten Wunsch mitgegeben:

In Abänderung meines Vorhabens, an meiner letzten Ruhestätte nur Namen, Geburts- und Sterbejahr anzubringen, darf der Zusatz ›Nationalpark-Befürworter‹ angebracht werden. Dazu ein Briefkasten, in den die Rechnungen für die Belastungen eingeworfen werden können. Die Gewinnausschüttung wird der Vogelgesang, der Wind in den Bäumen und Kinderlachen sein.

Es ist Juli 2022. Ich lösche einen Anruf nach dem anderen auf meinem Anrufbeantworter, den ich vor einem Jahr abgeschaltet hatte, um Walders Stimme darauf zu bewahren. »Hallo, Hallo, dao isch dr Walder.«

Unter seiner Telefon-Nummer ist »kein Anschluss unter dieser Nummer« erreichbar. Im Haus mit dem vom Wald gesäumten Garten auf dem Kniebis ist keiner mehr, dem ich jederzeit mit meinen Fragen kommen kann. In Białowieża wurde ein Zaun gebaut, der Flüchtlinge am Grenzübertritt von Belarus nach Polen hindern soll. So gerne würde ich das alles mit Walder besprechen. Den Krieg in der Ukraine, die Aufrüstung. Die Dürre im Wald.

An meinem Geburtstag, ein Jahr, nachdem ich ihn zum letzten Mal gesehen habe, habe ich allein zwischen Farn, Heidelbeersträuchern und Preiselbeeren auf dem Torfboden bei der Kandelaberfichte übernachtet und in den Sternenhimmel geschaut. Am anderen Morgen kam mir als erstes Wort in den Sinn: »Adieu.«

Seit Walder nicht mehr hier ist, habe ich mich oft gefragt, was er für mich war. Walder, so spür' ich im Wind, der durch den Wald und die Wiesen weht, war und bleibt ein Seelenverwandter. Manchmal ist es mir, als würde ich ihn in den Stimmen anderer hören. Etwa, als ein Freund sagte: »Wir reden so viel über Waffen und so wenig über die Menschen.« Immer wieder kommen mir Ratschläge von Walder in den Sinn, genau dann, wenn ich sie brauchen kann. Kommt mir einer komisch, höre ich ihn lachen: »Annette, da stehen wir doch drüber!« Gräme ich mich über ein Missgeschick, seh' ich, wie er bedächtig den Kopf wiegt, einhellig mit Helga nickt und sagt: »Das liegt hinterm Pflug.« Als ich ihm erzählte, wie ich mir zwar gewünscht habe, jemanden einzuladen, dann aber doch davon abgesehen habe, weil diejenige dann denken könnte, ich dächte, sie ... da hat er mich unterbrochen und gesagt: »Wenn du auf jemanden zugehen möchtest, dann machst du das! Immer!«

Und wenn ich mal nicht weiterweiß, dann geh' ich in den Wald. Denn im Wald, für den Walder mir die Augen geöffnet hat, ist alles da, ist alles wahr.

Dank

Mein Dank für dieses Buch gilt an erster Stelle Hubert Klöpfer als Verleger, Impulsgeber und Ermutiger. Ganz besonders danken möchte ich Verleger Alfred Klemm und Lektorin Julia Aparicio Vogl. Sie haben es mir ermöglicht, noch einmal den Weg mit Walder zu gehen und, achtsam begleitet, so viel mehr über ihn und sein Leben zu erfahren.

Über die Jahre haben sehr, sehr viele Menschen zu diesem Buch beigetragen und mich unterstützt.

Dafür ganz besonders verbunden fühle ich mich Helga Pfau, Hajo Trefz und Adriano Trefz. Danke von Herzen an den unermüdlichen Naturrebellen Peter Langhammer, meine geschätzte Kollegin Cristina Priotto, die inspirierende Weggefährtin Dietlinde Ellsässer. Vielen Dank an Bernhard Wagner, Charly Kuball und Gottfried Stoppel für ihre eindrucksvollen Fotos. Ich danke Siegfried Kaltenbach, Karl Günther, Helmut Klein, Karin Trefz, Hubertus Ulsamer, Erwin Hussendörfer, Dieter Huber, Olfert Dorka, Ulrike Roth, Frieder Kurtz, Friedrich Haug, Ulrike Bohnet, Ruth Dörschel vom Freudenstädter Stadtarchiv, Sabine Besenfelder, Ulrike Klumpp, Christine Keck, Nina Blazon. Herzensdank an Hermann, Anna und Karla, meine Familie. Beim Schreiben an diesem Buch hat sich vieles, was ich dabei aufgenommen habe, mit meinem Leben verwoben, und es hat zu Begegnungen geführt, die für mich sehr wertvoll sind. Nichts und niemanden davon möchte ich missen, nicht alles lässt sich in Worten ausdrücken und in Namen aufführen. Danke an alle, die mir beigestanden, die mich begleitet und mit Zuspruch, Kritik und Zeichen der Verbundenheit weitergebracht haben. Dazu gehören Barbara Stock, Andy und Jana Dallmann und viele andere Freunde.

Mein allergrößter Dank gilt Walder. Für alles.

Für Freunde der Schönen Literatur

Erlesenes Lesen
Kröners Fundgrube der Weltliteratur

Ganzleinen mit Lesebändchen, mit kundigem Nachwort,
Anmerkungen und Abbildungen aus der Zeit

Gotthold Ephraim Lessing *Nathan der Weise*
Johann Wolfgang Goethe *Die Leiden des jungen Werthers*
Johann Wolfgang Goethe *Faust I*
E. T. A. Hoffmann *Der Sandmann – Das Fräulein von Scuderi*
H. v. Kleist *Die Marquise von O... – Das Erdbeben in Chili*
Heinrich von Kleist *Michael Kohlhaas*
Joseph von Eichendorff *Aus dem Leben eines Taugenichts*
Georg Büchner *Lenz*
Heinrich Heine *Die Harzreise*
Heinrich Heine *Atta Troll – Deutschland, Ein Wintermärchen*
Eduard Mörike *Mozart auf der Reise nach Prag*
Theodor Storm *Der Schimmelreiter*
Theodor Fontane *Irrungen, Wirrungen*
Edgar Allan Poe *Nachtstücke*
Gottfried Keller *Romeo und Julia auf dem Dorfe*
Wilhelm Raabe *Die Chronik der Sperlingsgasse*
Kurt Tucholsky *Schloß Gripsholm*
Franz Kafka *Brief an den Vater – Das Urteil*
Stefan Zweig *Schachnovelle*
Franz Werfel *Eine blaßblaue Frauenschrift*
Joseph Roth *Hiob*
Joseph Roth *Radetzkymarsch*
Heinrich Mann *Professor Unrat*
Arthur Schnitzler *Traumnovelle*